1 fr. 25 le volume

ŒUVRES COMPLÈTES D'HECTOR MALOT

LES
AMANTS

PARIS
LIBRAIRIE MARPON & FLAMMARION
E. FLAMMARION, SUCC^r
26, RUE RACINE, PRÈS L'ODÉON

EN VENTE A LA MÊME LIBRAIRIE

EN COURS DE PUBLICATION

ŒUVRES COMPLÈTES D'HECTOR MALOT
à 1 fr. 25 le volume

Le Lieutenant Bonnet.	1 vol.
Suzanne.	1 vol.
Miss Clifton.	1 vol.
Clotilde Martory.	1 vol.
Pompon.	1 vol.
Mariolette.	1 vol.
Un Curé de Province.	1 vol.
Un Miracle.	1 vol.
Romain Kalbris.	1 vol.
La Fille de la Comédienne.	1 vol.
L'Héritage d'Arthur.	1 vol.
Le Colonel Chamberlain.	1 vol.
La Marquise de Lucillière.	1 vol.
Ida et Carmelita.	1 vol.
Thérèse.	1 vol.
Le Mariage de Juliette.	1 vol.
Une Belle-Mère.	1 vol.
Séduction.	1 vol.
Paulette.	1 vol.
Bon Jeune homme.	1 vol.
Comte du Pape.	1 vol.
Marié par les Prêtres.	1 vol.
Cara.	1 vol.
Vices Français.	1 vol.
Raphaelle.	1 vol.
Duchesse d'Arvernes.	1 vol.
Corysandre.	1 vol.
Anie.	1 vol.
Les Millions Honteux.	1 vol.
Le docteur Claude.	2 vol.
Le Mari de Charlotte.	1 vol.
Conscience.	1 vol.
Justice.	1 vol.
Les Amants.	1 vol.
Les Époux.	1 vol.
Les Enfants.	1 vol.
Les Amours de Jacques.	1 vol.

PARIS. — IMP. C. MARPON ET E. FLAMMARION, RUE RACINE, 26.

LES AMANTS

Ouvrages de HECTOR MALOT

COLLECTION GRAND IN-18 JÉSUS

LES VICTIMES D'AMOUR : LES AMANTS, LES ÉPOUX, LES ENFANTS	3 vol.	SANS FAMILLE	2 vol
LES AMOURS DE JACQUES	1 —	LE DOCTEUR CLAUDE	1 —
ROMAIN KALBRIS	1 —	LA BOHÈME TAPAGEUSE	3 —
UN BEAU-FRÈRE	1 —	UNE FEMME D'ARGENT	1 —
MADAME OBERNIN	1 —	POMPON	1 —
UNE BONNE AFFAIRE	1 —	SÉDUCTION	1 —
UN CURÉ DE PROVINCE	1 —	LES MILLIONS HONTEUX	1 —
UN MIRACLE	1 —	LA PETITE SŒUR	2 —
SOUVENIRS D'UN BLESSÉ : SUZANNE	1 —	PAULETTE	1 —
		LES BESOIGNEUX	2 —
SOUVENIRS D'UN BLESSÉ : MISS CLIFTON	1 —	MARICHETTE	2 —
		MICHELINE	1 —
LA BELLE MADAME DONIS	1 —	LE SANG BLEU	1 —
CLOTILDE MARTORY	1 —	LE LIEUTENANT BONNET	1 —
UNE BELLE-MÈRE	1 —	BACCARA	1 —
LE MARI DE CHARLOTTE	1 —	ZYTE	1 —
L'HÉRITAGE D'ARTHUR	1 —	VICES FRANÇAIS	1 —
L'AUBERGE DU MONDE : LE COLONEL CHAMBERLAIN, LA MARQUISE DE LUCIL-LIÈRE	2 —	GHISLAINE	1 —
		CONSCIENCE	1 —
		JUSTICE	1 —
		MARIAGE RICHE	1 —
		MONDAINE	1 —
L'AUBERGE DU MONDE : IDA ET CARMELITA, THÉRÈSE	2 —	MÈRE	1 —
		ANIE	1 —
MADAME PRÉTAVOINE	2 —	COMPLICES	1 —
CARA	1 —	EN FAMILLE	2 —

Mme HECTOR MALOT

FOLIE D'AMOUR	1 vol.	LE PRINCE	1 vol.

ÉMILE COLIN — IMPRIMERIE DE LAGNY

LES AMANTS

PAR

HECTOR MALOT

PARIS
ERNEST FLAMMARION, ÉDITEUR
26, RUE RACINE, PRÈS L'ODÉON

Tous droits réservés.

A MA MÈRE

    Je te dédie ce tableau de mœurs dans lequel j'ai voulu retracer fidèlement ce que j'avais observé. Je tiens à placer ce livre sous l'invocation de ta bonté, moins pour sa valeur propre que parce qu'il est mon début dans la carrière des lettres. La veille d'un début, comme le matin d'un départ ou d'un combat, cela doit porter bonheur d'embrasser sa mère.

                                      Hector MALOT.

LES AMANTS

CHAPITRE PREMIER

LES AMIS D'UN ENFANT

I

Plaurach est un village, à six lieues de Lannion. La Manche, qui depuis la pointe de Roscoff s'est enfoncée dans les terres pour recevoir cinq ou six petits ruisseaux, remonte assez loin vers le nord. La côte se découpe en anses et en promontoires, pousse une pointe un peu plus accentuée, et revient brusquement sur elle-même, pour s'arrondir en une baie dont l'ouverture est à moitié fermée par une île. C'est au fond de cette baie, à cheval sur une petite rivière, que Plaurach est bâti; une chaîne de collines le protège contre les vents de l'ouest et du nord. Tout ce qui est exposé à ces deux fléaux, et regarde la mer, est lande et falaise; le gazon est ras, maigre, distribué par plaques, et des buissons noueux d'épines noires abritent, à grand'peine, quelques chétives touffes d'osmonde et de statice; à pic et déchiquetée, la falaise trempe sa base dans un flot sans cesse tourmenté, qui, dans les jours de tempête ou de grande marée, la frappe avec violence et en détache d'énormes quartiers de granit, qui roulent au loin dans la mer et servent de refuge aux goélands, aux mouettes et aux pétrels. Tout ce qui est au levant et au midi offre un contraste absolu: la colline s'abaisse mollement jusqu'aux premières maisons du village, et ses flancs sont couverts d'arbres vigoureux; au bas, dans des prairies, la rivière serpente au milieu de bouquets d'aulnes; plus loin, en montant vers les coteaux, s'étale doucement la plaine avec ses champs de blé, de chanvre et de sarrasin.

De Lannion on se rend à Plaurach par une belle route, qui, avant d'arriver au bourg, passe sur un pont qu'on peut faire dater de la fin du dernier siècle. Après ce pont, c'est Plaurach. D'abord les maisons sont rares, et même ce ne sont guère que des cabanes bâties en argile, avec des toits en chaume; les ouvertures sont étroites et basses, et par-dessus des haies moitié vives, moitié sèches, on voit, sur le fumier, des enfants sales et chevelus jouer pêle-mêle avec les poules et les cochons. Bientôt une rue se forme, les maisons se joignent, quelques-unes ont un premier étage, l'ardoise apparaît et la pierre chasse l'argile. Assises devant les portes, les femmes filent ou raccommodent les habits de leurs hommes; d'autres font du filet, d'autres coupent des seiches et amorcent des lignes. On est bientôt sur la place: et c'est là que Plaurach se montre dans toute sa beauté; c'est sur la place que la mairie dresse le mât où est censé flotter un drapeau, et c'est sur la place que sont les deux cafés, l'un coquet, avec une belle devanture verte, deux lampes et un billard; l'autre, sale, enfumé, où l'on ne boit jamais de vin, mais où il se fait d'effrayantes consommations d'eau-de-vie, cette liqueur terrible aux Bretons, et que, dans leur langue expressive, ils appellent du vin ardent.

Trois rues débouchent sur cette place ; l'une est la route de Lannion, l'autre, longeant l'église et le presbytère, gravit la colline du côté d'une grande maison qu'on appelle le château, la troisième conduit à une sorte de grève déserte, où l'on ne voit que le corps de garde de la douane et quelques tas de pierres pour faire sécher les filets : c'est le port. A cinq cents pas est la plage ; les barques échouent sur le sable.

Voilà Plaurach. Pas de commerce, pas d'industrie, pas de débouchés ; une route ne conduisant nulle part et finissant à presque rien ; une population pauvre, composée en partie de paysans, en partie de pêcheurs et de marins qui, embarqués pour les longs voyages, ne reviennent que rarement au pays.

Une après-midi d'avril, on vit s'arrêter sur cette place, devant le bureau de poste, une voiture de laquelle descendirent deux femmes, une jeune et une vieille, accompagnées d'un petit garçon : la jeune femme était la nouvelle receveuse des postes, qui venait s'installer à Plaurach, la vieille était sa mère, le petit garçon était son fils.

Tout le monde accourut sur sa porte pour voir les arrivants dont on parlait depuis quelques jours en se racontant leur histoire : — Des gens très bien qui avaient eu des malheurs ; la receveuse était fille d'un médecin de Rennes bien connu en Bretagne, le docteur Des Alleux, et veuve d'un artiste, d'un musicien ; elle se nommait madame Berthauld ; ruinée, elle devait par son travail faire vivre sa mère et élever son fils.

Madame Berthauld arrivait avec une telle résignation, qu'à première vue Plaurach lui parut presque beau, comme lui parut acceptable la maison où l'administration avait installé le bureau si pauvre qu'elle fût. Au rez-de-chaussée il y avait trois pièces : un petit cabinet pour le bureau de poste, une cuisine et une salle assez vaste, éclairée par deux fenêtres au midi. Une allée longeant ces trois pièces communiquait de la rue avec un jardin entouré de murs, planté de quelques tilleuls, et brusquement coupé par la rivière qui le séparait des prairies voisines. Trois chambres composaient le premier étage. Quelques meubles, débris de l'héritage paternel, quelques livres, et par-dessus tout, le goût d'une femme bien élevée, achevèrent de donner à cette demeure une tournure qui disait, mieux que le bavardage des voisins, les mœurs de ses habitants.

Car ce fut dans Plaurach une grande affaire que cette installation. On s'occupa pendant un mois de la nouvelle receveuse, puis comme elle parut ne vouloir voir personne, on la déclara fière et tout fut dit.

Ces caquetages parvinrent jusqu'au château. Son propriétaire, M. Michon, ou mieux, le docteur, comme on disait habituellement, était un vieux médecin de Brest, revenu dans son pays natal dépenser les dix ou douze mille livres de rente qu'il s'était laborieusement amassées. Il avait été le camarade d'école de M. Des Alleux. Quant il apprit que les étrangères étaient sa veuve et sa fille, il leur fit une visite, et quoiqu'il n'exerçât plus depuis longtemps, il mit à leur service son expérience et ses soins. C'était un homme franc, à la figure ouverte, à la tête un peu rougeaude mais belle, sous une forêt de cheveux blancs hérissés, se posant carrément, parlant haut, parlant bien. Il vint souvent et initia madame Berthauld aux usages du pays, lui dit ce que chacun était et ce qu'elle-même devait être. — « Je ne saurais trop vous engager, lui conseilla-t-il, à voir le curé ; je ne suis pas bigot, mais l'abbé Hercoët est un homme de bonne compagnie, dévoué, charitable, aimé autant que craint. S'il n'avait pas son église, il serait parfait. Mais là, il est vraiment par trop despote. Il faut le voir, le dimanche, monter en chaire ; chacun tremble ; les hommes sont debout contre la balustrade du chœur, ou assis en amphithéâtre sur les marches des deux autels latéraux ; les femmes, sans chaises et sans prie-Dieu, sont agenouillées sur les dalles ou accroupies sur leurs talons. Alors il commence ; si la semaine a été calme, tout va bien ; mais si un paysan a battu sa femme ou bien s'il y a eu quelques scènes d'ivresse, il interpelle les coupables par leur nom, et là, devant toute la paroisse, il vous les sermonne d'importance. »

Il amena le curé ; l'esquisse qu'il en avait faite était exacte. C'était un fils de paysans, petit, trapu, le teint allumé, les yeux noirs, la bouche large, les membres un peu noués. Mais son regard perçant, son air impérieux et bon à la fois, sa démarche hardie et ferme, son geste vif et qui ne manquait pas d'une certaine puissance, rachetaient ce que cet ensemble avait de commun ; on devinait qu'un homme de cœur et de volonté, enseveli sous une grossière écorce, s'en était peu à peu dégagé au contact du monde, et que chacune de ses qualités était une conquête.

La visite fut longue ; peut-être n'avait-on jamais ni aussi bien ni aussi longtemps causé à Plaurach ; l'abbé, qui avait été secrétaire d'un évêque, renaissait à la vie sociale ; insensiblement des relations se créèrent ; enfin on décida de se réunir souvent.

Dans une maisonnette perdue sous un rideau de vigne vierge et adossée à la falaise vivait seul, avec un domestique, un gentilhomme nommé M. de Tréfléan : le docteur l'amena un soir comme il avait déjà amené le curé et alors on put organiser un whist.

C'était un ancien capitaine de frégate qui avait donné sa démission pour se retirer près de son père. Mais le père et le fils n'avaient pas pu vivre longtemps sous le même toit. Le père était un vieux gentillâtre d'autrefois, vigoureux, emporté, taillé comme un athlète, à la figure matérielle, aux mains couturées de muscles et couvertes de poils rudes, grand coureur de gibier et surtout de jolies filles. Ignorant comme le dernier de ses garçons de ferme, il était absolu dans le peu d'idées qu'il avait et ne supportait pas la contradiction. Après avoir un peu tué par son caractère difficile et brutal la mère du capitaine, — il avait épousé une paysanne qui était morte en lui donnant un fils, nommé Audren comme lui. Il n'y avait pas six mois que le capitaine était à Tréfléan, qu'il avait dû en sortir. L'âge avait insensiblement dégradé le baron; ce qui, chez lui, était défaut à trente ans, à soixante était devenu vice. Vêtu du costume traditionnel, braies, long gilet avec ceinture et habit-veste à la Louis XIV, il courait les foires et les marchés; ou s'il restait au château tombant en ruine et qui n'avait bientôt plus de dépendances, c'était pour boire avec le premier paysan venu, se quereller avec ses fermiers *convenanciers*, insulter les huissiers et les gardes, chercher quelque moyen d'emprunter un millier de francs, caresser les gothons du village et les admettre à sa table, ou même à mieux.

C'avait été pour ne pas mépriser tout à fait ce chef de famille que M. de Tréfléan était venu habiter Plaurach. La solitude, l'âpreté du pays, convenaient à son caractère grave et mélancolique. Sur quelques milliers de francs de rente qui lui venaient d'un oncle maternel, il avait acheté cinq ou six arpents de bois, à l'abri de la falaise, et s'était fait construire au milieu un petit cottage à l'anglaise. La chasse, la lecture, le jardinage étaient ses seules occupations.

Tous les soirs M. de Tréfléan arrivait le premier; presque toujours il apportait un panier de fruits ou un bouquet. Il était suivi de près par le docteur, et, en attendant le curé, on causait. Aussitôt qu'on entendait pas el de l'abbé, madame des Alleux et M. Michon préparaient les jeux.

— Dépêchez-vous donc! criait celui-ci, l'autel est prêt.

II

A son arrivée à Plaurach, l'enfant était un marmot qui n'avait qu'à se faire aimer, et à cela il avait réussi sans peine ; le docteur, M. de Tréfléan et le curé s'étaient pris pour lui d'une tendresse paternelle : « Maurice et toujours Maurice » ; son nom revenait à chaque instant dans tout ce qu'ils disaient.

Mais l'âge venant, il avait fallu s'occuper de son éducation et la tâche s'était présentée pour les trois amis avec un caractère de gravité : bon, affectueux, tendre, sensible, intelligent, l'enfant l'était ; mais d'autre part ses impressions, d'une mobilité extrême, imposaient des précautions ; pour lui une chose désirée devait être une chose obtenue ; colère, il se roulait par terre ; heureux, il riait, chantait, courait à travers champs. La passion était son seul guide, le premier mouvement son souverain maître.

Le docteur démêla parfaitement ce caractère. « Domptons le moral par le physique, dit-il dans une sorte de conseil de famille, ou bien la lame usera le fourreau. L'abbé, dirigez son esprit ; capitaine, développez son corps. — Et moi, interrompit madame Berthauld, que me reste-t-il de mon enfant? — Son cœur! dit M. Michon. »

Les choses s'accomplirent comme il venait d'être décidé, et Maurice grandit au milieu de maîtres qui avaient la tendresse et les soins d'un père.

Persuadé qu'un homme doit presque toujours ses succès

à des avantages corporels, et que l'esprit, dans une enveloppe gauche ou maladroite, fait souvent plus souffrir que la bêtise, M. de Tréfléan lui enseigna l'escrime, le tir, le fortifia et l'aguerrit par de longues courses dans les environs, en ayant soin de lui aplanir les difficultés, sans le laisser se perdre dans les détours de la routine. Il le menait droit au but, après le lui avoir d'abord montré, employant pour toutes choses le procédé auquel eut recours, lorsqu'il voulut lui montrer un lever de soleil en pleine mer.

Ils partirent par un soir de juillet, à l'heure où la terre échauffée commence à renvoyer la brise au large ; quand la nuit tomba, on ne voyait plus la côte, mais on la devinait encore à quelques nuages blancs ; c'était la fumée des tiges de colza qu'on brûle sur le champ même, et que le vent entraînait avec lui. Ils allèrent encore, et quand le phare de Bréhat ne fut plus à l'horizon qu'un point imperceptible et vacillant, M. de Tréfléan amena la voile. A son estime, ils devaient être sur un banc où l'on trouverait fond ; il mouilla, et l'ancre mordit ; puis, étendant son manteau au fond de la barque, il fit coucher Maurice. « Dors, mon enfant, lui dit-il, quand il en sera temps, je t'éveillerai. » Et il s'assit à l'avant, la main sur le cordage, tout prêt à le larguer, si par hasard il était besoin ; mais il faisait une nuit splendide, la brise et la vague avaient faibli, et la barque n'était plus soulevée que par un mouvement monotone, presque insensible. Maurice dormait. Quand M. de Tréfléan jugea l'heure arrivée, il l'éveilla. Comme à un théâtre où le rideau se lèverait sur une décoration d'une beauté splendide, Maurice se vit au milieu de l'immensité. La nuit n'était déjà plus, et le jour ne paraissait point encore ; le ciel, sans nuages, était d'un bleu limpide, et vers l'orient une ligne pourprée se détachait lumineuse ; bientôt cette ligne grandit, elle s'éleva, en passant par tous les tons, du rose le plus tendre au rouge le plus vif, et son foyer devint une fournaise. Les étoiles pâlirent, puis ne furent plus que des points, puis rien. Le brouillard, qui nageait sur la mer unie, se vaporisa, et le soleil parut lent et majestueux.

Trois heures après, ils échouaient sous la falaise de Plaurach, et madame Berthauld, qui, malgré le calme de la nuit et l'expérience de M. de Tréfléan, était remplie d'impatience, embrassait son fils avec les mêmes transports que s'il arrivait d'un voyage autour du monde.

C'est qu'elle l'aimait de toutes les forces d'un cœur jeune; pour elle il était bonheur, consolation, espérance, il était le passé et il était l'avenir; elle ne vivait que par lui, que pour lui. Quelquefois pourtant le matin, lorsqu'en préparant ses dépêches, elle regardait par sa fenêtre le village s'éveiller, elle tombait en de tristes rêveries. A voir tous les jours cette monotonie fatigante par son uniformité même, à voir les femmes peigner sur le seuil de la porte leurs marmots en haillons, les devantures des boutiques s'ouvrir lentement, les pêcheurs revenir de la mer, pieds nus, le pantalon retroussé jusqu'aux genoux, leurs filets mouillés sur les épaules, tandis que l'un d'eux, chargé de grandes mannes, entrait dans les maisons pour offrir du poisson; à entendre sans cesse le bruit cadencé de la forge ou le va-et-vient du métier des tisserands, elle se prenait à penser qu'elle avait eu autrefois des journées plus remplies, et qu'elle était bien jeune pour cette existence plate et régulière. Mais alors Maurice descendait de sa chambre, il venait embrasser sa mère, et aussitôt oubliant rêveries et souvenirs, elle se disait que pour cet enfant tout était bien ainsi, que ce calme et cette tranquillité lui valaient mieux que la vie de collège, où il n'aurait eu ni M. de Tréfléan, ni M. Michon, ni l'abbé.

Celui-ci cependant, quoiqu'il employât la même méthode d'enseignement que le capitaine, et conduisît aussi son élève par la main, au travers des difficultés, n'obte-

1.

nait point les mêmes résultats. Maurice n'aimait que les lectures d'agrément; quant aux sérieuses, elles le rebutaient : aussi, quand il s'agissait d'un devoir de grammaire ou de mathématiques, avait-il toujours quelque bonne excuse toute prête : tantôt c'était M. de Tréfléan, tantôt le docteur, ou bien il arrivait triomphant avec cent vers de Racine dans la mémoire, et l'on remettait au lendemain; le lendemain c'était à recommencer; d'autant plus faible avec Maurice qu'il était plus ferme avec ses paroissiens, l'abbé Hercoët se plaignait rarement et ne grondait jamais.

Ce que Maurice étudiait avec passion, c'était la musique. Dès qu'il en eut compris et appris les éléments, ses progrès furent si rapides qu'ils annonçaient une véritable vocation. Le sentiment musical était inné en lui. Avec sa mère pour seul maître, ayant pour tout instrument un vieux piano qui lui venait de son père, il fut à seize ans d'une force assez grande pour ne plus trouver de difficultés.

Ainsi il grandit; mais ce système d'éducation, s'il avait du bon, avait aussi cela de très mauvais, qu'il ne préparait nullement au sérieux de la vie. Que Maurice eût un chagrin, et aussitôt il accourait près de sa mère ou de sa grand'mère, et c'étaient de douces consolations, de bonnes paroles, d'enfantines caresses; pour lui épargner une larme, les deux femmes ne reculaient devant rien, et il en était au moral comme il en était au physique; c'étaient des soins de chaque instant, de méticuleuses prévenances; tout le monde s'unissait pour lui adoucir les obstacles : aveuglés par leur amour, guidés par leur seule bonté, ces braves gens oubliaient ce que la difficulté vaincue peut donner d'expérience, de courage et d'utiles enseignements.

Cependant ses facultés musicales se développèrent de plus en plus; un chant qu'il avait composé en langue bretonne, à l'occasion du naufrage d'une barque et des souffrances d'un pêcheur resté seul pendant trois jours sur un rocher, devint populaire dans tout le Trécorois et le pays de Léon. Quand il avait brillamment exécuté une page difficile, ou trouvé une gracieuse mélodie, il allait s'asseoir sur les genoux de sa mère, et il lui disait à l'oreille : « Êtes-vous content, mon maître? » Et la pauvre femme pleurait de joie.

Madame Des Alleux, le docteur et l'abbé voyaient avec peine les tendances de Maurice; ils auraient voulu en faire un médecin, et profiter ainsi des relations du grand-père et de celles de M. Michon lui-même.

— Pouvez-vous être assez faible pour laisser Maurice se bercer de la pensée d'être artiste? disait le docteur.

— Mais s'il a du talent? répondait madame Berthauld.

— Où le talent a-t-il conduit son père? interrompait madame Des Alleux.

— Et puis quelles preuves avez-vous de ce talent? poursuivait M. Michon. Parce qu'il compose des complaintes et des chansons assez gentilles, vous croyez qu'il est musicien; quand j'étais enfant, moi, je voulais être militaire, ce qui n'empêche pas que je ne sois devenu un assez bon médecin. Toutes ces prétendues vocations ne sont que des caprices. Si vous voulez fermement que Maurice soit médecin, il le sera, et à trente ans il vous en remerciera.

— Enfin, disait M. de Tréfféan prenant part à la discussion, pourquoi le contrarier? La vocation est plus forte que tous les obstacles; Maurice est artiste, et il le sera malgré vous. Vous aurez beau vouloir en faire un avocat ou un médecin, vous le pousserez à la révolte, voilà tout. Que diable! pour être artiste, on ne déshonore pas sa famille; son père l'était bien.

A toutes ces raisons, le docteur secouait la tête et répétait sans cesse : « Les enfants sont ce que nous voulons. »

Il redoutait Paris et son séjour. Son fils y avait été tué sur une barricade, et sa fille y vivait fort malheureuse près d'un mari joueur et débauché, qui, après s'être fait chasser de l'armée, où il occupait un grade supérieur dans l'infanterie de marine, s'était réfugié à Paris, autant pour se cacher que pour être plus libre de donner carrière à des vices et des passions qui avaient besoin de la corruption et surtout du mystère d'une grande ville.

Ces discussions jetaient madame Berthauld dans des doutes cruels; car, mère par le cœur, elle n'avait pas la force d'être père par la volonté; si parfois elle tentait de prendre un air grave, son froncement de sourcils n'était pas sérieux, on sentait que le sourire n'était pas loin, et le baiser se voyait sous les lèvres.

Enfin M. de Tréfléan l'emporta, en proposant une mesure provisoire, la plus habile et la plus infaillible de toutes les tactiques.

— Maurice va avoir dix-huit ans, dit-il, pensez-y bien docteur, le séjour de Plaurach peut lui devenir dangereux; veuillez y songer aussi, monsieur le curé. Il est donc temps de nous en séparer.

— Parfaitement raisonné, interrompit le docteur; il ne faut pas qu'un gaillard élevé par le curé porte le trouble parmi les brebis, ce qui cependant serait assez drôle; il en sait maintenant assez pour se faire recevoir bachelier. Envoyons-le à Rennes, puis ensuite à Paris, à l'École de médecine, pour ses dernières années.

— A Paris tout de suite, continua M. de Tréfléan, mais pas à l'École de médecine. Essayons de l'art; s'il n'a pas de talent, il sera toujours temps de se rabattre sur une profession honnête et libérale, comme disent le docteur et le curé.

— C'est-à-dire, s'écria M. Michon, que si Maurice est un sot, vous en ferez un médecin. Merci !

— Ou un curé, continua l'abbé.

On finit par convenir que Maurice irait à Paris. Son départ fut fixé aux derniers jours de l'automne, et M. de Tréfléan dut l'accompagner.

III

Madame Berthauld était une vraie mère. Cependant ce n'était pas sans souffrir qu'elle voyait s'approcher le moment de la séparation ; et bien des fois elle mouilla de larmes le trousseau de linge qu'elle-même préparait de ses mains. Ce travail était devenu sa joie ; elle mettait son orgueil à ce que son enfant eût toutes ces petites choses indispensables au bien-être, et pût se dire, quand il serait seul et loin : « C'est ma mère qui me l'a donné. »

Pour elle, pour son anxiété chaque jour croissante, l'automne marcha avec une effrayante rapidité et toucha bientôt à sa fin. Le dernier jour que Maurice dut passer à Plaurach réunit tout le monde dans un dîner d'adieu. Le temps, qui avait été beau toute la journée, se mit au froid quand vint le soir ; le vent souffla du nord et remplit le jardin de feuilles sèches.

— Tu commences à voir, dit le docteur à Maurice, ce que coûte l'ambition ; certes, la gloire est une belle chose, mais elle ne vaut pas la tranquillité de la maison maternelle. La quitter, c'est abandonner le certain pour l'incertain, le bonheur pour le hasard. Enfin, mon ami, tu te souviendras du vieux papa Michon, quand seul, au milieu du monde, entouré de pièges ou de ténèbres, luttant dans la course au succès, tu penseras aux joies de la famille, aux conversations du foyer domestique, qui maintenant te paraissent des radotages.

— Mon enfant dit l'abbé, si jamais une mauvaise pensée effleure votre âme, songez à votre mère, c'est la plus sûre conscience.

On se sépara, et Maurice voulut achever ses derniers préparatifs; sa mère vint bientôt le rejoindre et l'aider.

— Allons, dit-elle en s'efforçant de sourire, laisse-moi faire, tu chiffonnerais tout cela; et elle se mit à plier les vêtements. « Tiens, regarde, voilà comme il faut rabattre le collet et les revers pour ne rien friper. » A chaque chose c'était une recommandation nouvelle, pour le tailleur, pour le linge, pour la blanchisseuse. Puis elle courait dans sa chambre, rapportait un de ses mouchoirs pour compléter une douzaine, plaçait entre deux chemises quelque petit objet fragile, lui venant de son père ou de son mari, rangeait, tassait tout soigneusement, et ne s'arrêtait que devant le trop plein.

Tout était prêt; alors tirant une bourse qu'elle-même avait faite :

— Tu trouveras cinquante louis dans cette bourse; je ne te dirai pas : c'est là toute notre fortune; la vérité est, cependant, qu'il nous en restera bien peu. J'aurais pu te les donner en plusieurs fois; j'ai confiance en toi : prends, travaille de ton mieux; surtout pense à nous.

Quand, au petit jour, la voiture et le domestique du docteur arrivèrent devant la porte, tout le monde était éveillé. Il fut décidé qu'on conduirait Maurice à pied jusqu'à la côte de Maël. La bonne dame Des Alleux s'offrit pour garder le bureau; mais entraînant Maurice dans le jardin :

— Tiens, dit-elle en lui glissant une petite boîte, voici mes économies et la montre de ton bon papa Des Alleux; n'en dis rien à ta mère.

On se mit en route, madame Berthauld s'appuyant sur le bras de son fils; ils se regardaient tristement en s'efforçant tous deux de sourire. Le jour se faisait, et sur la mer, à l'orient, du côté de Paris, le soleil se levait tout rouge. Les coqs du village chantaient en battant des ailes; assis sur leurs chevaux, les garçons de charrue passaient, se rendant au labourage.

A la côte, il fallut se séparer; ce furent de longs souhaits, de longs embrassements.

Maurice écrivit souvent à sa mère; elle était la confidente de ses joies, de ses chagrins, de ses espérances et de ses doutes; elle le suivait dans sa vie; elle était une conscience, suivant la parole de l'abbé Hercoët. Dès qu'il en trouvait le moyen, il se hâtait d'accourir passer quelques semaines à Plaurach.

Mais il vint un jour où ses lettres furent plus courtes, plus rares, puis enfin presque indifférentes; elle n'était plus tout pour son enfant : — il aimait!

CHAPITRE II

MARGUERITE

I

Il aimait, et dans son amour, tout avait été englouti : mère, amis, travail.

Pendant les premières années de son séjour à Paris, travailler, se faire un nom avait été son seul but; mais insensiblement il avait été mordu au cœur par des convoitises, qui chaque jour étaient devenues plus impatientes; emportée par des désirs qui ne s'étaient point usés dans des caprices de quelques nuits, par un sang qui ne s'était point rafraîchi dans de faciles plaisirs, son imagination s'était laissée aller à toutes les fantaisies de l'inconnu, et elle avait aspiré avec d'entraînantes cupidités à de belles, de grandes amours.

« Décidément, disait-il un soir à son ami Aristide Martel, — un jeune peintre dont les paysages commençaient à abandonner les hauteurs de Notre-Dame de Lorette pour se glisser aux vitrines aristocratiques des marchands de la rue Laffitte, — décidément, il faut que j'aie une passion.

— Va, mon ami, va, interrompit Martel, démanche sur

la corde du sentiment. Il vente au dehors, ta chambre est bien close, nous sommes tranquillement assis, les coudes sur la table, les pieds dans les cendres, la bouilloire chante au milieu des flammes bleues de charbon de terre ; continue tes variations, je t'écoute.

— Tu railles, mais je t'assure que je parle sérieusement. Quand, pour des raisons qui n'étaient pas précisément gastronomiques, nous nous rencontrions tous les jours chez Chabannas, où nous faisions de si beaux dîners pour quatorze sous, je n'avais guère le temps de songer à l'amour ; aujourd'hui, j'ai vingt-quatre ans, je pourrais, si cela me faisait plaisir, exposer mon portrait dans une pose mélancolique chez tous les éditeurs ; je suis un peu connu, je me crois du talent, je veux aimer. Jusqu'à présent, j'ai mené une vie de reclus ; c'en est assez, à la fin ! Je veux aimer et être aimé.

— Aime, ça n'est pas difficile.

— Des caprices de quelques heures qui se nouent le soir dans un bal pour se dénouer le matin sur les dernières marches d'un escalier d'hôtel garni, ne m'inspirent que mépris et dégoût.

— Alors, c'est l'amour d'une grande dame que tu appelles : je connais ce dada ; tu veux du velours et de la soie pour te rouler dessus ; mais, mon pauvre Maurice, c'est toujours la même chose, va.

— Cela peut te paraître bien ridicule, bien naïf, mais je veux une femme que je sois fier d'aimer, une femme qui me grandisse à mes propres yeux, une femme belle, jeune, entourée d'hommages, promettant toutes les joies, flattant toutes les vanités ; je veux une femme qui partage mes triomphes d'artiste, à qui je puisse dire mes pensées, qui soit mon guide, mon soutien, mon inspiration, ma récompense. Voilà mon rêve, mon dada. Enfin, je veux connaître la passion vraie, je veux me sentir vivre, je veux souffrir, je veux jouir, je veux avoir la fièvre.

— Voilà le grand mot lâché : il te faut une passion ? Des phrases. Tu veux vivre ! malheureux, tu ne vivras pas, tu tueras en toi ce qui est bon. Quand tu auras connu les souffrances que tu désires aujourd'hui, seras-tu plus fort comme artiste ? Tu as fait des choses qui viennent du cœur et qui parlent au cœur; si tu peux faire encore quelque chose, tu ne feras plus que des œuvres cruelles, malsaines, mauvaises pour toi, mauvaises pour tous, de ces œuvres qu'on fait contre soi, malgré soi; — tu te vengeras.

— Si je suis aimé ?...

— Alors tu ne feras plus rien du tout : pour l'artiste, la première règle, c'est d'être chaste.

— Quand je rentre le soir et que je veux me mettre à travailler, c'est en vain; mes rêveries d'amour m'entraînent, elles emplissent ma tête; je tombe dans d'énervantes langueurs qui m'anéantissent. Si je cherche une guérison auprès de vos femmes, à vous autres, le remède est pis que le mal : c'est de l'amour qu'il me faut.

— Enfin, quel amour veux-tu ? L'amour d'une femme de vingt-quatre ans à trente ans, n'est-ce pas ? ayant un mari, des enfants, une voiture, de la dentelle; qui vienne ici voilée, tremblante; qui te reçoive chez elle et dirige sagement sa maison, sa religion, sa passion, son pot-au-feu ? Ces amours-là, ça me répugne. Ce n'est pas au point de vue de la loi que je me place, au point de vue de la morale et de la famille, c'est au point de vue de la délicatesse du cœur et des sens. Les femmes ont toutes de charmantes finesses pour nous persuader que leurs maris ne sont que des bûches retirées de l'amour; mais il n'en est pas moins vrai que ces bûches s'enflamment quelquefois, et alors la femme que tu tenais tout à l'heure dans tes bras, s'abandonnera parfaitement : le mariage a ses devoirs. Moi, j'aime mieux une fille. J'en ai connu une qui n'a jamais reçu un baiser sur la bouche et n'en a jamais donné : elle avait au moins une certaine conscience.

— Ainsi tu voudrais me voir l'amant d'une fille.

— Je ne dis pas ça ; il y a parbleu bien assez de pauvres jeunes filles qui n'ont que la beauté, la vertu, la grâce et l'amour; mais sans le luxe et tous ces prétendus attraits que tu exiges, pour qu'on puisse être encore heureux. Quand tu as commencé à me défiler ton chapelet, j'avais envie de rire, maintenant tu m'as attristé, car je vois un bon garçon que j'aime, qui, de propos délibéré, s'en va défier le sort. Tu ne sais donc pas quelle influence a sur notre vie un premier amour ! Les savants prétendent que la fécondation de la femme influe sur tout son avenir, et ils en donnent des preuves; sont-elles bonnes, je n'en sais rien, et je ne te dirai pas si la jument arabe qui a eu un caprice pour un âne ne peut plus avoir que des petits ânes; mais ce que je t'affirme d'après ma propre expérience, d'après ce que je vois tous les jours, c'est qu'il y a une fécondation intellectuelle et morale de l'homme par la femme beaucoup plus puissante que la fécondation matérielle de la femelle par le mâle. Tout homme est fait par deux femmes, sa mère et sa première maîtresse. Par malheur, la maîtresse détruit presque toujours ce que la mère a eu tant de mal à créer; elle nous féconde en nous appauvrissant; c'est un échange qui s'établit, elle prend ce que nous avons de bon, nous passe ce qu'elle a de mauvais, puis elle nous abandonne quand nous n'avons plus rien à donner, nous laissant meurtris, épuisés, et comme sa morsure est semblable à celle de la chèvre, la plaie qu'elle fait ne guérit jamais, on en meurt durci, rabougri. Tu serais amoureux que je ne te dirais pas tout cela; quand un homme se noie on lui tend la main, on ne lui fait point de discours; mais tu n'es pas encore à l'eau; avant que tu t'y jettes, laisse-moi te sermonner. Qu'on soit pris par la passion, que malgré soi on s'y abandonne, je le comprends, c'est une fatalité à laquelle on ne peut pas plus échapper qu'à la fièvre typhoïde; mais tu n'es pas malade et tu veux l'être; ma parole d'honneur, c'est trop violent.

— Ce que tu me dis là peut être parfaitement vrai, ça ne me retient pas. Que je veuille ou que je ne veuille pas, j'en suis arrivé à un moment où il faut que j'aime : mon cœur déborde: je ne te dis pas que je vais me jeter à la tête de la première femme que je rencontrerai, mais je veux voir, je veux chercher; quand j'aurai rencontré, je veux aimer. Il y a assez de femmes qui sont tourmentées du même mal que moi, va.

— Parfaitement. Il y a beaucoup de femmes qui se disent à cette même heure : « Mon Dieu, comme mon mari est bête, que les enfants sont ennuyeux, si je pouvais donc être aimée!... » Tu rencontreras une de ces charmantes créatures : tu es jeune, beau, vos regards se rencontreront, vos cœurs s'accrocheront, tu l'adoreras pendant trois mois, elle cédera avec plus de grimaces que n'en feraient les onze mille vierges, et vous vous mettrez à jouer la comédie du sentiment, de très bonne foi tous les deux, je le veux bien; mais comme elle aura déjà une revanche à prendre, tu payeras pour le mari ou pour le premier amant : tu deviendras inquiet, fiévreux, insupportable aux autres et à toi-même; puis, après un certain nombre de mois, — je te laisse libre de les fixer, — ta maîtresse se dira de nouveau : « Mon Dieu, comme mon mari et mon amant sont bêtes, que les enfants sont ennuyeux, si je pouvais donc être aimée! » et tu resteras tout seul, le cœur mort, l'espérance détruite, le grand ressort de la vie brisé; tu seras comme j'en connais tant, tu riras, tu railleras en public, et quand tu seras seul, tu pleureras toutes les larmes de tes yeux, si tu peux résister à la tentation de te tuer.

— Tous les amants trompés ne se tuent point.

— Tu ne m'en dis pas plus long ?
— J'ai besoin de toi.
— Pourquoi faire, s'il te plaît ?
— Pour me présenter.
— Tu es véritablement très joli, mon pauvre Maurice. Je n'ai jamais vu de salon qu'au Gymnase ou au Théâtre-Français, les seules grandes dames que je connaisse sont des grandes dames de théâtre, et encore est-ce par-dessus la rampe.
— Tu connais Donézac ?
— Parbleu ! s'il était là, il te dirait même qu'il est mon meilleur ami.
— Sur ta recommandation, il me présentera.
— Où tu voudras : chaussée d'Antin, Marais, faubourg Saint-Germain, à ton choix, il connaît Dieu et le diable, fait de la peinture, de la littérature, de la sculpture, de la musique, et pas trop mal, assez proprement même pour éblouir les bourgeois qui le croient un artiste ; viens me prendre demain, nous irons chez lui. Mais si tu es sage réfléchis, et ne viens pas.

II

Le lundi suivant, à neuf heures du soir, Maurice était assis sur les coussins d'un coupé de remise, à côté de Donézac.
— Cher monsieur, disait celui-ci, je ne vous affirmerai pas que la maison de madame Baudistel est la première maison de Paris ; tout le monde ne voudrait pas y aller, mais tout le monde non plus n'y serait pas reçu. Vous trouverez là une société assez mélangée, dans tous les cas, pas du tout vulgaire : des médecins et des avocats qui veulent devenir des journalistes, des journalistes qui

veulent devenir des spéculateurs, beaucoup de gens d'affaires ; vous y trouverez aussi quelques hommes qu'il est bon de connaître et qui peuvent vous pousser ; si Martel avait voulu venir, il y a longtemps qu'il vendrait ses tableaux.

Donézac fit à Maurice, dans les plus petits détails, l'histoire et la chronique de la maison Baudistel. Il lui dit comment M. Baudistel, ayant mis sa turbulence provençale en action au lieu de la dépenser en paroles, ainsi que beaucoup de ses compatriotes, était venu à Paris ambitieux et misérable ; comment il avait fait une première fortune, comment il l'avait perdue ; comment il en avait refait une autre ; comment il était sorti, à son plus grand avantage, de deux ou trois faillites ou exécutions à la Bourse ; quelles avaient été ses spéculations ; la part qu'il avait prise dans cinq ou six grandes affaires scandaleuses ; les sociétés dont il était le gérant ou l'administrateur caché ; les journaux qu'il avait fondés ; comment il était arrivé à grouper un chiffre de millions assez formidable et assez éblouissant pour lui donner honneur, considération et crédit. Il lui dit encore comment, à la vente de Gougenheim, le banquier allemand, il avait acheté son bel hôtel de la rue de Varennes ; il lui dit comment, au grand étonnement de tous ses amis et ennemis, il avait épousé une jeune fille, mademoiselle Marguerite de Fargis, pauvre, mais alliée à deux ou trois des bonnes familles de France. Enfin, comme une gazette vivante, il lui apprit tous les faits grands ou petits, tous les bruits, vrais ou faux, qui se rapportaient à la maison dont il se disait l'ami.

Quand, par la porte du salon, un valet cria son nom et celui de Donézac, son cœur battit : il lui sembla qu'il était quelqu'un.

On lui fit force compliments ; chose plus rare et plus flatteuse, on eut, sinon des prévenances, au moins de l'attention pour lui. C'était chez madame Baudistel une habitude invariable de faire aux nouveaux venus les honneurs de la soirée.

Elle paraissait avoir vingt-six ans : brune, grande plutôt que petite, un peu grasse, et dans toutes ses attitudes, soit de mouvement, soit de repos, d'une pureté de lignes et d'une beauté de formes à ravir un artiste.

Vers minuit, elle pria Maurice de prendre le thé avec quelques intimes. Ce fut alors seulement que M. Baudistel parut ; c'était un petit homme sec, nerveux, tourmenté d'un asthme et de terribles insomnies ; son visage était jaune comme s'il eût été couvert de poussière d'or ; les deux époux présentaient un contraste absolu, et un certain ridicule même en rejaillissait sur le mari. Comme à son ordinaire, il avait travaillé toute la soirée. Il salua Maurice négligemment, parla peu et se retira presque aussitôt.

En rentrant chez lui, Maurice ne pensa qu'à madame Beaudistel ; jamais une femme ne lui avait révélé aussi complètement la beauté. Huit jours après, il se présenta pour faire sa visite et fut invité aux petites réunions du lundi.

III

Malgré les ardeurs avec lesquelles il voulait un amour, ce ne fut pas sans de longues craintes, sans de douloureuses hésitations, qu'il reconnut en lui-même la toute-puissante passion qu'il avait désirée ; car il la sentait si envahissante, qu'il se voyait entraîné, et comprenait que c'était folie de s'abandonner. Cependant, il s'abandonna. Il se dit bien que s'engager dans cette voie, c'était briser à jamais son avenir, cependant il s'y engagea. La passion était entrée dans son cœur, elle l'avait empli, elle en avait chassé tout le reste ; il était l'esclave de l'amour, il n'écoutait plus que lui, il n'aimait plus que lui.

En descendant rapidement vers la rue de Varennes, il avait de terribles angoisses : comment va-t-elle me recevoir ? se disait-il ; il ralentissait le pas, il s'arrêtait, il avait peur, il aurait voulu retourner en arrière. Dans le salon, c'étaient des frayeurs nouvelles : quels seraient les visiteurs ? remarquerait-on sa présence ? parlerait-on de son assiduité ? c'était en tremblant qu'il entrait. Son embarras recommençait de plus belle ; il ne fallait pas attirer l'attention, exciter la jalousie des gens précisément les plus jaloux du monde, et il ne fallait point non plus cependant passer pour un sot auprès de la maîtresse adorée ; cruelle alternative qui exigeait toute son application et paralysait sa verve, alors qu'il aurait si bien voulu montrer devant *elle* ce qu'il y avait en lui de cœur, d'esprit et d'enthousiasme. Si Marguerite lui disait une bonne parole en lui tendant la main, ou si dans la conversation elle le regardait pendant un peu plus qu'un instant, c'était à peine si la porte de la rue de Varennes était assez haute pour le laisser sortir. Il répétait *ses* paroles, il frissonnait au souvenir de *son* regard ; il était ébloui, transporté ; il était quelque chose dans ce vaste Paris qui dormait dans sa tranquille insouciance ; il n'avait que de la pitié et du mépris pour ces riches demeures emplissant la rue d'ombres, pour leurs hôtes moins fortunés que lui. Elle lui avait parlé, elle lui avait souri : avait-il un égal sur la terre ? de tout son être partaient des frémissements qui faisaient éclater en son âme un hymne d'allégresse. Elle lui avait souri, elle lui avait parlé ; tout espoir ne lui était donc pas interdit, l'hymne devenait plus tendre, il avait toutes les hardiesses, il chantait les joies de l'amour triomphant. Mais il arrivait aussi que Marguerite quelquefois l'oubliait parfaitement pour un nouveau venu, ou pour une illustration naissante ; alors c'étaient des désespoirs qui ne pouvaient se comparer qu'à ses bonheurs passés. Elle ne l'aimerait jamais ; déjà peut-être voulait-elle lui montrer qu'il était importun ; sans doute bientôt elle le congédierait, si lui-même ne renonçait pas à venir.

Bientôt les soirées du lundi ne suffirent plus à l'exigence de ses désirs. Mais comme il n'avait point accès dans les maisons où allait Marguerite, et ne pouvait songer à s'y faire recevoir, il dut chercher quelque moyen de la rencontrer ailleurs. Elle allait le jeudi aux Italiens, il y alla. Elle arrivait, et en s'asseyant elle distribuait ses saluts et ses minauderies ; lui la regardait, attendant patiemment qu'elle daignât l'apercevoir. Au milieu du dernier acte il sortait et allait se mettre en faction, avec les valets de pied, au bas du grand escalier des loges. Elle passait enveloppée dans sa pelisse ; il la suivait sous le péristyle et, pendant que l'on faisait avancer son coupé, il la voyait encore une dernière fois ; elle relevait sa robe pour sauter des marches dans la voiture, sa taille se tordait, les chevaux partaient, la vision était évanouie.

Il avait donc deux jours de bonheur sur sept ; ce n'était pas assez. Elle suivait les premières représentation, — car elle était de ce *tout Paris* inventé par les feuilletonistes ; — Maurice ne manqua point une seule de ces réunions exceptionnelles. Puis, comme plus il la voyait plus il la voulait voir, il sacrifia les heures consacrées à ses leçons, — qui étaient sa vie même, — comme il avait déjà sacrifié les heures de son travail, — qui étaient sa seule chance de gloire, — et tous les jours il vint attendre son passage dans les Champs-Élysées. Lorsqu'il faisait du soleil, il s'asseyait au pied d'un arbre ; lorsque le vent soufflait glacial, il arpentait à grands pas l'asphalte du trottoir, les yeux sur la chaussée, épiant les voitures. Il la devinait de loin et ne la perdait pas de vue au milieu

2

des équipages. Nonchalamment étendue, chaudement blottie dans ses fourrures, elle passait indifférente. Quelquefois, elle n'était pas seule, quelquefois on la distinguait à peine derrière la vitre relevée, déjà obscurcie par le froid. C'était trop facilement qu'il pouvait compter les jours où il recueillait un sourire; et cependant il ne s'éloignait jamais qu'il ne l'eût plus ardemment regardée et contemplée, lorsque, vers la nuit tombante, elle revenait de sa banale et indispensable promenade.

Même chez lui, surtout chez lui, dans cette chambre où il avait autrefois si courageusement passé tant de jours et tant de nuits au travail, il ne trouvait plus ni joie ni repos.

Aussi, au lieu de revenir travailler les jours où il ne devait point rencontrer Marguerite, cherchait-il tous les moyens de se distraire et de tuer le temps.

Habituellement il allait chez Martel, non seulement parce que celui-ci était son meilleur ami, mais encore parce qu'avec lui il pouvait parler d'amour. Par une sorte de respect et de pudeur, et non par défiance, il n'avait jamais nommé Marguerite, mais il avait avoué qu'il aimait, mettant une orgueilleuse ostentation à raconter ses joies et ses espérances; pour ses chagrins et ses déceptions, il les cachait ou les atténuait. C'eût été trop tôt donner raison aux lugubres prophéties de Martel.

— Eh bien, disait celui-ci lorsqu'il le voyait entrer, où en sommes-nous aujourd'hui ?

— Ah ! mon cher, je suis le plus heureux des hommes.

— Vraiment, mon ami, est-ce que ?...

— Je m'en vais.

— Ne te fâche pas, et puisque ce sujet est interdit parlons d'autre chose. Fais-moi son portrait. Tu l'aimes, n'est-ce pas ! Comment est-elle ? Comment sont ses cheveux ?

— Noirs.

— Ses yeux ?
— Jaunes avec des petits points foncés.
— Sa peau ?
— Brune et veloutée.
— Tu parles comme un passe-port.
— Il faut la voir, et encore !... Figure-toi une tête un peu petite, comme dans les statues grecques ; un front haut et bombé, des paupières mobiles et relevées en cintre ; des yeux habituellement ternes et voilés, mais qui, dans de certaines circonstances, concentrent une puissance extraordinaire de vie et de passion ; un nez droit d'un tissu aminci et transparent ; des lèvres charnues et sanguines ; un menton lisse et court ; des joues imperceptiblement duvetées, et des cheveux, oh ! des cheveux splendides. Pour porter cette tête, mon ami, un torse admirable ; une poitrine large et développée ; des épaules pleines, blanches et grasses ; des seins fermes et droits, et des bras durs et modelés comme s'ils étaient de marbre. Ce n'est pas tout ; elle a une façon de marcher en imprimant à sa robe des plis amples qui enthousiasmeraient un sculpteur, et dans l'art de la toilette, on la copie.

— Si à vingt ans on peut souhaiter une femme pareille, un peu plus tard on doit se contenter de l'admirer, attendu qu'il y a de fortes présomptions pour qu'une telle femme n'aime jamais, et que lors même qu'elle prendrait un amant, ce ne serait pas pour faire de l'égoïsme à deux, mais bien à un, c'est-à-dire pour elle seule.

IV

Son amour, qui avait commencé par l'admiration, en était arrivé à l'adoration. Marguerite était la complète réalisation de son idéal, et mieux, cent fois mieux que cela, condition inappréciable, il la connaissait assez peu pour trouver en elle tout ce qu'il voulait imaginer, pour avancer sans cesse et ne point rencontrer de terme, et se sentir assez haut dans le ciel pour ne craindre pas qu'un horrible désenchantement le précipitât tout à coup sur la terre. Il pouvait à son aise la parer de tous ses désirs, lui donner son enthousiasme, sa chaleur d'âme; il pouvait la créer à son image. C'était une statue commode à laquelle il pouvait appendre, comme des *ex-voto*, les illusions de sa jeunesse; il pouvait lui mettre la robe d'innocence et la couronne de virginité; il pouvait la faire riche de toutes les qualités qu'il tirait de son propre cœur; il pouvait la faire noble de toutes les noblesses, grande de toutes les grandeurs, vertueuse de toutes les vertus; ainsi parée, ainsi placée par lui-même sur le piédestal, il pouvait la reconnaître pour son idole, se prosterner devant elle, l'adorer et dire : « N'es-tu pas la plus belle entre les plus belles; n'es-tu pas la plus pure; n'es-tu pas la plus chaste; n'es-tu pas l'étoile des jours heureux, la source de toute joie, la reine des amours? » Ce n'était plus Marguerite, ce n'était plus une femme : c'était la femme, c'était l'amour. La passion, chez les poètes, a des mensonges spécieux; la femme aimée, ils ne la regardent jamais qu'au travers du miroir grossissant de leur imagination. Ils ont fait l'amour, non tel qu'ils le voyaient, mais tel qu'ils le voulaient : ils en ont exalté les bonheurs et grandi les souffrances; mais lorsqu'ils les éprouvent, ces souffrances ou ces bonheurs, c'est encore plus fortement qu'ils ne l'avaient rêvé; les premiers esclaves d'un tyran qu'ils ont eu l'imprudence d'exalter, ils en sont, ou les plus grandement récompensés, ou les plus grandement punis.

Il n'en était encore qu'à la récompense : heureux de sa passion, il aimait sa passion même et n'osait pas demander davantage. « Ne suis-je pas heureux ainsi?

Pourquoi plus? » Il se taisait, il était près d'elle, il la voyait, et durant cet instant rapide rien ne manquait à son bonheur.

Dès la seconde soirée, Marguerite avait deviné cet amour; mais elle ne laissa point paraître qu'elle en fût blessée, et sans encourager Maurice, elle ne le repoussa pas. Elle resta pour lui ce qu'elle était pour tous, aimable et souriante des lèvres, mais des lèvres seulement. Cet amour ressemblait si bien à un culte dégagé de toutes les choses de la terre, qu'une femme seule pouvait le distinguer; or, comme elle était la seule femme de son salon et se trouvait ainsi à l'abri d'une fâcheuse curiosité, elle laissa se développer sans obstacles une passion qui l'intéressait, si elle ne lui plaisait pas encore, et que son imagination aventureuse se promettait de suivre et d'observer. Elle se mit à jouer à l'amour; dédaigneuse aujourd'hui, aimable demain, elle prit plaisir à abuser de son pouvoir pour en éprouver toute la force; toujours soumis, il aima toujours la main qui le frappait ou le caressait, et supporta tout sans se plaindre et sans se trahir. Mais peu à peu et à son insu, elle devint personnage important dans cette pièce dont elle n'avait d'abord voulu jouir que comme simple spectatrice, et l'esprit céda la place au cœur; car pour être insensible à une passion comme celle de Maurice, pour n'être point gagnée par une ardeur comme la sienne, pour rester froide en face de ce foyer d'amour, il fallait aimer déjà, et non seulement elle n'aimait pas, mais encore elle n'avait jamais aimé; elle avait été désirée, elle avait désiré elle-même; les plaisirs des sens, elle les connaissait; des chastes joies de l'amour elle était innocente et vierge; c'étaient ces joies que Maurice lui offrait. Elle commença par être fière de ce sentiment d'adoration qu'elle inspirait, puis elle en fut heureuse; des cordes, jusque-là restées muettes en elle, résonnèrent et frissonnèrent au contact impérieux de cette brûlante passion. Sous cette prestigieuse influence, elle compara Maurice aux hommes qui l'entouraient et le trouva charmant, lui qu'elle avait été longtemps sans remarquer; sa voix la fit tressaillir, elle aima à entendre prononcer son nom; au théâtre elle chercha son regard. Son dévouement, sa fidélité, son enthousiasme, lui parurent remplis de promesses; elle attendit de lui la révélation de jouissances nouvelles; la curiosité, une soif souvent trompée, la poussèrent vers lui. Et lentement elle s'enivra de cet espoir qui pousse les femmes à chercher dans un nouvel amant la rare et merveilleuse fleur d'idéal qu'elles n'ont point rencontrée dans les premiers; fleur qu'elles ont souvent foulée à leurs pieds sans la voir, et que, dans leur infatuation, elles cherchent encore en accusant la fortune, au lieu d'accuser leur propre aveuglement, ou leur propre stérilité. C'était ainsi qu'elle se laissait entraîner vers Maurice; il était jeune, inconnu, perdu dans la foule : quel meilleur sujet pour une dernière expérience? mais surtout, preuve bien évidente qu'il était le Messie attendu, le révélateur espéré, c'est que, quoiqu'il n'eût pas encore parlé, elle était déjà heureuse; elle se délectait dans cette pensée qu'il était un cœur ne vivant que pour elle, qu'elle était adorée le jour, invoquée la nuit; qu'il lui suffisait d'un geste pour donner le plus grand bonheur ou la plus terrible souffrance, qu'elle inspirait une passion infinie; que pour un homme jeune, intelligent, elle était la seule femme, elle était tout, elle était Dieu !

Et puis, ce qui la poussait encore, c'était son expérience de la vie. Elle avait vingt-sept ans et depuis dix années elle vivait dans la duperie et dans le mensonge, toutes les croyances de sa jeunesse ne lui avaient donné que des déceptions, et maintenant l'amour seul lui paraissait efficace et réel : en lui était son espérance, il était son refuge, la branche vers laquelle elle tendait les bras avant de disparaître engloutie dans le flot qui l'entraînait ; mais ce qu'elle voulait, c'était un amour jeune et exalté qui eût assez de force pour l'enlever jusqu'à lui, elle déjà lasse et accablée, assez de puissance pour ne se décourager pas, assez d'infini pour les nourrir tous deux et les soutenir toujours. Et Maurice tel qu'elle le voyait, lui paraissait capable d'accomplir cette œuvre de rédemption et d'initiation.

Pour lui, cependant, il était loin de savoir ce qui se passait dans le cœur et dans l'esprit de sa maîtresse car il avait tout l'aveuglement et toute la sainte bêtise du premier amour ; il se croyait indigne d'elle : prosterné dans la poussière, il n'osait lever les yeux sur son idole, ne voyant point les signes qu'elle commençait à lui faire.

Sur ces entrefaites, M. Baudistel mourut tout à coup, étouffé par son asthme, et sa femme en éprouva tout juste le chagrin que doit ressentir une brune en se voyant condamnée pour six mois à un deuil de laine. Cependant pour se conformer aux convenances, — sa règle en toutes choses, — elle dut fermer sa maison, renoncer à ses distractions qui faisaient le fond de sa vie même, et s'imposer une contrariété réelle pour feindre une douleur qu'elle ne ressentait pas.

V

L'ennui n'ayant pas tardé à la prendre, le souvenir de Maurice lui revint plus séduisant et plus importun tout à la fois. Elle avait si bien l'habitude de le voir chaque jour qu'il lui manquait : que faisait-il ! que devenait-il ? Elle voulut le savoir ; mais comme la chose était impossible directement, elle fit demander Donézac, sous prétexte d'affaires, et le pria de venir bientôt passer une soirée et d'amener Maurice pour la distraire un peu.

La joie avec laquelle Marguerite l'accueillit aurait éclairé un amant moins jeune, mais lui, ne vit rien, n'entendit rien, et il se perdit dans son propre tourbillon. Puis à mesure que les minutes s'écoulèrent, la tristesse le gagna ; il songeait que bientôt il faudrait partir.

Marguerite qui voyait ce trouble et en jouissait, prit alors pitié de ce pauvre niais ; et comme ils n'étaient pas seuls, elle lui demanda une de ses dernières compositions, pour lui donner une occasion de revenir.

Il revint le lendemain, puis le surlendemain, puis tous les jours ; chaque fois ce fut un nouveau prétexte laborieusement cherché, que Marguerite recevait en souriant.

D'une exactitude parfaite, il arrivait tous les soirs l'esprit chargé de nouvelles et d'anecdotes ; car ignorant lui-même le bonheur, il cherchait à se rendre agréable en amusant. Il disait les bruits de la journée ; et Marguerite l'écoutait avec une impatience que souvent elle laissait échapper ; était-ce pour parler des autres ? était-ce pour faire de l'esprit qu'elle souhaitait sa présence ?

Et lui s'en allait désespéré, criant au fond de son cœur :
— Elle ne m'aimera jamais !

Il avait entouré son astre de tant de rayons qu'il en était maintenant ébloui ; il était victime de la grandeur de son amour ; il en avait fait une chose céleste et ne comprenait plus la réalité : Marguerite était l'ange, lui n'était que l'homme ; par un téméraire orgueil devait-il se faire chasser du ciel ? Cependant lorsqu'il était seul, lorsqu'il n'était plus sous l'influence immédiate de ce regard qui le fascinait, il raisonnait un peu plus froidement : « Elle est femme, se disait-il, elle n'est que femme, et mon cœur est l'égal du sien. » — Alors il se jurait d'être brave, non pas aujourd'hui, ni demain, mais un jour qu'il fixait dans une certaine circonstance ; il préparait ses paroles, il se les répétait, il prévoyait les réponses de Marguerite ; mais s'il venait à penser à son regard, il se sentait perdu. Alors, il écrivait, il racontait ses joies, ses espérances, ses tortures ; il se faisait bien humble, bien suppliant, et s'en hardissant dans un projet décisif, il partait. Jusqu'à la rue de Varennes, il osait tout, il imaginait tout ; mais, en levant le lourd marteau, il était déjà moins ferme. La cour, qui était longue, lui paraissait infinie, tant ses artères battaient vite. En montant les marches du perron, ses jambes tremblaient. Lorsqu'il traversait toutes ces vastes pièces qui avaient fait de cet hôtel une des belles demeures de Paris, involontairement il serrait son habit sur sa poitrine ; ayant peur qu'on ne devinât sa lettre. Et il repartait sans avoir dit un mot de son amour. Car ce qui aurait dû faire son espoir était précisément cela même qui faisait son découragement. M. Baudistel vivant, Marguerite aurait été bien certaine qu'on l'aimait pour elle-même ; aujourd'hui qu'elle était libre de sa main, aujourd'hui qu'elle possédait une grande fortune personnelle, tout amour n'aurait-il pas l'air d'une spéculation ? A cette idée seule, sa force déjà bien hésitante, l'abandonnait. Pourquoi n'avait-il point parlé plus tôt ?

Elle ne comprenait rien à toutes ces alternatives de joie et de tristesse, et n'imaginait même pas qu'il pût avoir un seul instant les scrupules qui le tourmentaient. Si, en sa présence, elle subissait quelquefois, et malgré elle, la pudeur du premier amour, et laissait son âme se perdre à ces hauteurs qu'elle n'avait point encore soupçonnées ; si elle n'était plus maîtresse d'elle-même, si son esprit ne trouvait rien à dire pendant que son cœur s'unissait au cœur de son amant, elle était trop femme pour rester longtemps dans les nuages.

La situation lui paraissait clairement indiquée, et, voyant que les choses en resteraient encore longtemps à ce point si elle n'en prenait pas la direction, elle descendit deux ou trois marches de son piédestal et se décida à intervenir activement dans leur destinée à tous deux. Il lui en coûtait bien de se dépouiller ainsi elle-même de quelques-uns des rayons de sa couronne, mais il en est de la religion de l'amour comme de toutes les autres religions où la foi qui *n'agit point* paraît tiède et peu sincère.

VI

Jusqu'à ce jour Maurice avait été très sobre de détails sur sa vie ; elle la lui fit raconter. Pour les malheurs de sa jeunesse, elle eut des compassions touchantes ; elle plaignit madame Berthauld, elle l'admira ; elle voulut qu'il la peignît avec précision, comme un portraitiste de la vieille école allemande, ou avec la recherche et la minutie du procédé de Balzac. Elle l'aima, elle aima aussi M. de Tréfléan, dont le nom de pure noblesse lui était bien connu, et aussi le vieux Michon, et aussi l'abbé Hercoët. Tout cela c'était avec des caresses pleines de grâce et de chatterie. Elle lui prenait la main pour mieux le plaindre ; elle le regardait avec des yeux mouillés pour mieux le consoler. Il en vint à son séjour à Paris ; il parla de ses luttes, de ses souffrances, de son élan vers la gloire, de son ambition d'amour. Il dit d'une voix tremblante les bonheurs qu'il avait éprouvés à être admis chez elle. Puis il s'arrêta.

Marguerite, à son tour, raconta l'histoire de sa vie. Son père, après avoir dissipé une assez belle fortune, avait épousé la fille naturelle d'un petit prince allemand, le duc d'Allmahl-Regnitz. L'amour et l'intérêt avaient fait ce singulier mariage. Mais la jeune fille ne s'était pas montrée très tendre ; et le duc, malgré ses promesses, était mort sans rien laisser à son gendre. M. de Fargis avait plaidé et avait perdu. De ce mariage il n'avait eu qu'une centaine de mille francs en diamants, qui lui avaient été donnés avant le contrat, et une femme qui était loin de s'appliquer à lui rendre la vie agréable. Aussi n'avait-il point tardé à quitter Paris et à s'enfuir en Russie, où il avait de hautes amitiés qui probablement lui auraient refait une fortune, s'il n'était pas mort aussitôt son arrivée à Saint-Pétersbourg. Restée sans la moindre fortune avec trois petites filles, au lieu de chercher à se rapprocher de la famille de son mari, qui serait venue à son secours, madame de Fargis l'avait fâchée et éloignée par ses exigences. Sa beauté détruite et ses enfants ne lui permettant pas un nouveau mariage, elle avait eu recours à un moyen héroïque : protestante, elle s'était convertie et elle avait commencé à vivre aux dépens du clergé et des quelques personnes pieuses qui avaient eu les honneurs de son abjuration. Son plan était assez habile et montrait qu'elle avait étudié la vie comme il appartenait à une Allemande. Deux de ses filles seraient religieuses ; Marguerite, qui était la plus jolie, gagnerait avec sa beauté un riche mari.

À cet endroit de sa confession, vraie dans le fond, habilement arrangée dans la forme, Marguerite se cacha le visage entre ses doigts, puis regardant Maurice et le voyant ému, elle continua :

— Ah ! mon ami, vous ne savez pas, vous, si tendrement élevé, ce que c'est qu'être reçue par charité dans un couvent. A huit ans, grâce à de puissantes influences, j'entrai au Sacré-Cœur et j'y restai jusqu'à dix-sept. Alors je revins près de ma mère, et j'appris le rôle que je devais jouer. Tous les matins nous allions à la messe, presque tous les soirs dans quelques salons respectables où nos amis nous avaient fait recevoir. J'étais presque parée ; mais, dans notre intérieur, nous payions chèrement ce luxe. Oui, mon ami, ces mains, que vous voyez aujourd'hui si blanches, ont souvent balayé et épousseté.

Et, par un mouvement de coquetterie, elle montra deux mains longues et étroites, où, dans une chair d'une pâleur lactée, les veines se dessinaient légèrement fines et bleuâtres, des mains admirables qui, par le velouté, la transparence du tissu faisaient délicieusement songer.

Puis reprenant :

— A mesure que le temps s'écoulait, nos ressources diminuaient, car nos protecteurs commençaient à se lasser; plus d'une fois nous avons déjeuné avec un seul œuf, ma mère et moi, et nous faisions même si peu de feu, que ma plus jeune sœur retrouva à Pâques, dans la cheminée, un papier illustré de bonshommes au fusain qu'elle avait mis sous l'attisée de bois pendant ses vacances du jour de l'an. Cependant je ne me mariais pas. L'hiver nous habitions Paris, l'été, nous allions à Luchon, à Dieppe, à Ems, à Bade, à Spa, dans tous ces lieux de réunion que fréquentent les mères en peine de filles à marier. Je voudrais dire tout ce que j'ai souffert dans mon orgueil et dans ma pudeur pendant ces longues années que je ne le pourrais pas : plus d'une fois j'ai sérieusement pensé à mourir. Enfin, M. Baudistel fit sa demande : nous en étions arrivées à un tel degré de misère, que j'acceptai. Ce mariage qui me faisait riche et enviée, me fit la plus malheureuse des créatures. La pauvre femme qui vous paraissait peut-être insoucieuse et frivole, au milieu de son salon, jouait une comédie qui la brisait. Ma vie de femme a surpassé en douleurs ma vie de jeune fille; aujourd'hui arrivée à vingt-quatre ans, je n'ai pas connu une seule joie du cœur; je n'ai été aimée de personne, je n'ai jamais aimé.

Cela fut dit avec un naturel admirable. Elle exagérait, mais elle exagérait de bonne foi; c'était son cœur plus que son esprit qui parlait, seulement c'était un cœur de femme : elle avait des regards et des intonations qui tiraient des larmes ; plus d'une fois, pendant ce récit, Maurice avait été pour l'interrompre en criant son amour, en disant que désormais elle avait un ami et un amant ; mais elle s'était faite si immaculée, si immatérielle, qu'à chaque parole elle était devenue plus grande dans son cœur.

Ce n'était pas une femme. Il ne l'aimait pas encore autant qu'elle le méritait. Jamais il ne serait digne d'un tel ange. En arrivant chez lui, il trouva une lettre de sa mère ; elle était malade, et le rappelait près d'elle. Il fut aussitôt décidé. Là-bas, pensa-t-il, loin de sa présence, au milieu de mes amis, peut-être retrouverai-je le calme et le travail.

VII

Il vint chez Marguerite, décidé à lui annoncer son départ. Précisément, elle était plus charmante qu'elle ne l'avait jamais été ; lui, était et triste et silencieux, il la regardait pour emporter son image et la mettre en son cœur solide et palpable : chacun de ces coups d'œil avides valait une étreinte. L'entretien ne tarda pas à devenir pénible ; enfin, ne pouvant pas se contenir plus longtemps :

— Je dois vous faire mes adieux, dit-il d'une voix tremblante.

— Vos adieux !

— Ma mère est malade, et elle désire ma présence.

— Vous partez !

— Il le faut.

— Ah !

Sur ce ah ! bien sec, Marguerite détourna les yeux. Il se fit un long silence.

— Quand partez-vous ? fit tout à coup Marguerite.

— Dans deux jours.

— C'est d'un bon fils... Mais pourquoi ne partez-vous pas demain?

— C'est que demain, dit Maurice en se levant, je voulais... j'espérais venir une dernière fois.

Les paupières gonflées, les dents serrées, il attendit une réponse.

— Venez demain, dit-elle.

Elle se leva à son tour. Mais alors elle rencontra les yeux de Maurice, elle les vit suppliants.

— Venez de bonne heure, ajouta-t-elle, nous dînerons ensemble.

Et elle lui tendit la main.

Il saisit cette main, et tombant à genoux, il l'embrassa à plusieurs reprises, puis se relevant, il s'enfuit sans même oser se retourner.

Toute la nuit il se demanda comment elle le recevrait.

Elle le reçut le sourire aux lèvres : sa première parole fut une parole de politesse, son premier regard fut un regard de bonheur.

— Vous voyez, dit-elle en se levant, je n'ai point fait de cérémonies.

C'était un gros mensonge; elle s'était faite irrésistible. Ce n'était ni une toilette de ville, ni une toilette de soirée, ni une toilette d'intérieur; c'était à la fois quelque chose de tout cela, quelque chose de frais et de jeune, de provoquant et de familier. Ses cheveux, rejetés en arrière, découvraient ses tempes; sa robe, d'une mousseline blanche légère, laissait ses bras nus; pas un bijou, pas un diamant, pas une fleur dans la coiffure; la beauté dans ce qu'elle avait de plus simple.

Elle fut pleine d'attentions et de séductions pendant le dîner. Maurice retrouva un peu de calme et de liberté d'esprit; il sut presque jouir de son bonheur.

Au salon son embarras et ses craintes le reprirent. Et

il avait peur. Il ne pouvait pas toujours se taire. Mais de quoi parler, à moins de parler d'amour? Que dire, à moins de tout dire? Il n'osait même regarder Marguerite; de ses yeux partaient des éclairs plus éloquents que des paroles.

On était alors aux premiers jours de l'été; il avait fait une grande chaleur; l'air était lourd : il fallut, pour respirer un peu, ouvrir les fenêtres qui donnaient sur un jardin allant jusqu'aux arbres du boulevard; puis comme les lumières attiraient une nuée de petits papillons nocturnes, Marguerite les fit enlever.

Assis loin l'un de l'autre, ils restèrent longtemps silencieux.

Maurice se leva, et allant s'asseoir au piano, il se mit à jouer fiévreusement ce qui lui vint à l'esprit de plus gai, de plus riant, de plus fou; il voulait réagir contre son cœur, s'étourdir lui-même.

Cette verve factice ne dura guère; bientôt il oublia la promesse qu'il s'était faite de rester calme, il ne songea plus qu'à sa passion, à ses espérances déçues, à ses joies anéanties, à son départ prochain, et il sentit sourdre dans son âme une étrange symphonie. Sans affronter le regard de Marguerite, sans parler lui-même, il lui sembla qu'il pouvait avouer son amour, le laisser enfin éclater dans tout son emportement, et que, si elle l'aimait, elle le saurait bien comprendre.

Il se mit à chanter ses désirs, son bonheur, ses souffrances, toutes les phases de sa vie d'amant; il les traduisit une à une, celle-ci avec ravissement, celle-là avec désespoir; quand il en arriva à l'heure présente, à cette heure où il allait s'éloigner peut-être pour jamais, abandonnant l'improvisation pour rappeler une mélodie que Marguerite aimait, il chanta :

> La mort est une amie
> Qui rend la liberté

> Adieu donc pour la vie
> Et pour l'éternité

Jusqu'à ce moment, elle était restée accoudée sur l'appui de la fenêtre ; elle quitta la fenêtre pour s'approcher du piano.

— Assez, dit-elle faiblement.

Et elle posa sa main sur l'épaule de Maurice qui s'était levé.

Ils demeurèrent les yeux dans les yeux ; puis, attirés l'un vers l'autre, ils se rapprochèrent encore, et sans un seul mot de refus ou de prière, tous deux frissonnants, ils s'enlacèrent.

CHAPITRE III

AU FOND DES BOIS

I

Il ne partit pas.

Pour mieux jouir de leur bonheur, pour être plus longtemps seuls ensemble, loin des regards curieux et jaloux, ils décidèrent, dès le lendemain, de quitter Paris et de s'enfuir à la campagne. N'est-ce pas là seulement qu'on peut aimer?

Ils n'allèrent pas bien loin et choisirent dans les bois de Montmorency, un peu vers la forêt de l'Isle-Adam, une petite vallée étroite et profonde qu'on appelle l'Entonnoir.

Maurice la connaissait pour y être venu un jour dîner avec des amis, il la proposa, et sa proposition fut acceptée avec enthousiasme. Que leur importait le pays, pourvu qu'ils eussent le silence et la solitude? Que leur importaient le bien-être, les distractions, quand ils ne vivaient que pour eux-mêmes et par eux-mêmes?

C'est un nid perdu au fond des bois et qui n'a pas même d'horizon, car de tous les côtés montent assez rapidement des collines qui se réunissent pour former le plateau séparant la Seine de l'Oise. A leur sommet, on ne rencontre qu'une chétive végétation, le sol est cailloureux, la bruyère est brûlée par le soleil, les bouleaux sont maigres, les buissons de châtaigniers, rabougris; mais à mesure que le terrain s'abaisse, les arbres sont plus forts, leur écorce est plus lisse, leur feuillage plus touffu; la terre ne résonne plus sous le pied, elle devient molle, humide, spongieuse; les charmes montent hauts et droits, les trembles agitent dans l'air leurs feuilles bruissantes. On marche dans les laîches et dans les roseaux; une eau rouillée emplit les trous que font les pas. Entraînée par la pente, mais retenue par les herbes, cette eau s'écoule lentement et par petits filets souvent interrompus. Enfin, deux ou trois ruisseaux se forment et vont presque aussitôt se perdre dans un étang qui occupe tout le fond de cette vallée, d'où ils ressortent réunis en un seul cours pour aller se rejoindre à la Seine. Rien n'est plus frais, plus ombreux que les bords de cet étang: de gros chênes branchus s'inclinent pour lui faire un dôme de verdure, les clématites et les viornes retombent en cascades, les renoncules montrent leurs clochettes au milieu des fléchières, et les iris dressent en faisceaux leurs sabres menaçants.

Sur une petite langue de terre formant promontoire s'élève une construction assez étrange ; c'est un parallélogramme flanqué de quatre tours, bâti en grès et en blocage. Les tours sont démantelées et recouvertes, au milieu à peu près de leur hauteur première, d'un toit en tuiles moussues, les fenêtres sont étroites, à ogives géminées, et çà et là on aperçoit encore de longues meurtrières maintenant remplies de plâtre. C'était autrefois un lieu de refuge bâti, vers le XIIe siècle, par les sires de Montmorency. Aujourd'hui, c'est la maison d'un garde. Là où était le préau, des poules gloussent et picorent. Le pont-levis est remplacé par une solide chaussée; sur l'esplanade, on voit une balançoire entre deux poteaux peints en vert; quelques tables sur quatre pieux non dégrossis, et des bancs dont les barreaux de châtaignier sont faits avec des bâtons tout simplement fendus et posés à plat. Pendant la semaine, le silence n'est troublé que par le bruit de l'eau qui s'écoule de barrages en barrages; les bassets aux longues oreilles dorment sur le seuil; la barque reste immobile, la chaîne pendante, au milieu des herbes et de ces petits insectes aux pattes immenses que les paysans appellent des patineurs. Mais le dimanche et le lundi l'aspect est tout autre. Dès le matin, les bourgeois en partie de campagne arrivent les uns après les autres; il en vient de Montmorency avec des ânes portant des paniers pleins de provisions; il en vient de Paris par les stations d'Ermont et de Franconville. Sur l'esplanade, on mange, on boit, on crie, on s'embrasse; les femmes se font balancer par les maris de leurs amies; celles qui sont plus sentimentales se promènent dans la barque en laissant leurs mains tremper dans l'eau, comme on voit dans les lithographies en tête des romances; les hommes, en chemise, les bretelles tombant sur les hanches, jouent au bouchon, dorment sur l'herbe, ou, saisis d'un accès bucolique, parlent d'acheter une campagne, mais moins sauvage, avec un petit jardin clos de murs, des persiennes vertes aux fenêtres et des statues de plâtre sur les gazons.

Ce fut le soir que Maurice et Marguerite arrivèrent. On leur donna la plus belle chambre, celle qui regarde le midi.

II

Ils y restèrent deux jours sans sortir, et cependant le soleil, glissant par-dessus la cime des arbres, s'allongeait en deux grands rayons sur leur lit, les oiseaux chantaient dans les branches, les arbres faisaient entendre leurs puissantes voix, et pendant la forte chaleur, l'eau qui clapotait sur les cailloux de la muraille versait dans l'air une fraîcheur engageante; mais ils étaient tout à leur amour, et cela seul les séduisait qui venait de leur amour.

Le matin de la troisième journée ils descendirent. Marguerite, pour être plus libre et plus à son aise, avait abandonné ses vêtements de femme : elle avait des bottines montantes, un large pantalon et une petite blouse de toile; son col de chemise à la Colin était rabattu sur une cravate noire, un chapeau de feutre mou, à grands rebords, lui couvrait la tête. Elle était délicieuse ainsi, et le père Michel qui ne l'avait vue que le soir, ne la reconnut pas; mais madame Michel, qui les avait servis dans leur chambre, poussa des cris de joie et d'admiration : « Comment, c'est vous, madame ! Regarde donc, Michel ! regarde donc ! »

Ils étaient déjà loin qu'ils entendaient encore les exclamations de leur hôtesse. Ils se tenaient par la main et ils allaient en courant; bientôt ils s'arrêtèrent. Le soleil n'avait point encore frappé sur la vallée, et les feuilles des grands arbres laissaient tomber goutte à goutte la rosée de la nuit. Les chemins étaient glissants. Marguerite prit le bras de Maurice. Ils marchèrent doucement, l'un à l'autre enlacés; de temps en temps elle s'appuyait la tête sur la poitrine de son amant, et, se haussant sur la pointe des pieds, elle lui donnait un baiser.

Tout leur était nouveau; ils respiraient un air plus pur, plus léger, plus enivrant; ils n'avaient jamais vu les feuilles si vertes, ni les fleurs si brillantes; les ronces et les digitales exhalaient des parfums inconnus; sous les chênes la mousse s'était faite épaisse et moelleuse exprès pour les recevoir; de chaque buisson, de chaque arbre, de chaque plante sortaient des voix mystérieuses qu'ils n'avaient point encore entendues.

— Que je t'aime! disait Maurice en la pressant dans ses bras.

Ils se regardaient; ils s'embrassaient et reprenaient leur route.

— Pourquoi ne nous sommes-nous point aimés plus tôt? s'écria tout d'un coup Marguerite.

— Comment as-tu pu m'aimer jamais? répondit Maurice.

— Enfant, je t'ai aimé pour ton amour.

— Moi, je t'ai aimée pour ta beauté, pour ta grâce, pour ton esprit; je t'ai aimée sans réfléchir, sans le vouloir, au premier regard.

— La première fois que je soupçonnai ton amour, ce fut au Théâtre-Italien; je lorgnais dans la salle; tu vins au balcon; il me sembla que quelque chose de magnétique m'attirait; je me retournai, nos yeux se rencontrèrent, je fus inondée d'un rayon de chaleur; t'en souviens-tu?

— Et toi, te rappelles-tu mes joies quand tu me tendais la main? Si tu savais comme je tremblais, comme j'attendais ce terrible moment avec impatience, avec inquiétude.

Ils continuèrent longtemps ainsi, refaisant l'histoire de leurs amours, remontant pas à pas dans leur vie, s'embrassant pour un chagrin, s'embrassant pour un bonheur.

Ils dînèrent sous un sureau en fleur. Leurs jambes s'enlaçaient sous la table; ils buvaient au même verre et se querellaient en riant à qui jetterait le plus adroitement des morceaux de pain à un chien qui s'étranglait à tirer sur sa chaîne. Souvent les morceaux lancés par Marguerite n'arrivaient point au but; les poules s'en emparaient aussitôt et se sauvaient de çà et là en caquetant fièrement.

— Nous dînerons ici toujours.

La nuit vint. Ils allèrent s'asseoir sous un chêne. Il ne faisait pas un souffle de vent, les feuilles des peupliers même demeuraient immobiles. Bientôt la lune parut, et sa lumière tamisée par les déchiquetures du feuillage, cribla l'étang de paillettes argentées; sur le chemin les arbres projetaient des ombres immenses; les vers luisants étincelaient dans les buissons. Tout était silence; on n'entendait que le bruit de l'eau glissant par-dessus la vanne; quelquefois un gland, se détachant de lui-même, tombait de branche en branche jusque dans l'herbe; quelquefois aussi, tout au loin, les rainettes chantaient dans leurs ornières. Les deux amants se tenaient étroitement serrés, et ils se laissaient enivrer par les pénétrantes senteurs que dégage le châtaignier. Tout à coup ils tressaillirent, une note éclatante avait déchiré l'air : le rossignol chantait.

— Ah! s'écria Maurice, la nature est tout, il n'y a pas d'art : on n'apprend pas, on reçoit.

Ils revinrent en frissonnant. Ils n'étaient plus eux-mêmes; quelque chose de subtil les avait envahis; ils voyaient plus loin qu'avec leur raison; l'air leur semblait habité; ils entendaient tout un monde immatériel, étrange, qui leur parlait d'infini.

Le matin, ils étaient éveillés par les merles et les fauvettes, et ils allaient sur le plateau de Bouffemont voir le soleil se lever derrière les collines de Mareil et de Champlatreux. Ils eurent bientôt une tradition; il était des arbres qui rappelaient de chers souvenirs : là ils s'étaient embrassés; plus loin, Maurice pour donner orgueilleusement à Marguerite une idée de sa force, était tombé au beau milieu des roseaux en voulant franchir un fossé.

Un jour qu'ils regardaient leur vieux chêne démantelé, Maurice se mit à lui imaginer une histoire.

« Il était une fois, dit-il, un page amoureux de sa dame. Le page était pauvre, timide; la dame était belle, puissante; adorée de tous; de hauts et de grands seigneurs s'empressaient autour d'elle, et le page mourait d'amour.

— La dame, continua Marguerite, eut pitié de son page, elle devina son désespoir et son amour; elle fut touchée au cœur, et, lui tendant les bras, elle dit : « Et moi aussi je t'aime, enfant. »

— Grand fut leur bonheur, et, pour le cacher aux jaloux, abandonnant la ville, ils s'en vinrent au fond des bois. Leurs jours furent de beaux jours ; leurs nuits furent de belles nuits; ils s'aimaient.

— Ils s'aimaient ; mais, après plusieurs mois, le son du cor retentit un soir dans le lointain. Le page pensa à la guerre, aux combats, à la gloire, et, disant qu'il reviendrait bientôt, il partit; mais, hélas! il ne revint pas, et jamais plus elle ne le vit.

— Ce ne fut point le page qui partit, s'écria Maurice, ce fut la dame; elle regretta la ville; sans rien dire, un matin, elle s'enfuit. Le page l'attendit longtemps, bien longtemps ; puis, désespéré, il mourut; sa tombe est là-bas, sous ce gros chêne.

— Ce ne furent ni le page ni la dame qui partirent, reprit Marguerite; ils restèrent tous deux à s'aimer ; ils moururent tous deux le même jour, leur tombe à tous deux est là-bas, sous ce gros chêne. »

Quand ils eurent bien parcouru les alentours, Sainte-Radegonde, la Fontaine-aux-Mères, ils firent des courses un peu plus lointaines. Marguerite était infatigable. Ils partaient de bonne heure. Maurice emportait le déjeuner dans une gibecière au père Michel, et presque toujours ils s'en revenaient, le soir, par les hauteurs d'Andilly. Ils s'asseyaient: c'était une halte obligée, et, sans être jamais fatigués, ils admiraient encore ce qu'ils avaient admiré la veille. La campagne s'étalait jaunissante à leurs pieds, le lac d'Enghien faisait une petite tache blanche au milieu, et tout au loin, par-dessus Saint-Denis, on apercevait Montmartre, Paris sous son éternel nuage de brouillard et de fumée, et les deux clochers de Belleville qui, comme les deux mâts d'un brick à la voile, semblent glisser à l'horizon. Ils restaient là longtemps couchés, à voir le soleil disparaître, regardaient avec plaisir un spectacle toujours le même et cependant toujours nouveau, toujours splendide. Maurice parlait de Rousseau, qui avait dû venir bien des fois s'asseoir en cet endroit même avec sa chère comtesse ; et marchant dans les sentiers incertains, écartant les branches qui leur fouettaient le visage, il racontait quelque histoire d'amoureux illustres ; les ornières devenaient moins distinctes, et c'était avec la nuit qu'ils descendaient dans leur tranquille vallée.

III

Marguerite aimait ces promenades pour les enthousiasmes de son amant ; car, pour le cœur de Maurice, tout était motif d'amour ; un souvenir, un arbre, une fleur, un oiseau, lui donnaient le ton, et aussitôt il exécutait à grand orchestre la symphonie du bonheur ; il y avait en lui des trésors de passion ; toujours inspiré, il recommençait toujours un éternel chant lyrique ; et Marguerite se laissait docilement conduire au travers de ce monde inconnu. Mais cette nature qui les environnait, et que naguère elle avait trouvée si pleine de charmes et d'inspirations, commençait à lui paraître bien pauvre et tout à fait indigne de l'amour grandiose qu'elle croyait sentir en son cœur. Les fleurs, naguère si brillantes, étaient ternes et décolorées ; les arbres étaient chétifs, les vallons brûlants, les ombres maigres, les ronces n'avaient plus que des épines. Ce qui tant de fois l'avait transportée, ne savait plus l'émouvoir et la laissait désenchantée. Et cependant en elle rien n'était changé; sa passion toujours croissante était devenue plus complète, plus absolue, plus impérieuse; c'était sa grandeur même qui la faisait étouffer dans un cadre trop étroit.

Ces lieux, ces arbres, ces collines, ces paysages toujours les mêmes, avaient pu lui plaire par leur nouveauté, mais n'étaient-ils pas réellement bien mesquins et bien monotones? L'amour, le véritable amour, est-il possible à trois lieues de Paris, dans des plaines peuplées comme un village, dans des bois sillonnés de chemins où les bruits et la fumée de la grande ville arrivent avec le vent? A des désirs infinis ne faut-il pas l'infini pour horizon?

Et puis ce nom même de Montmorency n'était-il pas bien vulgaire et bien bourgeois? Ce nom ne traîne-t-il pas partout: les amants de Montmorency, les cerises de Montmorency, les ânes des Montmorency? N'est-ce pas à Montmorency que tous les vaudevillistes ont fait promener leurs héros? Les commis, et leurs amies n'arrivent-ils pas de Paris les dimanches pour cavalcader dans cette plate forêt et y dîner sur l'herbe? Est-il au monde rien de plus romance, de plus troubadour? Et cependant c'est là que Maurice l'a amenée, elle qui aime l'imprévu. La connaissait-il donc si peu!

Elle ne tarda pas à trouver les promenades fatigantes; les sentiers furent rocailleux, les montées furent trop rudes, les descentes trop rapides, les plateaux trop réguliers; le soleil fut toujours de feu, la brise ne souffla plus, le vent fut une bourrasque, le jour eut des clartés aveuglantes, la nuit n'eut pas assez d'étoiles; sous chaque brin de mousse il y eut une fourmi; dans chaque cépée il y eut une vipère; — pour la première fois elle sentit que la rosée lui mouillait les pieds.

Maurice fut longtemps sans remarquer ces symptômes;

puis, quand il les eut remarqués, il fut plus longtemps encore sans les comprendre. Son premier mouvement fut de voir si par quelques-unes de ses actions, par quelques-unes de ses paroles, il n'avait pas involontairement blessé sa maîtresse; à toutes ses demandes sa conscience resta muette; malgré sa bonne volonté, il ne put rien se reprocher. Plein d'inquiétude et de crainte, il interrogea Marguerite; il lui montra combien les derniers jours qui venaient de s'écouler étaient autres que les premiers temps de leur bonheur; il la supplia de ne rien lui cacher, de dire franchement ce qui se passait en elle, et s'il l'avait offensée, d'avoir assez de générosité pour expliquer sincèrement ses griefs et ses douleurs. Mais Marguerite, — trop femme et trop habile pour avouer que l'ennui qu'elle sentait en elle venait d'elle-même, ignorant encore d'ailleurs les causes de son désenchantement, et n'ayant aucun reproche précis à formuler, soit contre son amant, soit contre ce pays toujours le même et où elle avait tant de fois promis de rester toujours, — Marguerite ne fit à toutes ces demandes que des réponses vagues; elle s'excusa sur la mobilité de ses nerfs, sur la faiblesse de sa santé. Elle était heureuse; jamais elle n'avait été plus heureuse... De quoi pouvait-elle se plaindre? N'était-il pas le plus tendre, le plus dévoué des amants?... Mais si le cœur est puissant, le corps, ce pauvre corps, est bien faible pour résister au bonheur.

Il accepta ces paroles en homme qui demande une explication bien plutôt pour être rassuré que pour être éclairé; et plus que jamais il l'entoura de soins et d'amour.

Elle avait parlé de fatigue, il la força de renoncer aux longues courses dans la forêt, et ne voulut plus faire que de courtes promenades aux environs. Lui-même choisit les heures et le temps, évitant l'humidité ou la trop grande chaleur. Il marchait près d'elle, la soutenait de son bras, et lorsque les ornières étaient trop profondes ou la montée trop rapide, il la soulevait comme une enfant délicate. Les repos étaient fréquents, il fallait que la terre fût bien sèche, que l'herbe fût épaisse, que sous les feuilles l'ombrage fût frais et aéré; il prenait la tête de Marguerite sur ses genoux, par de douces paroles il tâchait de la bercer ou de la distraire; si lorsqu'elle s'était endormie, un rayon de soleil perçant à travers les branches venait la menacer, il se levait, roulait un de ses vêtements, le lui passait comme un coussin sous la tête, et se plaçant immobile devant elle, il lui faisait ombre de son corps. Il restait à la regarder dormir. A la voir belle et tranquille, il lui venait de vagues inquiétudes. Les explications de Marguerite avaient ébranlé sa croyance au bonheur éternel; il n'avait interrogé que pour obtenir un démenti à l'évidence, et elle avait répondu par des plaintes. Elle souffrait!... Son corps était malade!... Alors pourquoi ces tourments et cet ennui pendant la veille? pourquoi ce calme si parfait, cette sérénité si complète pendant le sommeil? Il cherchait à comprendre, et par de cruels doutes son esprit tourmentait son cœur. Mais Marguerite, en s'éveillant, l'arrachait bientôt à ces douloureuses réflexions. Il s'efforçait de sourire, il se mettait à genoux près d'elle, il la prenait dans ses bras, et jaloux de son premier regard, il plongeait ses yeux dans ses yeux. Puis, autant pour échapper à ses propres pensées que pour distraire celles de sa maîtresse, il essayait de lui dire combien elle était belle au milieu de cette nature paisible et douce; se laissant entraîner par son inspiration, il oubliait ses peines, il célébrait l'amour et parlait d'un éternel bonheur dans une campagne toujours verte, sous un soleil toujours radieux. C'était le sourire aux lèvres que Marguerite écoutait ses chants; si son esprit les trouvait d'une poésie un peu trop éthérée, elle ne se révoltait pas, et dissimulait ce que son sourire pouvait avoir d'incrédule.

Tout cela ne parvenait ni à la distraire ni à la réconcilier avec la forêt; plus Maurice redoublait de soin et d'amour, plus elle se sentait envahir par l'ennui. Souvent même c'était avec une impatience mal déguisée qu'elle recevait ses caresses. Elle se désespérait de voir ses plaintes si faussement interprétées, ses désirs si peu compris, elle se demandait si ces jours monotones allaient ainsi se suivre et se ressembler, si Maurice était aveugle ou bien s'il était sot.

Ni sot ni aveugle ; ignorant et maladroit, au lieu d'interroger le cœur de sa maîtresse, il s'obstinait à s'interroger lui-même, à chercher en lui ce qui se passait en elle. Cependant, comme malgré ses efforts il ne trouvait rien, il fallait bien qu'il en vînt à la fin à voir ce qui depuis si longtemps lui crevait les yeux : Marguerite s'ennuyait!

C'était beaucoup que d'en être arrivé à cette conclusion; ce n'était pas tout, il lui restait à faire une découverte non moins importante et tout aussi difficile, c'était de connaître les causes de cet ennui. Car elle l'aimait, chaque jour il en avait la preuve; et ce qui pour lui valait mieux que des preuves, chaque jour il en avait sa parole. Alors, de souvenirs en souvenirs, de circonstances en circonstances, il lui devint évident qu'il ne devait accuser que lui-même, ou ce pays peut-être bien triste et bien prosaïque.

Pour lui-même, il fit le serment de redoubler d'amour.

Pour le pays, il résolut de le quitter le lendemain; et quoiqu'il lui en coûtât d'abandonner cette forêt où il avait été si heureux, il n'hésita pas un instant : — Elle s'y ennuyait!

Fier de cette merveilleuse découverte, il courut la dire à Marguerite. Mais ce n'était point ainsi que celle-ci l'attendait. Sans doute elle était heureuse de partir enfin, mais c'était à condition qu'elle paraîtrait suivre et non commander; elle était heureuse de se voir comprise enfin, mais c'était à condition qu'elle ne serait pas forcée de convenir qu'il avait rencontré juste et qu'elle s'ennuyait; elle ne voulait pas, dans sa longue prévoyance, avouer que cette idée de départ venait d'elle, car c'était avouer en même temps qu'elle seule avait changé, que son esprit dévorait son cœur, qu'il lui fallait des assouvissances sans cesse nouvelles, que ses serments n'étaient que des paroles, que ses *toujours* n'étaient même pas des *longtemps*. Elle voyait l'avenir, et elle voulait se ménager, — à elle-même l'excuse, — à Maurice la faute.

Cependant comme elle ne voulait pas le désespérer, elle avoua, — tout en repoussant très vivement l'accusation d'ennui, — que peut-être il avait raison quant à ce pays, et que maintenant qu'il venait de le lui faire comprendre, elle le trouvait bien peu digne de leurs amours. Puisqu'ils aimaient les bois, il devait en être dans le Morvan, ou même à Fontainebleau, de plus vastes, de plus sombres et de plus déserts.

Ce fut avec empressement que Maurice accueillit cette idée, qui paraissait due au hasard, et il fut aussitôt convenu qu'on abandonnerait Montmorency pour Fontainebleau.

IV

Grande fut la joie de Marguerite, mais plus grande encore fut celle de Maurice; lui qui, tout à l'heure, trouvait ce pays si beau, lui qui voulait y passer tous ses jours, ne pensa plus qu'à le quitter, et mit son bonheur dans l'inconnu. Il fit une querelle à Marguerite de ne pas s'être plainte ; il l'aurait volontiers accusée de mauvais goût. Écho de la voix qui le faisait résonner, il s'enthousiasma pour ce que naguère il méprisait, et méprisa ce qu'il avait tant aimé ; les arbres ne furent plus que des broussailles, l'étang ne fut même plus qu'une mare ; il renia son passé, se moqua de lui-même et déshonora ses souvenirs ; le tout de la meilleure foi du monde, à la grande joie de Marguerite qui applaudissait ou enchérissait encore.

Mais cette exaltation tomba. Dès le lendemain, jour fixé pour le départ, il expia son sacrilège. Étant sorti le matin, pendant que Marguerite dormait encore, il prit, plutôt par habitude que par volonté, un chemin qui s'offrit à lui ; le milieu, défoncé par le pied des chevaux, était raboteux ou glissant, et de chaque côté on ne voyait que des ronces, des épines salies par de larges plaques de boue et de grandes herbes mortes. Après quelques pas, ce chemin rencontre l'étang, fait un brusque détour et se perd sous le bois, en gravissant la colline. Cela forme une sorte de petite clairière où trois ou quatre chênes, plongés dans un sol trop humide, végètent assez pauvrement ; le gazon est mou et clairsemé, les cépées sont couvertes de lichen, dans l'eau qui croupit, l'ombrage ne laisse pousser que quelques touffes de jonc et de renoncule aquatique. Cela est parfaitement prosaïque et vulgaire, cela se rencontre partout, cela ne parle ni aux yeux ni à l'imagination, et justifie de point en point tout ce que Maurice avait pu, la veille, en dire de désagréable et d'insultant. Cependant, à la vue de ce petit coin si banal, il se sentit pénétré d'une émotion profonde, car si, pour tout le monde, c'était chétif et muet, c'était pour lui plein d'éloquentes beautés. C'était par là que, le premier jour de leur arrivée, ils avaient commencé leurs promenades ; c'était là que depuis ils étaient venus tant de fois s'asseoir et se dire leur amour. Chaque arbre, chaque branche, chaque brin d'herbe, étaient des témoins du bonheur passé : tous avaient une histoire, tous avaient un heureux souvenir. Ce fut alors qu'il paya son crime de la veille et regretta ses paroles ; devant lui se dressaient ses joies flétries et son amour déshonoré, et il commença de sentir la cruelle blessure que lui-même s'était faite. Mais il était trop tard. Que n'eût-il donné pour effacer ou tout au moins pour oublier des paroles qui maintenant lui paraissaient des mensonges ; car ce petit paysage, qu'il avait injurié, se transfigurait en ce moment sous les rayons du soleil levant. Il n'y avait plus là rien de commun, tout était splendeur et vie. La lumière glissant sous les feuilles, transformait chaque goutte de rosée en une perle étincelante. Les branches jaunes ou rouges des osiers miroitaient comme de l'or ; et par derrière l'étang, les saules bleuâtres, encore noyés dans une légère vapeur, reculaient indéfiniment l'horizon. Les oiseaux commençaient leurs chansons dans les arbres ; au bord de l'eau tranquille et noire, les renoncules et les trèfles ouvraient leurs fleurs nouvelles.

C'en était trop que cette poésie du matin s'unissant à la poésie du passé ; il jeta un regard d'adieu à la vallée, cueillit deux ou trois de ces petites clochettes de renoncules roses et blanches qui nagent sur l'eau, reprit le chemin de la montée et la gravit à grands pas ; regrettant une faute qu'il ne pouvait racheter, il voulait au moins faire à tous les anciens pèlerinages de leur amour une station expiatoire et emporter un dernier souvenir qui, en résumant ses impressions de bonheur, les rendît à jamais solides et lumineuses.

Le soleil frappait déjà presque d'aplomb sur les arbres lorsqu'il rentra, tenant à la main un bouquet qui, par sa taille, montrait que ces pèlerinages étaient en nombre respectable, et cependant il n'avait pris à chacun que ce qui le caractérisait : à l'un une petite branche de fraisier, à un autre une feuille de fougère, à un autre une tige de digitale ; cela formait un mélange sombre et vulgaire, image assez fidèle de ce pays, mais qui, comme ce pays lui-même, en disait au cœur de Maurice plus que toutes les splendeurs des tropiques.

Marguerite dormait encore. Il alla doucement s'asseoir sur son lit, et lorsqu'elle ouvrit les yeux, la prenant dans ses bras :

— Pardonne-moi, dit-il, de t'avoir abandonnée ce matin : j'ai voulu avant de partir, revoir les lieux où nous avons été si heureux et t'y cueillir ce bouquet. Garde-le, ô ma bien-aimée ! ce sont les fleurs de nos amours.

Puis, pour ne point céder à l'émotion qui rendait sa voix tremblante, il se leva, fit quelques tours dans la chambre, se mit à la fenêtre, et regarda machinalement sur l'eau les libellules qui décrivaient, en bourdonnant, des cercles rapides.

Ils devaient partir le soir; la journée fut pénible à passer; tous deux ils étaient embarrassés; elle ne voulait pas laisser voir sa joie; il cachait son chagrin. Leur contrainte redoubla dans une courte promenade qu'ils firent en passant sous le gros chêne, où, suivant l'histoire qu'ils avaient composée, se trouvait la tombe de leurs amants modèles.

— Cependant, dit Maurice, répondant à leur commune pensée, ils devaient rester tous deux à s'aimer, ils devaient mourir tous deux le même jour, et leur tombe à tous deux devait être sous ce gros chêne.

— Pourvu que l'on aime, interrompit Marguerite, qu'importe le pays ! ce n'est pas ce qui nous environne qui fait notre joie, c'est notre propre cœur.

Un amant moins amant que Maurice eût tristement réfléchi en entendant ces paroles qui donnaient un démenti à toutes les plaintes qu'on lui faisait depuis longtemps, il n'y vit qu'une promesse pour l'avenir, et la remercia par un baiser.

Tandis que le père Michel attelait la carriole qui devait

porter Marguerite à la station la plus prochaine, — Maurice ne partant qu'une heure plus tard, de peur de quelque rencontre indiscrète, — ils prirent les devants par un petit sentier qui, au travers des bois, allait joindre la grande route.

Le soleil avait disparu depuis quelques instants derrière les coteaux d'Andilly, l'ombre devenait épaisse sous les taillis, et dans la forêt commençait le silence de la nuit troublé seulement, à de longs intervalles, par la chanson d'un ouvrier qui, sa journée finie, regagnait son village. Les deux amants marchaient lentement, recueillis en eux-mêmes, ressentant alors, plus qu'ils ne l'avaient jamais ressentie, l'ineffable mélancolie du soir. Plus d'une fois ils essayèrent d'échanger quelques paroles, ce fut en vain; Maurice retenait ses larmes, Marguerite était plus émue qu'elle ne l'eût voulu.

Ce fut ainsi qu'ils gagnèrent la route; il fallut se séparer. Alors cédant à l'émotion qui les étreignait, ils se jetèrent dans les bras l'un de l'autre et s'embrassèrent à plusieurs reprises. Hélas! ce n'était point le même sentiment qui les inspirait; dans les baisers de Marguerite il y avait plus d'espérance que de regrets, dans ceux de Maurice plus de regrets que d'espérance.

La voiture partit; Maurice revint sur ses pas.

En entrant dans leur ancienne chambre, la première chose qui attira ses regards fut, sur le lit, le bouquet flétri et à moitié écrasé que le matin même il avait donné à Marguerite, avec de si tendres et de si pressantes recommandations.

Elle l'avait oublié!

Jusqu'à ce moment, tout en souffrant de leur départ, il n'avait pas élevé contre Marguerite la plus légère accusation. Alors, il prit ce bouquet, le dénoua lentement, déchira une à une toutes les fleurs, et par la fenêtre ouverte jeta dans l'étang ces chers et précieux souvenirs des beaux jours de son bonheur.

Deux heures après il était à Paris. Le lendemain soir ils arrivaient à Fontainebleau. Marguerite était rayonnante.

CHAPITRE IV

INITIATION

I

A leur première sortie dans la forêt, ils retrouvèrent les émotions des premiers temps de leurs amours. La réalisation de ses désirs, le voyage, l'imprévu d'une vie nouvelle, l'idée préconçue, la volonté bien arrêtée d'avance de trouver tout charmant, avait transformé Marguerite ; sa tristesse s'était changée en une verve fiévreuse, son apathie en une activité dévorante ; elle avait pour Maurice des mots pleins de tendresse, elle l'aimait pour son sacrifice, et elle l'en eût remercié, si montrer trop de joie ou de reconnaissance n'eût point été avouer les ennuis de Montmorency et insulter plus cruellement que jamais les plaisirs qu'on y avait trouvés.

Pour échapper aux rencontres importunes, ils avaient cherché un de ces jolis villages isolés sur la lisière de la forêt et qui, par des coteaux couverts de cerisiers, descendent jusqu'aux prairies qui bordent et avivent la Seine et le Loing ; c'était Brévannes qu'ils avaient choisi.

C'était de là qu'ils partaient chaque matin pour leurs courses dans la forêt. Marguerite dirigeait elle-même les promenades, et comme avec sa gaieté étaient revenues sa force et son intrépidité d'autrefois, elle choisissait les plus longues; toujours avide d'émotions nouvelles, elle les cherchait n'importe à quel prix, et bien souvent elle était servie à souhait.

Car, malgré ses nouvelles plantations alignées à la charrue, malgré ses sentiers battus et encombrés de poteaux indicateurs, malgré l'absence de précipices, de montagnes, de torrents, de sites imposants ou sauvages, cette vieille forêt a des beautés encore assez originales pour satisfaire l'imagination la plus difficile. Son étendue, ses solitudes, ses entassements de grès noirâtres, ses collines dénudées, l'étouffante chaleur de ses vallons de sable blanc, ses masses de rochers éboulés où croissent à grand'peine quelques genêts ou quelques bouleaux; les points de vue qui, du sommet de ses hauteurs, se déroulent en s'étageant; dans certaines parties, les bois ombreux et frais, dans d'autres, les landes arides, le calme et la majesté des futaies, le silence et la tristesse des gorges, le soleil du matin sur les bruyères fumantes, le vent dans les vastes plaines de sapins, tout cela forme un ensemble attrayant et divers, qui, dans son heurtement, vous donne et vous laisse une impression de grandeur et de poésie.

C'était cette poésie qui transportait Marguerite et la rendait rayonnante. Heureux de la voir heureuse, Maurice oubliait ses inquiétudes.

Il se rassurait, lorsque, après une longue marche, elle venait se reposer près de lui, et que, loin de se plaindre de la fatigue et de la chaleur, elle n'avait que de douces et joyeuses paroles; elle ne croyait plus qu'au bonheur, lorsque le soir après leur dîner, plein de jeux, de cris et de rires, elle s'appuyait sur son bras, et voulait encore, à la douce clarté du jour finissant, se perdre dans les chemins creux, ou bien, frileuse, blottie contre lui, regarder du haut des collines le brouillard s'élever sur la rivière et noyer dans ses brumes les prairies, les saules et les clochers de la plaine. Les anciens temps n'étaient plus ; loin d'eux les tristesses, loin d'eux les contraintes, plus de malaises comme autrefois ; mais toutes journées uniformément remplies et uniformément radieuses.

Il s'était donc trompé à Montmorency : c'était une fatigue momentanée qui avait changé Marguerite ; les marques qu'il avait cru surprendre de son indifférence, ses paroles, ses railleries auxquelles il avait attaché une importance décisive, l'avaient donc égaré ; ce bouquet même, qui lui avait si bien déchiré le cœur, ne parlait plus contre elle avec la même force. Pour quelques nuages noirs qui avaient menacé, le ciel n'en serait à l'avenir ni moins pur ni moins chaud.

II

Ainsi il raisonnait ; mais s'il ne s'était pas trompé autrefois, il se trompait maintenant, et si les signes d'ennui chez Marguerite avaient causé sa première erreur, les signes de sa gaieté aujourd'hui en causaient une nouvelle.

Ce qu'elle aimait, c'étaient les joies toutes poétiques de la solitude et de la liberté ; c'était de courir dans les fougères, de sauter de rocher en rocher, de dormir dans quelque crevasse pleine de mousse, ou sous l'ombrage des vieux hêtres qui ont vu les galanteries du roi Henri. Ce qu'elle voulait, c'étaient les gorges désolées de Franchard, avec leurs éboulements de grès qui se lèvent, s'abaissent, se roulent comme des vagues solides ; c'étaient les bouleaux du mont Chauvet, les grands arbres de la Tillaie, les chênes de la Mare-aux-Fées; c'étaient les genêts couleur d'or se détachant sur la sombre verdure des sapins et des genévriers; c'était, le matin, le chant des oiseaux aux premiers rayons du soleil levant, et le cri des écureuils qui s'élancent de branche en branche, sans oser descendre dans la rosée; c'était, le soir, après une journée brûlante, quand tout fait silence, quand il n'y a pas un souffle dans l'air, pas un bruissement de feuilles, pas un murmure vivant, d'entendre au loin les cerfs bramer, et par les collines que la lune éclaire, de voir les biches descendre rapidement, s'arrêter inquiètes, écouter quelques instants, puis bondir vers la voix qui les appelle. Ce qu'elle aimait, c'était l'églogue, la pastorale, l'idylle, la poésie; ce n'était plus l'amour. A Montmorency, elle s'était enivrée des jouissances du cœur, maintenant elle s'enivre des jouissances des yeux et de l'imagination : d'amante elle est devenue artiste, et Maurice est resté toujours amant. Elle s'enthousiasmait pour ces riens qui sont tout dans l'amour, pour un mot, un geste, un regard, un silence, et elle ne s'enthousiasme plus que pour un aspect joyeux ou mélancolique, pour un paysage, un arbre, un oiseau; et comme à toute admiration, comme à tout plaisir de la pensée il faut un confident, c'est avec bonheur qu'elle traduit ses impressions à Maurice, toujours prêt et toujours attentif. Les rôles sont changés : autrefois c'était lui qui parlait, maintenant il écoute.

Cependant telle est la puissance du plaisir, et quelle que soit sa source, telle est son heureuse influence que Maurice put se tromper assez longtemps; mais bientôt et insensiblement il lui fallut une fois encore reconnaître la vérité, car bientôt Marguerite, ayant tout vu, tout épuisé, fut lasse d'une contrée qui ne lui offrait plus rien de provoquant, et comme ses excitations avaient été purement extérieures, dès qu'elle ne trouva plus d'aliments pour ses insatiables exigences, elle retomba dans ses dégoûts et son apathie d'autrefois.

Tout autre à sa place eût perdu courage et désespéré de l'amour ou de cette femme; il voulut lutter encore.

Cette fois, il croyait la bien connaître. Les tristes expériences de Montmorency lui avaient révélé une nature dévorante, inconstante, avide d'émotions fortes et de sensations excessives, qui toujours voulait jouir et ne se reposer jamais, car pour elle le repos était l'ennui. Il se voyait en présence d'un gouffre, et pour n'y être pas précipité, pour résister au courant qui l'entraînait en le submergeant, il comprenait qu'il lui fallait donner sans cesse une nouvelle pâture à l'âme de Marguerite; il fallait échauffer son cœur, distraire son esprit, lasser son corps. Après l'avoir enlevée de hauteurs en hauteurs en montant toujours, il devait l'enlever encore plus loin; condamné à une perpétuelle ascension, il n'y avait pas pour lui de sommets; le jour où il voudrait non pas redescendre, mais s'arrêter, il serait perdu : plus loin, encore plus loin, toujours plus loin. Cette tâche, que l'ingénieuse symbolique des anciens a personnifiée dans Sisyphe était pour lui plus difficile et plus laborieuse encore que pour le damné de la fable : car, à celui-ci, un effort énergique et toujours le même, suffisait; tandis que, pour soutenir Marguerite, il fallait joindre à une prodigieuse volonté de résistance une fertilité d'invention plus prodigieuse encore, et, par malheur, c'était précisément cette fertilité qui lui manquait dans cette décisive occasion. Son esprit s'était fatigué aux dernières luttes qu'il avait dû entreprendre, déjà il avait tout épuisé, et quand, pauvre de son propre fonds, il avait voulu recourir aux livres, qui sont les grands excitateurs de l'amour, comme le personnage de Shakespeare, Marguerite avait répondu : « Des mots, des mots, des mots ! »

Il ne lui restait qu'un refuge, — refuge certain, parce

qu'il est changeant, — appeler à son aide une nature plus séductrice et plus grandiose : la forêt Noire, les Alpes, l'Italie.

Mais, avant d'en venir là, il rencontrait des difficultés que les circonstances rendaient insurmontables. Depuis qu'il aimait Marguerite, il était tombé dans une détresse d'argent qui, s'augmentant chaque jour, en était arrivée à ce qu'il faut bien nommer par son nom laid et vrai, — la misère. Il devait à tous ses amis et à ceux qui l'avaient bien voulu pour débiteur : à celui-ci cinq cents francs, à un autre cinq francs. Le séjour à Montmorency l'avait forcé de vendre ou d'engager ce qui, pour le fripier, le bouquiniste ou le mont-de-piété, avait la moindre valeur. Pour venir à Fontainebleau, il était retourné chez ceux de ses amis les moins exploités, et accueilli par l'un, repoussé par l'autre, il avait ramassé pièce par pièce une somme à peu près suffisante. Mais aujourd'hui de cette somme il restait peu de chose, et toutes les portes lui étaient fermées, même celle de Martel, qui pour lui s'était mis à sec; il n'avait plus rien à vendre; trouver cent francs était une de ces impossibilités devant lesquelles il faut s'arrêter vaincu, et cependant devant lui se dressait l'Italie, avec le repos, la joie, le bonheur, l'espérance, mais aussi avec le terrible accompagnement du voyage : les chemins de fer, les paquebots, les hôtels, les guides, les voiturins, les mendiants, les moines, les palais, les églises.

Il faut avoir aimé pour comprendre à quels vertiges peut entraîner la misère. Cependant pour que ce voyage se fît, il n'avait qu'un mot à dire : Marguerite était riche ; mais ce mot il ne le disait pas. Les questions d'argent ne sont rien pour ceux qui ont été élevés et qui ont vécu dans l'aisance; pour le pauvre, elles deviennent une honte; la susceptibilité est d'autant plus grande que la misère est elle-même plus profonde : on ne reçoit sans rougir que lorsqu'on est certain de pouvoir rendre un jour.

Aussi, tout en se désespérant, Maurice se taisait, et pour tous deux le temps s'écoulait péniblement; chacun avait son secret, et ce secret, toujours à la veille de s'échapper, ne laissait à aucun des deux ni abandon ni liberté. Les plus mauvais moments de Montmorency étaient revenus, et ils s'étaient aggravés non seulement des anciennes souffrances, mais encore du sombre aspect avec lequel se présentait l'avenir.

Enfin, ce fut Marguerite qui prit les devants. Un jour que, par une chaleur accablante, ils marchaient tristement au milieu du désert d'Arbonne, mornes, silencieux, enfonçant dans le sable qui manquait sous le pied, aveuglés par l'éblouissante réverbération des grès en poussière, étouffés par l'air embrasé, — ils furent croisés par un élégant équipage. Mollement renversée en arrière, une femme jeune, belle, à demi cachée dans les bouffements d'une fraîche toilette d'été, s'appuyait contre l'épaule d'un homme jeune aussi; sur ses genoux elle avait des véroniques, des roses sauvages, des campanules; et les deux amants, — ils ne pouvaient être que des amants, — les deux amants en tressaient une couronne pour de jolis cheveux blonds qui flottaient au vent, et quand leurs mains se rencontraient, elles s'étreignaient. Entraînée par deux chevaux ruisselants de sueur, la voiture disparut rapidement.

— Eh bien? dit Marguerite en s'arrêtant.

— Eh bien? fit Maurice qui ne comprenait point cette interrogation.

— Eh bien, cher enfant, voilà des gens qui sont plus heureux que nous.

— Ils ne s'aiment pas plus que nous ne nous aimons.

— Non, mais ils s'aiment en voiture, et c'est moins

fatigant; ils s'aiment en toilette, et c'est plus gracieux.

— Des plaintes?

— Crois-tu qu'elles ne sont pas justes, et veux-tu que je me taise quand, brûlée par le soleil, aveuglée par le sable, je vois deux amants se promener doucement, sans ennui et sans fatigue? La belle figure que j'aurais faite, avec ma blouse déchirée, si, par hasard, ces gens-là m'avaient connue!

— Quand tu aurais été en voiture, la rencontre, il me semble, n'en eût point été pour cela moins fâcheuse.

— Elle n'eût point été ridicule.

— Ridicule?

— Ridicule, car il est ridicule à une femme comme moi de courir les bois en costume de carnaval.

— Tu ne trouvais point cela ridicule à Montmorency.

— Peut-être : mais, maintenant, je trouve que c'en est assez comme ça de pastorale et de poésie, et que, si la liberté a ses plaisirs, elle a aussi ses gênes et ses ennuis. Voyons, viens t'asseoir là et causons un peu raison, si cela est possible.

Sans rien dire, sans lever les yeux, Maurice s'assit. A la tournure que prenait l'entretien, il croyait bien prévoir ce qu'il allait être.

Marguerite reprit :

— Tu conviendras, n'est-ce pas? que cette vie d'artistes et de bohèmes nous a donné tout ce que nous en pouvions attendre, et tu conviendras aussi qu'à ceux qui se promènent en voiture le ciel n'est pas moins bleu, et que l'amour au milieu du luxe a bien ses douceurs. Eh bien, je voudrais que nous nous missions à les goûter enfin, ces douceurs. Jusqu'à ce moment, je t'ai laissé le soin de choisir et de préparer notre bonheur; ne te fâche pas si, à mon tour, je demande ma part de cette direction.

— Que veux-tu donc? interrompit Maurice, et qu'ai-je négligé?

— Rien, cher enfant ; mais si j'ai été heureuse par toi, je te supplie d'être heureux par moi, à chacun sa tâche : tu as eu la première, je veux la seconde. Certes, je n'aurai jamais assez de paroles de reconnaissance pour les félicités que tu m'as données ; Montmorency laissera dans mon cœur des souvenirs qui seront éternels ; mais les temps ne sont point encore venus où nous ne devons vivre exclusivement que de souvenirs : il est d'autres pays, d'autres plaisirs que ceux que nous avons connus.

— Tu veux partir ?

— Je veux quitter ce pays et cette vie ; je veux faire pour toi ce que tu as fait pour moi. Par amour tu m'as sacrifié Rome, tes études et ton avenir d'artiste. Je veux te rendre tout cela, je veux aller à Rome. Tu n'y seras pas envoyé par des juges qui t'auront choisi parmi tes rivaux, tu y seras près d'une femme qui t'aime, qui t'a choisi parmi ce que Paris offre de plus illustre, et dont les caresses vaudront bien, peut-être, le triste séjour de la villa Médicis.

Pour répondre à ces paroles qui traduisaient si bien ses secrets désirs, pour répondre à cette habileté, à cette délicatesse, Maurice qui s'attendait à des plaintes et à des reproches, ne trouva que des baisers : son orgueil se tut : ce fut son cœur qui dit sa reconnaissance.

III

Ils partirent et, sans s'arrêter à Milan, ils gagnèrent Venise.

Ce fut un changement de bonheur, mais s'il changea, ce fut sans s'interrompre, car si le temps et la guerre ont enlevé à Venise doge, artistes, noblesse, sénat, marine de commerce et de conquête, malgré tout, elle a conservé sa joyeuse hospitalité, ses danses, ses canaux, ses gondoles, ses palais, son ciel splendide, son Adriatique qui fut si longtemps son épouse soumise, et c'en est assez pour que de tous les points du monde y viennent toujours ceux qui veulent aimer et vivre.

Maurice cependant aurait préféré au luxe, à la foule et aux palais de marbre, les bois de Montmorency, où, seul avec sa maîtresse et son amour, il aurait eu Marguerite tout entière. Mais puisqu'elle aimait cette foule et ces palais, il les aima aussi; puisqu'elle était heureuse, il fut heureux.

Et vraiment elle était heureuse, et même un mois après son arrivée à Venise, elle n'avait encore éprouvé ni fatigue ni déception. Il est vrai que toutes leurs paroles n'étaient plus, comme autrefois, des paroles d'amour ou sur l'amour; mais quand, le soir venu, ils se faisaient conduire en pleine mer, quand la nuit était resplendissante d'étoiles, quand l'Adriatique n'avait pas une vague, pas un pli, quand la brise insensible apportait les parfums de la terre, elle s'asseyait sur les genoux de Maurice, lui passait les bras autour du cou, se baissait jusqu'à ses lèvres, et, le corps renversé en arrière, les yeux au ciel, les sens ravis, l'esprit en extase, elle ne se demandait pas si c'était amour, érotisme ou poésie : elle était heureuse.

Au reste, s'ils parlaient moins souvent d'eux-mêmes, il n'y avait toutefois entre eux jamais de ces silences involontaires où, soit par fatigue, soit par embarras de trouver quoi dire, chacun suit sa propre pensée et ramène tout à soi; leurs deux esprits, sinon leurs deux cœurs, étaient toujours à l'unisson, l'art, la poésie ou la nature étaient le lien qui les maintenait en contact; ils parlaient du Titien, du Giorgione, du Tintoret, de Véronèse, des Foscari, de Dandolo, de Byron, d'Othello, de Desdémone, et le bruit de ces grands noms retentissait en eux assez profondément pour empêcher Maurice d'entendre les plaintes de son amour, et pour cacher à Marguerite le vide de son propre cœur.

Ces conversations, toutes de cerveau, avaient d'abord été assez rares, puis elles étaient insensiblement devenues plus fréquentes; Padoue, Florence, la galerie Pitti, Sancta-Maria del Fiore, le palais Riccardi, le Baptistère, les rendirent presque continuelles; quand les deux amants arrivèrent à Rome, ils étaient dans les meilleures conditions morales pour visiter ses chefs-d'œuvre et pour en parler convenablement.

Rome était le but du voyage. C'était à Rome que l'on devait habiter. Marguerite n'y était venue que pour permettre à Maurice de travailler; mais Maurice ne travailla point. Les premières semaines furent prises par l'installation dans une villa près d'Albano. Maurice était indispensable; il fallait ses avis, ses idées, son goût; puis on visita les palais, les musées, les églises. Naturellement Maurice fit les honneurs de toutes ces promenades, et on en eut pour longtemps; puis, quand Marguerite fut lasse de tableaux, de statues, de colonnes, de ruines, et qu'elle voulut se reposer dans cette douce oisiveté que favorisent si bien le climat et les mœurs de l'Italie, il se reposa près d'elle, lisant ou parlant lorsqu'elle désirait des distractions, chantant ou se mettant au piano lorsquelle désirait de la musique, lui souriant lorsqu'elle souriait, l'accompagnant lorsqu'elle sortait, et lorsqu'elle voulait dormir, la contemplant tendrement ou s'endormant près d'elle. Les jours suivaient les jours, les semaines s'ajoutaient aux semaines et il ne trouvait pas une heure pour l'étude. Tantôt Marguerite était joyeuse, et le temps s'écoulait rapidement sans qu'on s'en aperçût; on se promenait, on riait, on s'embrassait, on jouait comme des enfants, on se disait de bonnes et douces paroles, on rappelait le passé, on interrogeait l'avenir, et tout à son amour, Maurice ne pensait qu'à l'amour, méprisait le travail et la gloire, et les trouvait bien peu dignes de lui faire perdre une minute d'un bonheur tel que le sien. Tantôt, au contraire, elle était triste, des reproches, des mots de regrets ou d'injures avaient été mutuellement lancés ; dans la mémoire de tous deux la colère grondait longtemps, et Maurice, la tête en feu, les larmes aux joues, le cœur brisé, s'abandonnait à sa douleur, tournait et retournait de sa propre main le couteau dans sa chair, se redisait à lui-même les mots irréparables qui lui avaient échappé, se rappelait une à une les circonstances de la querelle, croyait tout à jamais perdu, pleurait son bonheur anéanti, et se sentait, à cette pensée, si abattu et si épouvanté, qu'il ne songeait plus qu'à rentrer en grâce et n'en cherchait plus que les moyens et les occasions.

Comment travailler au milieu de ces alternatives de joies et de chagrins, d'énervantes ardeurs ou de fatigues plus énervantes encore ? Si par hasard, dans un moment de trêve, il s'enfermait courageusement, c'était tout, il ne pouvait aller plus loin, sa volonté ne lui répondait pas, il ne pouvait s'absorber en lui-même, et si les idées se pressaient nombreuses et éblouissantes dans sa tête, quand il était pour les saisir, elles devenaient ternes et rares ; car depuis longtemps, la concentration de la vitalité ne se faisait plus au profit du cerveau, et s'il tentait, s'il concevait, s'il imaginait encore, il avait perdu la douloureuse habitude de l'exécution, toujours si lente, si laborieuse et qui exige tant de patience et tant d'énergie. Alors il se voulait contraindre, il cherchait ; mais, d'efforts en efforts, il en arrivait promptement à toucher, à gratter en quelque sorte le tuf de son cerveau, à se donner le sentiment désespérant et désespéré de son impuissance. La rêverie, cette consolatrice menteuse des artistes stériles, s'emparait de lui, l'absorbait, et, des hauteurs de son art où il s'était un instant élevé et où il n'avait pu se maintenir, il redescendait mollement à Marguerite, et malgré lui, à cette seule pensée, il avait des espérances qui l'enivraient, des souvenirs qui lui donnaient de longs frémissements ; c'était en vain qu'il se roidissait pour y échapper, il y revenait sans cesse, et trop faible pour lutter et vaincre, il courait près d'elle lui demander des consolations et des inspirations. Mais Marguerite ne savait ni consoler ni inspirer, et il ne trouvait près d'elle que l'oubli et la distraction.

Encore étaient-elles mortelles, ces distractions, car elle ramenait tout si bien à soi, elle dirigeait tout si bien pour elle seule, que, de jour en jour, elle le laissait et plus anéanti et plus épuisé.

Peu à peu il le sentit vaguement, et il commença de comprendre qu'il lui aurait fallu le calme continu, les libertés de la solitude, les excitations de l'ennui, les économies du silence ; mais il comprit aussi qu'on ne peut être à la fois amant et poète, que l'art, comme la religion, a ses rigoureuses exigences, qu'il lui faut la chasteté et le détachement des choses de ce monde ; — et à l'art et à la gloire, il préféra son amour.

Mais ce ne fut pas sans souffrir, et les comparaisons que chaque jour il put faire, en rencontrant ses anciens camarades de Paris, aujourd'hui à Rome, entretenus par l'État, tandis que lui-même l'était par une femme, avivèrent ses souffrances et les rendirent plus incessantes et plus cruelles. Eux, ils pouvaient travailler, ils étaient joyeux, ils avaient de faciles amours avec les belles madones du Transtevère, ils étaient pleins de confiance dans l'avenir, et pour le présent, la France leur avait donné un titre qui les rendait fiers et tranquilles ; — tandis que lui, à la suite d'une maîtresse, amoindri dans sa propre estime, humilié dans son orgueil morose, tourmenté, plein de doute, ayant tout sacrifié à l'amour, il se voyait trahi par l'amour.

IV

En même temps qu'il s'était interrogé lui-même, Marguerite, de son côté, plus calme et plus expérimentée, avait aussi commencé de juger froidement la situation qu'ils s'étaient faite, et chacune de ses questions avait été une accusation contre l'amour. Depuis son arrivée en Italie, elle avait marché de déceptions en déceptions, et si son enthousiasme poétique avait pu l'étourdir quelque temps, si les ruines de la ville des Empereurs, si les richesses de la ville des Papes, si le Vatican, Saint-Pierre, le Colisée sous les rayons de la lune, avaient impressionné son esprit, son imagination ou ses souvenirs, elle n'avait, en face de ces créations de l'art, éprouvé aucune des sensations qui l'avaient enivrée dans les bois de Montmorency. Sans comprendre qu'à cet heureux instant qui avait traversé sa vie comme un éblouissant éclair, elle avait été entraînée par un sentiment inconnu qui l'avait faite jeune; qui, malgré sa coquetterie, son éducation, ses préjugés, malgré sa corruption d'esprit, malgré son âge, lui avait donné quinze ans, l'avait vaincue par une irrésistible puissance, et l'arrachant aux habitudes du monde avait remplacé dans son âme le savoir et la triste expérience de la femme par la candeur et l'ingénuité de la jeune fille; sans s'avouer à elle-même qu'elle avait été saisie par cet amour naïf, qui tôt ou tard nous dompte tous, honnêtes ou vicieux, pour nous rendre à l'exaltation, au dévouement, à la poésie, à la jeunesse; sans songer seulement à regarder en soi, sans interroger son cœur, sans rien demander aux choses, aux faits ou au temps, elle accusait Maurice et elle accusait l'amour. Elle se disait que la passion était bien mesquine, bien étroite ; que ses joies étaient bien courtes, ses bonheurs bien limités ; qu'elle n'était pas ce que les poètes la faisaient, mais plutôt illusion et mensonge, et que si pour un jour elle pouvait nous enlever à des hauteurs infinies, elle nous laissait retomber bientôt, d'autant plus malheureux et plus découragés, qu'elle nous avait montré des splendeurs auxquelles on ne pouvait atteindre, et que nous ne pourrions même jamais revoir.

Et c'étaient des désolations, des regrets, des chagrins qui la tourmentaient chaque jour davantage. Elle ne se rendit pas d'abord un compte bien clair de toutes ces idées qui sommeillèrent longtemps dans son esprit, mais peu à peu elle en eut conscience, petit à petit elles s'éveillèrent ; les réflexions s'ajoutèrent aux réflexions ; la logique des faits se révéla avec une évidence implacable, et trop faible ou trop orgueilleuse, Marguerite s'arrêta aux effets sans pénétrer les causes. La vie commune empêchant de juger à distance et obscurcissant le bien pour ne laisser voir que le mal, elle en vint à comprendre la possibilité d'une rupture, puis bientôt à la regarder comme un bonheur. Les mille précautions qu'il lui fallait prendre sans cesse lui faisaient désirer la liberté. Elle songeait à Paris, au monde qu'elle avait abandonné, aux plaisirs qu'elle avait sacrifiés ; et si ces sacrifices avaient pu lui paraître légers au commencement d'une liaison qui promettait toutes les joies, maintenant que cette liaison n'avait plus à offrir que des chagrins et des luttes, ils lui paraissaient bien grands et bien durs ; sans doute Maurice était un charmant esprit, un excellent cœur, elle avait pour lui la plus vive affection, elle l'aimait sincèrement, mais enfin les plus belles choses ont leur terme, il est des exigences plus fortes que notre volonté, et elle ne pouvait pas se sacrifier toujours.

Cependant à la pensée d'abandonner celui qu'elle avait tant aimé et qui, lui, l'aimait encore avec une tendresse absolue, elle avait des frémissements qui gonflaient son cœur ; loin de lui elle s'affermissait dans son projet ; quand il la regardait avec ses yeux suppliants, quand il la prenait dans ses bras et se couchait sur son sein en lui disant de joyeuses paroles d'avenir, elle était prise d'une tendre pitié, elle se sentait faible, irrésolue, et si elle ne l'aimait plus avec passion, elle l'aimait encore avec compassion.

Mais cette compassion diminuait à mesure que les difficultés de situation devenaient plus fréquentes, et chaque soir elle s'affermissait davantage dans la pensée d'en finir, non pas brusquement, mais d'après son procédé habituel en toutes choses, adroitement et progressivement.

Bien des fois déjà en des jours de tristesse et de lassitude, ils avaient tous deux parlé d'abandonner Rome : elle proposa de continuer le voyage et d'aller à Naples. Après quelques semaines de séjour à Naples, comme ils n'auraient plus rien à visiter en Italie, elle trouverait un moyen tout naturel pour revenir en France, et dès qu'elle serait à Paris, le monde et ses exigences lui seraient de solides prétextes pour rompre la vie commune, écarter insensiblement Maurice, et recouvrer enfin l'indépendance.

V

Mais à Naples il arriva précisément le contraire de ce qu'elle avait projeté, et elle dut reconnaître qu'elle n'était pas encore, comme elle l'avait cru, détachée de Maurice et de sa passion.

A Montmorency, elle avait aimé l'amour; à Fontainebleau, elle avait aimé la nature; à Naples, ce fut un regain, mais un regain plus riche que ne l'avait été la première moisson.

Sous ce climat, ses sens et son esprit s'exaltèrent; la fougue de ses désirs, qu'elle croyait bien apaisée, se réveilla plus tyrannique.

A la veille d'une séparation, son cœur fut touché de regrets et de pitié.

Et ces deux influences la poussant, elle se retrouva aux bras de Maurice plus étroitement que jamais. Elle voulut jouir, sans perdre une minute, de ses derniers jours de bonheur; et comme elle savait que si les excès conduisent sûrement à la lassitude et au dégoût, elle savait aussi qu'alors on est décidé à une rupture, ils aident à faire passer les derniers moments et empêchent de la regretter; elle ne chercha point à résister, et elle s'abandonna pleinement à ses nouvelles aspirations, à ses nouvelles espérances.

Ce qui s'était déjà produit chaque fois qu'un changement s'était fait dans sa vie se reproduisit encore; elle redevint ce qu'elle avait été à son arrivée à Montmorency, à Fontainebleau, mais avec cette différence, cependant, que ces mêmes choses qui avaient excité son enthousiasme : l'éloquence de deux regards confondus, le bruit des feuilles sous les arbres, le soleil sur la rosée, ne la touchaient plus aussi vivement. Maintenant, lorsqu'on se promenait sur la plage du Pausilippe par une de ces belles nuit du Midi, on ne se laissait plus émouvoir seulement par la poésie de la mer; en marchant au milieu de ces ruines, on se demandait curieusement quels avaient dû être les plaisirs et les amours de ceux qui se montraient si grands encore dans le plus mince de ces débris. Au tombeau de Virgile, Maurice oubliait Didon et parlait de Catulle et de Martial; à Caprée, on laissait le soleil se lever derrière les oliviers du mont Solaro, quand naguère, pour le voir sur les plaines de l'Ile-de-France, on avait fait tant de courses matinales; et se tournant vers les ruines du temple de Tibère, on pensait aux nuits de Quartilla, aux fêtes de Trimalcion.

Quelquefois et pendant des journées entières ils s'enfermaient dans leur villa de Sorrente, sans se laisser séduire ni par l'ombrage des orangers, ni par l'humide verdure des ravins qui descendent à la mer; et nattes et tapis étendus sur le carreau, au milieu d'une atmosphère chargée de parfums, sans cesse rafraîchie par de nombreux bucaros qui versaient le froid par leurs pores, ils restaient dans les bras l'un de l'autre. Marguerite, oubliant ses idées de séparation, jouissait de l'heure présente sans vouloir songer à l'avenir; Maurice, oubliant ses chagrins et ses inquiétudes, s'enivrait d'espérance; et c'étaient des rages de caresses, de longues extases. Ils s'encourageaient, ils s'applaudissaient, ils se juraient un amour absolu, une éternelle reconnaissance, une inaltérable fidélité. Jamais bonheur n'avait été aussi grand; ils étaient les plus heureux du monde; ils se le disaient, ils le croyaient. Et pour quelques heures ils l'étaient en effet, mais à la condition de se concentrer en eux-mêmes; car s'ils venaient à retrouver leur raison dans un peu de repos; si, après une de ces crises, ils venaient à sortir, alors que, sous les premiers rayons du soleil, la terre encore fumante se montre splendide de jeunesse et de limpidité, alors que l'air souffle pur et rafraîchissant, alors que de toute la nature s'élève le concert de joie et de vie, en face de cette ineffable poésie du matin ils se sentaient bien las et bien tristes.

Plusieurs semaines se passèrent; puis, quand Maurice, toujours aux aguets, crut remarquer en Marguerite quelques symptômes de fatigue, ne voulant pas les laisser se développer et amener des malaises et des luttes qu'il connaissait trop bien, il proposa lui-même d'abandonner l'Italie et de revenir en France. Il ne lui était plus possible de se faire illusion, et il n'avait plus d'espérance que dans les ressources infinies de Paris ; ce n'était plus là poésie, les voyages, les distractions qu'il devait appeler à son secours, mais tout le savoir, toutes les expériences tous les raffinements de l'extrême civilisation. Sans doute il n'ignorait pas qu'il viendrait un jour où, n'étant plus rien qu'ils n'eussent épuisé, Paris lui-même serait impuissant ; mais tout en ne pensant qu'avec effroi à ce dénoûment, tout en ayant la douloureuse conviction qu'il était inévitable, comme le naufragé en face de la mort, il voulait au moins lutter jusqu'au bout, et tant qu'il lui resterait un souffle de force, lui disputer les défaites une à une et le retarder pas à pas.

Marguerite accueillit avec empressement la proposition de retour, et aussitôt elle s'attacha à préparer Maurice aux nouvelles dispositions qu'elle entendait prendre dès qu'ils seraient arrivés à Paris. Les heures de la traversée servirent à souhait ses desseins, en lui donnant le temps de l'accoutumer, par de savantes gradations, à la pensée qu'il faudrait renoncer à la vie commune. Elle lui expliqua qu'elle se devait à elle-même et au monde de reparaître chez elle avec ses habitudes et ses obligations d'autrefois ; — que son absence n'avait dû être déjà que trop remarquée, et qu'elle aurait besoin de toute son habileté, et même de l'appui de sa mère, pour l'expliquer d'une façon satisfaisante ; — que, malgré ce qu'elle pourrait faire, les soupçons devaient être trop éveillés pour leur permettre à tous deux la plus petite imprudence ; — que c'en serait une fort grande à lui, Maurice, de se montrer dans les soirées qu'elle serait forcée de reprendre ; — qu'un mot, un regard, pouvaient les perdre ; — que, s'aimant comme ils s'aimaient, ils ne pourraient pas être maîtres de cacher leur amour, et que c'était au nom même de cet amour, pour en assurer l'éternelle durée, qu'ils devaient savoir supporter des privations. Elle lui jura qu'elle ne serait pas la moins à plaindre ; — qu'elle penserait toujours à lui ; — qu'elle serait toujours près de lui de cœur et de souvenir ; — que le temps consacré à ses devoirs de société serait un enfer ; — qu'elle l'abrégerait autant que possible, et que toutes les fois qu'elle en verrait le moyen, elle se hâterait de revenir dans ses bras pour lui payer en tendresses et en caresses longuement amassées les chagrins du sacrifice et de l'absence.

Il souffrit, pleura, résista à chacune de ces exigences ; mais il en fut encore ce qu'il en avait toujours été : il se résigna, la rage dans le cœur ; ce qu'elle voulut lui faire comprendre, il le comprit ou il l'accepta ; moins que jamais il savait lui résister, et si, lorsqu'il était loin d'elle, il raisonnait, il s'emportait, il la maudissait, près d'elle, il était sous le charme ; à sa vue, au son de sa voix, il perdait sa volonté et sa personnalité, l'émotion trop vive l'empêchait de répondre ; il devenait *elle-même*, triste si elle était triste, riante si elle était riante ; la puissance qu'elle exerçait sur lui était celle que donne le magnétisme : elle l'attirait, le repoussait, l'exaltait, lui faisait toucher ce qui n'existait pas, trouver chaud ce qui était glacé, charmant ce qui était horrible, éblouissant ce qui était sombre ; pourvu qu'il la vît, pourvu qu'il l'entendît, il obéissait, il ne se révoltait pas, ne pensait qu'à elle seule, ne cherchait qu'à lui plaire ; pour qu'elle daignât rire, il riait le premier des blessures qu'il se portait à lui-même ; entre ses mains, il était devenu une chose souple et molle, un jouet, un écho, un miroir.

CHAPITRE V

OÙ CONDUIT L'IDÉAL

I

Son premier soin, dès qu'ils arrivèrent à Paris, fut de choisir un logement où Marguerite pût venir à toute heure et sans danger.

Il le prit rue de la Sourdière. C'est une de ces rues à double aspect comme le sont presque toutes celles de ce quartier, demi-fille, demi-honnête ; vers les Tuileries elle est bruyante et obscure ; vers la rue de la Corderie elle est calme et l'on n'y rencontre que de braves gens parfaitement vulgaires ; les maisons, comme leurs habitants, prennent un air discret et vertueux. Ce fut une de ces maisons ayant une seconde entrée rue Saint-Roch, que Maurice choisit, et presque toutes les conditions imposées par les convenances s'y trouvèrent heureusement réunies : — bijoutier au premier étage, ce qui donnait une satisfaisante réponse à Marguerite, en cas de rencontre fâcheuse ; — double sortie, ce qui lui permettait de dépister les recherches ; — enfin, voisinage des Tuileries, de l'église Saint-Roch, ce qui lui permettait d'accourir à toute heure avec une justification naturelle pour l'esprit le plus incrédule ou le plus malveillant.

Lorsqu'elle eut vu par elle-même, — car en ces sortes d'affaires elle ne s'en rapportait qu'à son examen, — elle daigna se déclarer satisfaite ; mais comme il fallait à ses amours un nid élégant, et qu'elle savait la détresse de son amant, elle voulut seule se charger des dépenses, et Maurice, dont la fierté eût autrefois si cruellement pleuré, se laissa sans trop rougir donner l'argent nécessaire ; l'habitude avait émoussé sa dignité personnelle, et en acceptant avec une crédulité voulue cette attention de Marguerite, c'est à une preuve d'amour qu'il croyait croire. On meubla ce petit appartement avec un luxe et une coquetterie que Maurice n'avait jamais vus que chez quelques femmes. La porte d'entrée fut matelassée pour étouffer les bruits, on cloua sur le carreau d'épais tapis ; dans la chambre à coucher, de doubles rideaux de mousseline et de soie jaune ne laissèrent pénétrer qu'une tranquille lumière ; les meubles, fauteuils et divan, furent larges et moelleux ; il y eut des glaces aux trois côtés et au plafond de l'alcôve ; on réserva une armoire pour quelques porcelaines et une cave richement fournie ; sur la cheminée et les consoles se dressèrent des bronzes et des plâtres, réductions savantes des originaux qu'on avait admirés à Naples. C'était la chambre d'une fille plutôt que celle d'un homme ; mais Marguerite l'avait voulue ainsi, Maurice s'y installa presque avec bonheur.

Les premiers jours y furent pénibles à passer ; car, de toutes nos habitudes, les plus douloureuses à rompre sont celles que forme l'accord de deux volontés, et qui, brisées par l'isolement, nous laissent sans initiative et sans but. Lui qui depuis si longtemps ne vivait que par Marguerite, n'agissant que pour elle, n'ayant d'autres désirs que ses désirs, d'autre bonheur que son bonheur, d'autre conscience que sa conscience, se trouva sans force et sans direction lorsqu'il fut seul ; tout d'un coup la nuit s'était faite, et de la clarté la plus limpide il était tombé dans les ténèbres. Blessé, meurtri, déchiré par tout ce qui l'environnait, il s'efforça de vivre dans le passé ou dans l'avenir, mais il eut beau faire, le présent vint le ressaisir, et le contraste de sa solitude avec ses espérances ou ses souvenirs l'accabla encore plus péniblement. Les heures lui étaient éternelles, il ne pouvait ni lire, ni travailler, ni même penser à autre chose qu'à son amour ; son cœur avait paralysé sa tête, et il restait des journées entières immobile de corps, fiévreux d'esprit, incapable de former une idée précise et de la suivre, mais lourdement perdu dans des songes inconsistants où Marguerite revenait toujours. Ces hallucinations le brisaient, mais il ne voulait rien faire pour s'en arracher ; au lieu de demander des distractions à ses amis ou au travail, au lieu d'aller chez Martel, qu'autrefois il visitait tous les jours, il se plongeait dans sa douleur, il s'y plaisait, il en était heureux. Plus ses tortures seraient grandes, plus grandes aussi seraient les obligations de Marguerite, plus grande serait sa reconnaissance, plus grand serait son amour.

Mais elle était loin de payer ces sacrifices aussi chèrement qu'il l'espérait. D'abord elle était venue presque tous les jours, puis petit à petit ses visites s'étaient faites de plus en plus rares, de plus en plus irrégulières, et Maurice avait passé de longues journées à sa fenêtre, la poitrine incrustée dans l'appui, brûlé par l'attente, épiant chaque voiture qui passait, tressaillant pour un chapeau, une robe, pour une démarche qu'il croyait reconnaître, éperdu lorsque le frou frou d'une jupe bruissait dans l'escalier, se consolant de chaque déception par une espérance nouvelle, attendant le soir ce que le matin ne lui avait pas donné. Mais, bien souvent, le soir et le matin s'écoulaient sans amener Marguerite, car elle se laissait retenir non seulement par ses nouveaux devoirs, mais encore par son propre égoïsme ; rassasiée, blasée, elle s'inquiétait peu de Maurice, et elle attendait patiemment que le repos eût donné à ses désirs la puissance qu'il leur fallait maintenant pour l'entraîner malgré elle.

Alors elle partait, marchait vite le long des maisons, sans se retourner, sans se laisser distraire ; légère et hautaine, elle passait devant le concierge, et gravissait l'escalier sans respirer. Avec sa clef elle ouvrait doucement la première porte, et retenant son haleine, elle ôtait châle et chapeau, puis poussant rapidement la porte de la chambre, d'un seul bond elle s'élançait sur lui.

Ils oubliaient tout : leurs chairs s'aimaient et leur vie se concentrait dans une étreinte : les baisers empêchaient les paroles.

II

Maurice, qui naguère s'était montré si naïf et si facile dans son amour, la devançait maintenant en inquiétude et en impatience. Il commençait à la bien connaître, et il n'avait pas plutôt essayé d'un plaisir qu'il songeait à un nouveau : en le goûtant il interrogeait anxieusement sa solidité, se demandant quels autres, celui-là épuisé, pourraient la passionner et ainsi la retenir.

Comme il savait qu'elle le suivrait fidèlement tant qu'il pourrait offrir à sa curiosité quelque chose d'inconnu qui tînt son esprit éveillé et lui donnât des émotions nouvelles, tous les moyens lui étaient bons pour provoquer ces émotions.

Quand elle lui promettait une soirée, il ne se faisait plus fête de la passer au coin du feu, parlant doucement de leur amour, regardant le bois flamber, restant de longs moments silencieux à écouter leurs cœurs; mais il cherchait laborieusement comment il remplirait ces heures, pour lui trop courtes, pour elle trop longues, et par quels plaisirs il pourrait l'entraîner à revenir le lendemain.

Ce fut ainsi qu'un jour qu'elle était venue dîner avec lui, il lui proposa d'aller au bal masqué. La soirée s'annonçait mauvaise, des paroles orageuses avaient été échangées, une querelle, une rupture peut-être, étaient imminentes.

— Le carnaval commence ce soir, dit Maurice.

— Eh bien?

— Si nous allions à l'Opéra.

— Masqués?

— Dans une loge ou dans la salle, comme tu voudras.

— Dans une loge, non; s'ennuyer au milieu de ceux qui s'amusent, j'aime mieux m'ennuyer seule.

Il la respectait encore assez pour croire qu'elle avait peur de descendre sur le plancher, où Chicard et Caoutchouc ont conquis leur réputation; il se tut.

— Si nous allions à la barrière, dit-elle, c'est peut-être plus drôle.

Cette idée ne lui fût pas venue, mais l'idée ne lui vint pas davantage de s'étonner ou de refuser.

On fit apporter des costumes : Marguerite prit celui d'une laitière, et comme Maurice hésitait entre un pierrot et un sorcier :

— Pourquoi pas en prince charmant? dit-elle; voilà ce qu'il te faut.

Elle montra les guenilles d'un chiffonnier qu'un comédien venait de mettre à la mode dans une pièce populaire.

Ils se firent conduire à Belleville.

— Allons, mon homme, donne-moi la main, dit-elle en descendant de voiture sur le pavé gras et fangeux du boulevard extérieur.

Et elle se mit à rire aux éclats, ses yeux étincelaient.

Dans la rue de Paris, la lumière des illuminations s'abattait en nappes aveuglantes sur la foule qui encombrait les trottoirs et la chaussée : des restaurants, des cafés, des guinguettes sortaient des cris, des chansons, une confusion de voix et de bruits, qui dominaient par instants les éclats du trombonne et du cornet à piston.

— Où entrons-nous ? demanda Maurice.

— Ici, dit-elle en montrant la porte, où la cohue se pressait plus compacte et d'où sortait le plus formidable vacarme.

Malgré sa résolution, elle eut cependant un frémissement en franchissant cette porte, et il sentit qu'elle affermissait son masque. Mais ce ne fut qu'un éclair, elle ne montra ni embarras ni dégoût à se frayer un passage au milieu de la foule, pour gagner une galerie d'où l'on dominait la salle de danse.

Ils s'assirent devant une table de bois étroite et humide. Dans un brouillard de tabac les quinquets filaient et fumaient; une odeur de vin, de rhum chaud, de sueur, de plancher constamment arrosé, picotait la gorge et soulevait le cœur. Auprès d'eux on buvait du vin cuit dans des saladiers ébréchés.

Le garçon vint pour les servir.

— Ça, dit-elle, en montrant ce mélange bleuâtre, dont elle ne savait ni le nom ni la composition.

Non seulement elle trempa ses lèvres dans son verre, mais encore elle le vida.

Au-dessous d'eux la foule passait et repassait; l'orchestre faisait rage comme s'il eût joué pour son propre plaisir; la salle tremblait sous le pas cadencé des danseurs; on sautait, on gesticulait, on se déhanchait, on criait, on hurlait, on applaudissait; à leurs côtés, des buveurs à moitié ivres se racontaient leurs chagrins ou leurs exploits, des couples aux traits hâves et plombés se parlaient d'amour et concluaient leurs fiançailles en choquant leurs verres; une jeune fille qui n'avait pas quinze ans, habillée en débardeur, était seule accoudée sur une table, la tête entre ses mains, elle pleurait dans son bol et répétait par instants : « Maman! maman! »

Dans la foule circulaient des hommes qui paraissaient connaître presque toutes les femmes; leurs costumes étaient prétentieux, choisis pour faire valoir leurs avantages, des mousquetaires, des gardes-françaises; quelques-uns n'étaient pas déguisés, ils portaient une redingote courte, serrée à la taille et une casquette rabattue sur l'oreille.

On avait déjà plusieurs fois tourné autour d'eux : cette femme masquée, quand si peu l'étaient, intriguait.

L'un de ces hommes s'arrêta devant leur table :

— Ohé! chiffonnier, t'a donc enlevé une princesse?

Avant que Maurice eût pu répondre, Marguerite d'un mouvement rapide se démasqua; devant son regard l'homme baissa les yeux, et machinalement, involontairement, il porta la main à sa casquette; puis leur tournant le dos, il descendit dans la salle.

— Viendras-tu ce soir, demanda Maurice, lorsque le matin ils se séparèrent.

— De bonne heure pour dîner!

Depuis Montmorency, il ne lui avait pas vu pareille égalité de bonne humeur et de joie.

— Dînons vite, dit Maurice, lorsqu'elle arriva.

— Parce que?

— Une surprise; veux-tu te fier à moi? Seulement presssons-nous, le coiffeur va venir.

Sur le divan étaient préparés ses vêtements d'homme; elle reprit son petit paletot flottant à la taille, et sur ses cheveux roulés elle enfonça son feutre noir; puis bras dessus bras dessous, gaiement, comme deux étudiants en débauche, ils descendirent; bien fin eût été celui qui, dans ce gros garçon de dix-sept ans, eût reconnu Marguerite de Fargis, la veuve du banquier Baudistel. A sept heures ils prenaient place à la queue du théâtre de l'Ambigu, et à sept heures et demie, ils se penchaient la tête sous la barre de l'amphithéâtre.

Elle prit goût à ce jeu. Ce n'était pas le mélodrame vertueux ou le vaudeville grivois qui l'attirait, mais le contact de la foule émue, les cris des gamins, les galanteries des filles et de leurs amants, les exclamations, les joies, les applaudissements, les pleurs, les réflexions du public des galeries supérieures. Elle se faisait fête de se perdre au milieu de cette foule, d'être foule elle-même, d'en avoir les passions, les naïvetés, les vices, les appétits, de s'oublier, d'être inconnue, de se sentir poussée, coudoyée, entraînée ; de pousser, de coudoyer elle-même ; à une grossièreté de répondre hardiment et promptement.

Par le contraste, elle aviva encore ces étranges émotions. Depuis leur retour à Paris, elle n'avait pas voulu recevoir Maurice chez elle. Un matin, en se séparant à la halle, où ils étaient venus achever leur nuit, elle lui donna rendez-vous pour le soir même à l'hôtel. Et là, dans son salon de réception, les lustres allumés, les domestiques dans l'antichambre, ils se jouèrent l'un à l'autre la comédie de l'amour, lui comme s'il la pressait, elle, comme si elle cédait pour la première fois. Puis poussant leurs rôles jusqu'au bout, elle voulut qu'il revînt le lendemain, mais cette fois au milieu de la nuit; elle l'attendit à la porte qui fait communiquer le jardin avec le boulevard des Invalides, le guida au travers des charmilles, et le matin le renvoya au petit jour, en se donnant sérieusement la scène du balcon de *Roméo:* « C'est le jour, c'est le jour ! Fuis vite, pars, va-t'en. »

Tout Paris s'occupait alors d'une femme qui avait été condamnée à mort pour avoir assassiné son mari dans des conditions romanesques et dramatiques. On attendait son exécution d'un jour à l'autre.

Le soir où Marguerite reparut pour la première fois aux Italiens, Maurice, pendant l'entr'acte, vint lui faire visite dans sa loge et lui annonça que cette exécution aurait lieu le lendemain. Elle lui fit le signe convenu, qui voulait dire qu'après le théâtre elle se ferait reconduire à l'hôtel, mais qu'à une heure elle serait chez lui.

A minuit et demi elle arriva.

« Vite, mon paletot, mon feutre.

— Où allons-nous ?

— Place de la Roquette. »

Bien qu'il tombât une petite pluie fine, continue, les rues avoisinantes étaient déjà encombrées ; ils purent cependant se faufiler assez haut pour apercevoir la porte de la prison et la lugubre machine. Ils restèrent là sur leurs jambes, depuis deux heures jusqu'à sept. Autour d'eux on hurlait, on riait, on imitait les cris de tous les animaux connus. Il y avait des femmes en toilette de théâtre. Il y avait des gens attentifs et soigneux, qui avaient apporté de la charcuterie, du pain et du vin dans des litres : on mangeait, on buvait à la santé des femmes avec toutes sortes de propos cyniques. Jusqu'au matin la foule augmenta, se tassa petit à petit ; les pelotons de sergents de ville, de soldats, de gendarmes, de gardes municipaux, en se développant, refoulèrent en arrière les curieux les plus avancés, et la masse humaine se comprima encore. A sept heures, il se fit un grand mouvement ; un sourd mugissement s'éleva ; puis un terrible silence s'établit.

« Soulève-moi, dit Marguerite. »

Il la prit dans ses bras, et la soutint malgré les cris, malgré les bourrades ; il ne voyait rien ; un coup sourd qui lui retentit dans le cœur lui fit lâcher prise.

Ils revinrent portés par la foule ; ils se tenaient par la main ; mais ils ne se regardaient ni l'un ni l'autre.

III

Il vint enfin un jour où, malgré tout, aucun attrait, aucune illusion ne la poussa plus vers son amant. Elle en savait trop pour être émue ou surprise ; elle en savait trop pour désirer encore. Quels désirs d'ailleurs ? N'avait-elle pas tout essayé, usé, épuisé ?

Aussi les rares journées qu'elle se décida à lui donner encore, furent-elles pour elle, pour son ennui, pour sa fatigue, plus longues et plus mortelles chaque fois ; à de délicieux souvenirs, elles n'ajoutaient plus que des souvenirs fastidieux, elles creusaient l'abîme, elles augmentaient la distance, elles accomplissaient insensiblement la séparation.

Rien de ce qui était passion ne la touchait plus, et enveloppant dans un même dédain l'amour et l'amant, chaque fois maintenant qu'elle se séparait de Maurice, elle s'en allait plus injuste, plus irritée envers lui. Car tout naturellement, c'était lui qu'elle accusait, c'était lui le seul coupable, lui qui l'avait entraînée sans avoir la force de la soutenir, lui qui n'avait jamais su résister au moindre caprice, lui en qui elle s'était confiée et qui n'avait jamais été qu'un guide sans expérience, sans initiative, sans volonté, sans énergie.

Alors, elle le jugea avec une impitoyable sévérité ; elle avait, jusqu'à cette heure, regardé ses qualités par le petit bout de la lorgnette et ses défauts par le gros bout ; elle fit tout le contraire ; le point de vue étant ainsi changé, la vision changea aussi.

Elle l'avait vu jeune et gracieux, le regard parlant et

perçant, la bouche fraîche, le front large, les sourcils épais et soyeux, les cheveux noirs, longs et légèrement bouclés, la peau fine et blanche, la démarche naturelle et facile ; — elle le vit mal peigné, dégingandé, le nez trop gros, les doigts trop maigres, les ongles trop courts ; — il était franc, naïf, original ; il n'avait pas deux caractères, un de parade, l'autre intime, un pour ses amis, un pour le monde ; il disait tout ce qu'il pensait et comme il le pensait ; il se laissait aller à toutes ses impressions et les traduisait crûment ; — elle le trouva trop grossier, manquant de cette politesse que la société met au-dessus du cœur et de l'esprit ; elle rougit d'enfantillages et d'étonnements dans les choses de la vie qui, autrefois, l'avaient amusée et qui lui parurent bourgeois, et elle accusa de petitesse et de pauvreté des sentiments qui souvent l'avaient ravie par leur gentillesse et leur fraîcheur.
— Il était bon, il fut bête ; il était emporté, il fut brutal ; il était faible, il fut lâche ; il était exalté, il fut ridicule.

Elle fit si bien qu'elle en vint à rougir de son amour ; elle le trouva banal, ses platitudes et ses mesquineries lui soulevèrent le cœur, et comparant Maurice aux hommes qu'elle voyait chaque jour, elle le renia, se demandant naïvement comment elle avait pu l'aller choisir entre tant d'hommes distingués pour l'élever jusqu'à elle. — Qu'avait-il donc de si entraînant ? — Que lui avait-il donné, que lui donnait-il encore en échange de tous ses sacrifices ? — A quelles hontes, à quelles railleries ne s'exposait-elle pas ? — Le monde, si indulgent pour les fautes qu'il partage, aurait-il jamais assez de colère, assez de mépris pour une liaison aussi vulgaire ? Et à cette pensée, elle s'irritait et se dévorait intérieurement.

Ces dispositions malveillantes étaient encore éperonnées et envenimées par sa mère, qui apportait dans cette tâche un empressement et une amertume dignes de la plus haute moralité.

C'était une femme sèche et osseuse, de haute taille, le nez fort et aquilin, le visage en lame de couteau, la gorge nulle, les hanches à peine indiquées, — se balançant comme un saule pleureur, penchant la tête à droite, à gauche, en avant, en arrière, mais plus souvent en arrière ; — parlant miellement, et au milieu d'un soupir vous décochant une épigramme cruelle, vénéneuse comme la langue qui l'avait lancée ; — avec cela un air doucereux quand elle se le donnait, haineux quand elle s'oubliait, et une physionomie générale où éclataient l'intrigue et l'esprit.

Marguerite, qui avait vécu près d'elle de seize à vingt-deux ans, et qui avait eu le temps de la connaître et de l'apprécier, s'était hâtée, aussitôt son mariage, de la reléguer dans une terre que M. Baudistel possédait en Sologne, et où elle pouvait à son aise commander, quereller, chicaner les paysans, blesser, humilier, diviser les voisins, qui tout d'abord avaient été ses amis. A la mort de M. Baudistel, un rapprochement avait été tenté de part et d'autre ; après quinze jours, la mère et la fille avaient eu trente querelles, une par repas, et elle était repartie pour la province. Au retour d'Italie, Marguerite, voulant reprendre ses réceptions, et ayant en outre besoin de sa mère pour expliquer son absence, lui avait écrit une lettre presque affectueuse, dans laquelle elle l'engageait à revenir, et madame de Fergis, heureuse de cette remise en activité, était arrivée pleine d'interrogations, de projets et de conseils.

Aux interrogations, Marguerite avait refusé de répondre, et l'avait priée seulement de laisser dire et croire qu'elles avaient fait ensemble un voyage en Italie : par la pension qu'elle faisait à sa mère, Marguerite était maîtresse : ni l'une ni l'autre ne l'oubliaient.

Aux projets et aux conseils, elle fut plus patiente. Ces projets, c'était tout simplement la reprise ou plutôt la continuation des anciens, c'est-à-dire un mariage. M. Baudistel n'était pas au Père-Lachaise que déjà madame de Fargis songeait à un nouveau gendre. Toutes deux n'étaient plus au temps où, pour se montrer le soir au bal du salon de Spa ou de Dieppe, il leur fallait elles-mêmes dans la journée, laver, sécher, repasser leurs mouchoirs et leurs jupons. Grâce au banquier, Marguerite était riche : de la dot qui, dans une sage et habile prévoyance, lui avait été faussement reconnue au contrat, elle avait un million et l'hôtel de la rue de Varennes ; de sa part dans la société d'acquêts et donation au plus vivant, 15 ou 1,800,000 fr., sans compter le domaine de la Sologne. C'était un revenu d'au moins 250,000 livres, qui pouvait faire un bel appât, et lui donner enfin dans le vrai monde une position supérieure à celle que M. Baudistel occupait dans la banque et les affaires.

Quand, le soir de l'enterrement, elle avait exposé à sa fille ce beau plan, Marguerite, trop heureuse de sa nouvelle liberté et tout entière d'ailleurs, à Maurice, l'avait nettement interrompue ; mais plus tard, quand, rassasiée d'amour, dégoûtée de son amant, fatiguée de la passion qu'elle avait reconnue impuissante et qu'elle croyait morte à jamais dans son cœur, elle avait entendu les mêmes idées reprises et caressées avec une inaltérable persistance, elle les avait écoutées plus favorablement.

« Dans la position que tu t'es faite, disait madame de Fargis, un mariage est indispensable ; lui seul peut faire taire bien des bruits, et te rendre la considération que ton voyage en Italie t'a fait perdre.

— Ma mère...

— Ma fille, je ne vous fais pas de reproches ; je vous avertis amicalement. Tu comprends bien, n'est-ce pas, qu'on ne trompe pas une femme comme moi ? Tu es la maîtresse d'un petit monsieur, un artiste qui doit se nommer Berthauld, ou quelque chose comme ça. Les médisances de tes amis ne me l'auraient point dit que tu me l'apprendrais toi-même par tes imprudences, tes sorties éternelles, et tes précautions de dire à tes gens que tu viens passer la journée ou la nuit chez moi, tandis qu'en réalité tu vas les passer chez lui. Eh bien ! ma fille, tout cela est enfantin, maladroit et ridicule. Tu es veuve, je le veux bien, mais tu n'es pas libre comme tu le crois. Mariée avec le monde, ton amour, pour un homme qui ne lui appartient pas, est un adultère, c'est une faute qui te perdrait à jamais. Il t'a plu, il est charmant, spirituel, adorable, tu l'as aimé, c'est bien ; mais vous n'êtes pas unis pour l'éternité. Ces gens-là, ma chère, sont sans conséquence : on les prend, on les quitte au gré de son caprice. Ils le savent ; et plus d'une fois je leur ai entendu dire à eux-mêmes que leur rôle était d'avoir les femmes sans en garder une seule ; on les choisit pour leur esprit, leurs drôleries, leur originalité ; on les sait habiles et savants dans l'art d'aimer ; c'est cette habileté et cette science qu'on leur demande : rien de plus !... Leurs leçons servent plus tard pour la vie réelle, et préparent le bonheur dans un amour honorable et sérieux.

Marguerite écoutait et ne répondait pas.

IV

Pendant ce temps, Maurice attendait des visites de plus en plus rares, et, au fond du cœur, il était plein de colères et de désespoirs, tandis que Marguerite était pleine de lassitude et d'hésitations. De là naissaient des querelles irréparables.

Souvent elle arrivait rue de la Sourdière des heures, des journées après l'instant promis. Pour Maurice, le temps s'était lentement écoulé en impatiences fiévreuses. Tout ce qu'un esprit sagace peut prévoir de malheurs, vingt fois il l'avait prévu : toutes les probabilités, il les avait essayées et pesées; toutes les impossibilités, il les avait admises : — Marguerite malade, — Marguerite retenue par sa mère, — Marguerite empêchée par ses devoirs, — Marguerite blessée, écrasée par une voiture, — Marguerite oubliant l'heure fixée, — Marguerite fâchée, — Marguerite infidèle, — Marguerite l'abandonnant, l'oubliant, le repoussant. Mais les deux idées qui revenaient sans cesse, c'étaient les plus probables, celles de maladie ou d'oubli, car pour les obligations et les nécessités sociales, il ne les acceptait pas. — Malade ! malade loin de lui, sans qu'il pût la voir, sans qu'il pût la soigner, la veiller, l'endormir, sans pouvoir même apprendre quelle était cette maladie ! — Mais était-elle bien réellement malade ?

Elle arrivait.

— Te voilà !... qu'as-tu donc fait ! d'où viens-tu ?

A ces interrogations où se mêlaient la colère et la joie, Marguerite, qui souvent accourait pleine de cette bienveillance que nous donne le sentiment de notre propre faute, Marguerite rentrait le sourire qui était sur ses lèvres, laissait retomber les bras qu'elle ouvrait déjà pour l'embrasser, et prenant un air calme, répondait froidement qu'il lui avait été impossible de venir plus tôt.

— Toujours la même réponse ! tout, maintenant, est impossible pour toi; autrefois, rien ne l'était.

— Voyons, Maurice, ne nous querellons pas; tu as souffert de mon retard, j'en ai souffert aussi; par tes propres douleurs, juge des miennes; tous deux malheureux, soyons sages tous deux, ne nous fâchons point.

Et levant sur lui ses yeux que jusqu'alors elle avait baissés, et l'inondant de lumière et de chaleur, elle reprenait plus doucement :

— N'en parlons plus, n'est-ce pas ? et viens m'embrasser... le veux-tu ?...

Mais il ne pouvait point ainsi se calmer en quelques minutes : au milieu des caresses, sa colère, lentement amassée, étreignait son cœur et y soulevait encore d'irrésistibles éclats.

— Que tu m'as fait souffrir ! Au moins ne pouvais-tu pas me prévenir ?

— Tu m'en veux donc encore ? Nous allons recommencer ?...

— Non, mais tu m'aimes, n'est-ce pas ? tu ne m'as pas oublié ? tu ne m'as pas trahi ? tu ne veux pas rompre ? tu m'aimes, n'est-ce pas ? tu m'aimes ? Jure-moi que tu m'aimes toujours.

Toutes les promesses, tous les serments qu'il voulait, elle les lui faisait d'un air recueilli et solennel.

C'était un de ses moyens de séduction les plus efficaces. Elle s'était toujours si hautement posée dans sa dignité, et au milieu de ses railleries et de son mépris pour toutes choses, elle avait si habilement su faire croire à sa religion pour la parole jurée, qu'elle avait persuadé Maurice de la sincérité de cette parole, en même temps qu'elle l'avait encore persuadé qu'on ne trompait pas, sans qu'il s'en aperçût, un homme aussi habile et aussi rusé que lui.

Et, sur ces serments, Maurice s'efforçait d'avoir la foi et de ne plus douter ; mais à certains moments la tentation était trop forte ; un mot, un rien, réveillaient ses soupçons ; alors c'était Marguerite qui s'emportait.

D'abord ils essayaient de se contenir, et parlaient sans se regarder ; puis, ils s'excitaient, la prudence leur échappait, les yeux se relevaient en se cherchant, et tandis que, par leurs paroles, ils entassaient outrages sur outrages, ils se poignardaient du regard.

Ce qu'ils avaient fait l'un pour l'autre, ils se le reprochaient mutuellement.

— Oui, disait Marguerite, je t'ai sacrifié mon honneur et ma réputation.

— Moi, mon avenir, ma jeunesse, mon talent, ma santé. Depuis que nous avons quitté Montmorency, je vis dans la fièvre et n'ai point eu une seule minute de bonheur parfait : j'ai senti que tu m'entraînais dans un gouffre et je t'y ai suivie; j'ai senti que j'étais perdu, et cependant j'ai lutté, non pour moi, mais pour toi, pour toi qui m'abandonnes aujourd'hui.

Ils continuaient ainsi, cherchant tous deux les paroles les plus acérées, les plus amères ; ils se déchiraient, ils se calomniaient sans relâche; comme deux ennemis, ils s'admiraient dans leurs attaques et dans leurs ripostes; irrésistiblement poussés par l'ardeur de la lutte, ils en venaient, dans leur furie, à se lancer des injures qu'ils savaient fausses, que la haine seule pouvait inventer et qu'ils s'acharnaient à dire et à redire, pour la seule satisfaction de répondre à une blessure par une plus cruelle blessure.

Sur quelques paroles trop brutales, Marguerite, sans répliquer, se levait, prenait son manteau, mettait son chapeau et s'enfuyait en tirant fortement la porte.

A ce bruit, Maurice, devenait lâche, le cœur lui manquait; il courait après elle, et, dans l'escalier, prières, supplications, humiliations, il employait tout pour la retenir et la rappeler. Quelquefois elle cédait; le plus souvent elle se dégageait sans pitié, lui décochait un dernier regard chargé de menaces, descendait sans se retourner, et, sur le trottoir, elle marchait droite, légère, ne lui faisait point son signe d'adieu, si plein de caresses et de promesses.

Alors, éperdu, il se jetait sur son lit et éclatait en sanglots. Il se rappelait ses paroles les plus dures et les plus plus injustes; il les maudissait, se maudissait lui-même, et, tombant dans un douloureux abattement, il pleurait toutes les larmes de son cœur. En cette extrémité, sa seule consolation était de lui écrire; dans des lettres interminables, il se mettait à genoux, la face dans la poussière, et, se frappant la poitrine, demandait grâce : dans chaque page, le mot pardon se trouvait plus de dix fois.

Sa lettre envoyée, il retrouvait un peu de calme, et attendait. Un jour s'écoulait, elle ne venait pas. Un second jour s'écoulait, puis un troisième, puis un quatrième. Il écrivait de nouveau, plus humble, plus pressant, plus suppliant, et il attendait encore. Il n'avait plus conscience de lui-même. Ses artères ne battaient plus. Dans sa tête, les idées se mêlaient confuses, assourdissantes. Sa raison lui échappait avec les minutes qui s'enfuyaient. — Il voulait courir chez elle. — Il ne voulait plus la revoir. — Il se fixait un jour où il se tuerait, si elle n'était point venue. Il était stupide; il était fou; il tournait en courant dans sa chambre; il restait immobile, couché sur le tapis; puis, à bout de patience et de force, il avalait un verre d'eau, avec quelques gouttes d'opium; et, se jetant sur son lit, il s'endormait enfin : c'étaient quelques heures de trêve pendant lesquelles, supprimant le temps et détruisant la réalité, il s'était transporté dans un monde où il trouvait repos et bonheur.

Lorsqu'enfin elle se décidait à revenir, c'étaient des joies, des transports, des débordements, où la douleur disparaissait comme une goutte d'eau dans la mer.

Loin de les séparer, ces querelles et ces rapprochements les rejetaient plus étroitement dans les bras l'un de l'autre. Marguerite y trouvait des émotions qui la réveillaient, et son orgueil jouissait délicieusement à se sentir aimée avec cette frénésie. Mais ce n'est point impunément que l'on prononce de certaines paroles; et si, dans l'amitié, les querelles sont sans conséquence, c'est que les qualités que l'on nie sont des qualités réelles qui, la colère passée, réapparaissent lumineuses et sereines ; mais en amour, où presque tout est illusion et imagination, où l'objet aimé est aimable surtout par les dons que l'on a groupés autour de lui, par les charmes, les grandeurs, les enthousiasmes, les poésies qu'on lui a attribués, le jour où l'on touche à ces dons, à ces charmes, à ces grandeurs, à ces enthousiasmes, à ces poésies, ce jour-là, comme la neige, ils nous fondent dans la main, ils disparaissent à jamais, et plus jamais nous ne les retrouvons.

Aussi, ces rapprochements factices et fouettés les laissaient-ils retomber plus affaissés, et les visites de Marguerite devenaient de plus en plus irrégulières.

En même temps, elle s'affermissait chaque jour dans ses idées de rupture, et n'attendait plus qu'une occasion favorable. Car elle avait cette sorte de bonté nerveuse qui, attentive à nous épargner la moindre souffrance, nous empêche de faire souffrir ceux qui nous entourent et voudrait les éloigner pour ne point entendre leurs plaintes. Elle avait cherché mille moyens ; elle avait tâché de faire naître les occasions ; projets de voyage pour lui ; excitation à la gloire ; conseil d'aller quelques jours en Bretagne ; railleries de leur amour qui ne serait point éternel, bouderies, brusqueries, colères, absences ; — tout avait été inutile : les querelles s'étaient toujours terminées par des rapprochements.

Lorsqu'elle était fatiguée ou mal disposée, cette constance et cette résignation ne faisaient que la pousser à bout. Elle s'irritait, se montait la tête, et partait de chez elle avec la volonté bien arrêtée de s'affranchir enfin de cet indigne esclavage. En chemin elle préparait ses paroles, elle s'encourageait et s'affermissait. Provoquer Maurice à l'injure ne lui était pas difficile, et alors, ce qu'elle savait de plus cruel, de plus mortifiant, elle le disait ; elle frappait à coups serrés sur son caractère, sur son cœur, sur son esprit ; puis, quand elle le voyait désespéré, elle redoublait ; pendant des heures entières, elle prenait plaisir à éperonner cette douleur, puis à la retenir, à l'accélérer, à la mater brusquement, à la précipiter à toutes brides ; mais, malgré sa volonté et ses projets, elle se laissait prendre à ce jeu, elle s'attendrissait à voir ces larmes : il était si accablé, si malheureux, qu'elle revenait à une sorte de justice ; elle sentait ses torts, elle accusait sa dureté, elle faisait de douces avances, elle le plaignait, elle s'approchait de lui, s'asseyait sur ses genoux, le prenait dans ses bras, l'embrassait sur les yeux, et leurs larmes se confondaient.

Ils recommençaient à s'aimer et ils retrouvaient encore des plaisirs ; mais le paisible bonheur, le calme, la continuité, la confiance, ils ne les retrouvaient plus.

En ces jours de trêve cependant, Marguerite s'excitait à l'amour. Elle se demandait si, après quelques mois d'affranchissement, elle ne se prendrait pas à regretter cette passion que tant de fois elle avait maudite ; elle se demandait quelles joies seraient assez puissantes pour combler le vide qu'elle allait faire dans sa vie ; elle se demandait encore s'il était un regain pour l'amour, et s'il pourrait donner une seconde moisson de fleurs aussi belle et aussi parfumée que la première. Alors elle voulait résister au désastre ; elle évoquait ses souvenirs : Montmorency, Fontainebleau, l'Italie ; elle lisait les grands poètes de l'amour ; elle y cherchait des refuges, même des armes pour lutter ; elle se cramponnait aux branches ; elle soufflait sur les charbons éteints de son cœur ; mais ils ne pouvaient plus donner ni chaleur ni lumière, et il lui fallait reconnaître que c'en était à jamais fini, car elle ne pouvait pas toujours combattre ; au point où ils en étaient venus, sa passion se heurtait à chaque instant à son orgueil, à son ambition, à ses désirs, à sa volonté, à son caractère ; c'était une bataille de tous les jours, sans victoire possible, où tous deux ne pouvaient que souffrir. Sans doute elle avait été heureuse de se laisser promener par un guide aimable dans un pays plein de charmes et de mystères; mais maintenant qu'il fallait venir au secours de ce guide épuisé, maintenant qu'il fallait partager ses labeurs, devant cette tâche elle reculait et se disait que, bien évidemment, elle n'était pas faite pour l'amour, qu'elle voulait rester belle, et que la passion déflore la pureté des traits, argente la chevelure, entoure les yeux d'un cercle marbré, voue ses victimes à toutes les souffrances et à tous les sacrifices, au doute, à l'inquiétude, à la jalousie, à l'abnégation. Pour s'être donnée une fois, fallait-il qu'elle se donnât toujours? Et très sincèrement elle plaignait ce pauvre Maurice; mais, lui aussi, n'était-il pas coupable? s'il s'était montré plus habile et plus prévoyant, s'il n'avait pas toujours abdiqué force et vouloir, s'il avait su inspirer cette tendresse respectueuse qui fait voir dans l'homme aimé un homme supérieur, s'il ne s'était pas mis à genoux devant tous ses caprices ou toutes ses colères, peut-être seraient-ils encore heureux, et pour aujourd'hui et de longues années?

C'était ainsi et fatalement qu'elle en revenait à accuser Maurice, et à s'éloigner de lui par les routes même qu'elle prenait pour s'en rapprocher. Tous ses efforts arriveraient-ils donc au même résultat, et par une passion qui n'était plus qu'une habitude, se laisserait-elle ainsi toujours vaincre et tourmenter? Et comme elle se sentait trop faible pour rompre en face, elle se promettait de le voir de moins en moins, et d'en finir lentement.

Pendant ces absences préméditées, Maurice attendait. Puis à l'heure où elle ne pouvait venir, emporté par le besoin de la voir, il allait au bois guetter son passage. Confondu dans la foule, il la regardait passer, distribuant ses sourires à ceux de ses amis qui la croisaient, se penchant pour échanger quelques paroles avec d'élégants cavaliers qui couraient à ses côtés; lui sur le trottoir, les pieds dans la boue, poussé, coudoyé, dérangé, elle ne le voyait même pas. Il rentrait plein d'angoisse. Lui aussi il voulait rompre. Il méprisait cette femme, il la jugeait, il voulait la tuer et se tuer ensuite; il voulait se distraire, s'amuser, se guérir; mais chaque pas qu'il faisait pour s'éloigner d'elle lui arrachait un lambeau de chair, et la maladie dont il se sentait mourir lui paraissait encore moins douloureuse que la guérison.

V

Pendant que chaque jour apportait sa pierre à la muraille qui s'élevait entre eux, il survenait d'heureuses fortunes, qui rouvraient de l'un à l'autre des échappées de lumière et de confiance. Parfois, Marguerite arrivait pleine d'ardeurs; malgré ses résolutions d'indifférence et de calme, elle avait été mordue par une vague réminiscence, et quoiqu'elle en rougît, quoiqu'elle s'en révoltât, elle avait succombé à cette mémoire des sens, si violente, si tyrannique.

Dans leur chambre, c'étaient des cris de joie, des délires, des extases, comme c'était bien rare qu'elle en vît maintenant. Marguerite appelait les souvenirs à son aide, elle évoquait les anniversaires, et demandait au passé ce que la lassitude ne pouvait plus lui offrir : les paroles de feu qui, jadis, lui avaient échappé, elle les cherchait dans sa tête pour les redire encore, elle cherchait aussi les baisers et les étreintes d'autrefois. Mais elle avait beau, de toutes ses forces, se ruer dans le plaisir, elle n'y trouvait plus rien de neuf ni de spontané; elle avait fait aux souvenirs un appel désespéré, et pour la satisfaire, ce n'étaient que des souvenirs qui avaient répondu ; ce qu'ils pouvaient avoir de vivace et de puissant, la comparaison venait aussitôt l'amoindrir et le déflorer.

Après une semaine, où les choses en étaient venues à un tel point, qu'ils avaient tous deux pensé à la rupture avec un égal bonheur, elle voulut faire une dernière tentative, et, arrivant un soir chez Maurice :

— Me voici, dit-elle, et je reste jusqu'à demain soir ; si tu le veux, nous irons à Montmorency.

— Est-ce donc pour un dernier adieu ?

— Non, mais pour un pèlerinage. Pourquoi de l'amertume, quand je viens à toi pleine de tendresse ? Dis, veux-tu que nous partions demain ? Va retenir une voiture, et qu'elle soit à notre porte à six heures, pour que nous arrivions là-bas avec le jour.

A l'heure dite, ils partirent, et, pendant tout le chemin, serrés l'un contre l'autre, bien cachés derrière les vitres que leur haleine couvrait de buée, ils causèrent délicieusement du passé.

Ils laissèrent leur voiture à Saint-Prix, et à pied ils se mirent en route.

Elle aussi, au premier aspect, elle était tristement changée, la forêt.

On était au commencement de février, et toute la nuit il avait tombé une petite pluie, qui, vers le matin, s'était prise en glace ; l'herbe, cristallisée, craquait sous les pas ; la boue s'était séchée en croûtes jaunâtres, sur l'eau des ornières il y avait çà et là des treillis de glaçons. Le ciel était gris et le vent soufflait faiblement, mais continûment, piquant et froid. Ils arrivèrent. Tout était triste et morne. Les arbres n'avaient plus de feuilles ; l'étang n'avait plus de fleurs, l'eau qui descendait des ravins s'amoncelait sale et bourbeuse, et, par la vanne ouverte, entraînait dans de rapides tourbillons des mousses, des roseaux et des branches. La balançoire où tant de fois elle s'était balancée, n'était plus sur l'esplanade ; la table, où tant de fois ils avaient dîné, n'était plus sous le sureau ; le chien n'était plus dans sa niche, et les poules, qui tant de fois avaient picoré autour d'eux, s'étaient réfugiées sur le fumier pour trouver un peu de chaleur. Dépouillé de sa parure de rosiers et de chèvrefeuilles, le vieux donjon montrait ses deux tours sombres, et, sous son enveloppe de lierres et de lichen, il attristait comme un tombeau.

La porte était fermée ; ils la poussèrent. Près de la cheminée où brûlait un petit feu de feuilles, madame Michel ravaudait des bas. Au bruit, elle leva la tête, et se mit à pousser des cris ; puis, sa surprise étant un peu calmée, elle jeta dans l'âtre deux ou trois brassées de brindilles qui s'enflammèrent, et répandirent dans la cuisine la chaleur et la gaieté. Ce feu et les paroles affectueuses de la brave femme leur firent du bien ; le contraste de ce qu'ils venaient de voir avec ce qu'ils se rappelaient, leur avait étreint et comme étranglé le cœur ; leurs yeux étaient pleins de larmes, ils n'avaient point encore osé échanger un seul mot.

Ils voulurent déjeuner dans leur ancienne chambre.

Ils la retrouvèrent telle qu'ils l'avaient laissée, avec sa grande cheminée, son grand lit d'indienne, ses chaises de noyer et ses cadres en bois blanc où se lisaient les aventures d'un officier français en Afrique. Mais le soleil ne glissait plus par la fenêtre, les hirondelles ne tournoyaient plus à la vitre, les fauvettes ne chantaient plus dans les branches, et l'on respirait une nauséabonde odeur de linge, de pommes et de renfermé.

Ils n'étaient point entrés, qu'ils eurent hâte de s'enfuir ; ce n'était point là leur chambre. Ils descendirent promptement et commencèrent leur pèlerinage de la forêt.

Comme autrefois elle s'appuya sur son bras, comme autrefois il la serra doucement, comme autrefois encore ils se parlèrent bas, lui penché vers elle, plongeant ses yeux dans ses yeux, et de temps en temps se haussant sur la pointe des pieds pour lui donner un baiser.

— C'est là, disait Maurice.

— C'est là, t'en souviens-tu? répondait Marguerite.

Et leur phrase, ils l'achevaient dans un regard ou dans un baiser.

A chaque pas il leur semblait qu'un de leurs chagrins les abandonnait et s'envolait au travers des bois; à chaque pas ils étaient plus légers, plus calmes, plus confiants, ils se sentaient devenir heureux et jouissaient de cette nature qui les enivrait et les berçait.

Cependant elle était bien peu splendide, cette nature. Le ciel était toujours morne et le vent soufflait toujours. Les arbres étendaient en l'air leurs grands bras nus, les feuilles mortes tournoyaient et s'amoncelaient aux cépées, les herbes sèches et veules s'inclinaient sur le chemin; dans cette vallée, qu'ils avaient vue si fraîche et si fleurie, il n'y avait plus ni verdure, ni chansons d'oiseau, ni parfums, ni lumière, ni chaleur; le gazon où tant de fois ils étaient venus s'asseoir avait disparu sous une épaisse couche de sable et de vase qu'avaient apportée les grandes pluies. Mais cette désolation, ils ne la voyaient pas, c'étaient les yeux du cœur et du souvenir qui regardaient, les feuilles bruissaient dans la lumière, les fraises rougissaient le bord des sentiers, sous les chênes ombreux les digitales dressaient leurs longs épis aux fleurs pourpres, la brise apportait une pénétrante senteur de muguet et de bouleau, tout au loin les merles et les fauvettes chantaient leurs joies et leurs amours. La poésie du passé les avait enlevés sur ses ailes : ils étaient aux derniers jours de mai, au temps où, pour la première fois, ils avaient parcouru ces sentiers, où leur cœur débordait d'amour, où un mot, un geste, un regard, un silence les ravissait à la terre, où, perdus en eux-mêmes, ils n'aimaient que ce qui venait d'eux-mêmes, où, leurs désirs ne connaissaient ni les longues préparations, ni les longues excitations, où leurs lèvres n'avaient encore prononcé que des paroles d'amour, où leurs yeux n'avaient encore que souri, où leurs mains n'avaient encore que caressé ; au temps des joyeux rires dans les courses au soleil, au temps des langoureuses étreintes sous les nuits étoilées.

Ce fut ainsi qu'ils parcoururent successivement les diverses stations de leurs anciens pèlerinages, et jamais ils n'avaient ressenti une aussi profonde félicité. Il leur semblait qu'ils étaient arrivés flétris, épuisés, abattus, et qu'à mesure qu'ils marchaient l'espérance et la vie leur revenaient ; ils étaient, comme cette nature, endormis sous le linceul de l'hiver, mais où cependant rien n'était mort ; déjà la sève bouillonnait dans les rameaux, les feuilles et les fleurs éclataient en bourgeons ; sous un souffle plus doux, bientôt allait éclore un nouveau printemps plus jeune, plus frais, plus riche.

Marguerite était folle de bonheur, Maurice plus discret et plus recueilli. Elle allait, elle courait, elle revenait à lui, elle l'entourait de ses bras, elle se pendait à ses lèvres, et doucement elle murmurait de douces paroles.

Pendant qu'ils étaient assis sur un des coteaux qui regardent le pays de France, elle s'éloigna quelques instants. Au pied d'une cépée, un bois-joli commençait à fleurir, elle en détacha quelques rameaux, y joignit deux ou trois petites branches de houx aux baies rouges, les entoura de châtons de saule, et revenant vers Maurice qui la contemplait, elle se mit à genoux devant lui :

— Cher Maurice, dit-elle de sa voix la plus séduisante, quand nous avons quitté ce pays, tu m'as donné un bouquet, moi je l'ai oublié, et depuis je t'ai fait bien souffrir. Veux-tu me pardonner et prendre ces fleurs que je t'offre à mon tour ? Si à l'avenir je suis injuste et cruelle, tu me les montreras, elles me diront que mon bonheur est près de toi, que c'est toi seul que j'aime et que je t'aimerai toujours.

Elle se jeta dans ses bras ; ils se tinrent longtemps embrassés, longtemps ils se dirent et se redirent leurs promesses, leurs projets, leurs espoirs.

CHAPITRE VI

GRATITUDE FILIALE

I

Leur joie eut une courte durée : le lendemain de son retour à Paris, Maurice reçut une lettre de M. de Tréfléan, qui contenait les lignes suivantes :

« Mon cher enfant, il y a trois semaines que ta mère
» garde la chambre; le docteur est rempli d'inquiétude.
» Depuis ton dernier voyage, elle a été sans cesse s'affai-
» blissant. Aujourd'hui, elle ne peut être sauvée que par
» toi : tu sais comme elle t'aime, comme elle sera heureuse
» de t'avoir près d'elle, hâte-toi d'accourir.

« Si depuis dix-huit mois tu as eu des excuses pour
» ne point venir, tu n'en peux plus avoir.

» Ton vieil ami,
» J. DE TRÉFLÉAN. »

Depuis longtemps, absorbé dans sa passion, s'il pensait encore à sa mère, il se hâtait aussitôt de chasser une pensée qui ne lui apportait qu'inquiétude et tourment ; en lisant cette lettre, le passé lui revint, le remords l'étreignit, sa conscience se révolta ; quoiqu'il eût été convenu avec Marguerite qu'il n'irait pas chez elle, il se hâta d'y courir.

C'était jour de réception. On le fit monter au premier étage par le grand escalier et on l'introduisit.

A l'angle d'une haute cheminée, Marguerite, en toilette, était étendue dans un fauteuil.

Lorsqu'elle entendit annoncer Maurice, malgré l'empire qu'elle avait sur elle-même, elle eut un moment de surprise ; mais elle se remit aussitôt, salua calme et polie, et reprit tranquillement, avec la personne placée à l'autre angle du foyer, l'entretien interrompu.

Ce fut alors seulement que Maurice, qui osait à peine lever les yeux, put regarder cette personne. C'était un homme de quarante-cinq ans, frais, rosé, frisé et pommadé, portant à sa boutonnière, une rosette bariolée de toutes les couleurs héraldiques, parlant haut en grasseyant un peu, appelant Marguerite « chère madame », tandis qu'elle lui répondait « cher comte », et paraissant au mieux avec elle.

Après quelques minutes de banale conversation, il se leva, serra la main de Marguerite, salua à peine Maurice, et sortit en sautillant.

La porte n'était pas refermée, que Marguerite se tournant vers son amant :

— Qu'y a-t-il donc ?

Sans répondre, Maurice lui tendit la lettre de M. de Tréflédan.

Elle la lut d'un seul coup d'œil :

— Quand pars-tu ? dit-elle plus doucement.

— Ah ! merci, s'écria-t-il avec effusion, et je n'attendais pas moins de toi.

— Oui, mon ami, pars, c'est à nous de nous sacrifier.

— Tu m'écriras ?

— Aussi souvent que tu voudras.

— Et moi je pourrai t'écrire ?

— Je ne te laisse partir que si tu me promets de m'écrire tous les deux jours ; tu m'adresseras tes lettres chez toi. Tu diras à ton concierge de les monter, je les prendrai sur ton bureau ; en me retrouvant chez nous, je penserai à toi.

— Tu es un ange.

— Je t'aime, voilà tout.

— Tu ne m'oublieras point, n'est-ce pas ? Si tu sentais comme je souffre, à te savoir au milieu de ces gens qui te parlent, te regardent et te serrent la main, comme ce monsieur qui vient de sortir.

— Rassure-toi, sauvage ; ce monsieur, comme tu dis, est le comte de Lannilis, tu devrais le connaître, car sa gentilhommière est précisément aux environs de Plaurach ; il se prétend amoureux de moi, et me fait la cour ; tu vois qu'il n'est pas bien dangereux.

— Tu me le jures ?

— Je fais mieux, va regarder cette jardinière dans l'embrasure de la fenêtre.

— Pourquoi ?

— Pour que je puisse me trouver auprès de vous, pauvre sot, avec une raison toute prête, si, par hasard, on ouvre la porte.

Il fit ce qu'on lui disait, et alors Marguerite, se levant, lui prit la tête entre les deux mains, et elle l'embrassa sur les lèvres.

— Maintenant, pars, dit-elle.

Deux heures après, il montait en wagon, se demandant avec anxiété dans quel état il allait trouver sa mère, et si la lettre de M. de Tréfléan cachait une partie de la vérité, ou bien si elle ne l'exagérait pas pour hâter son retour.

II

Madame Berthauld était réellement fort malade, et cela depuis longtemps déjà.

Ç'avait été pour elle un profond chagrin que les lettres sèches que son fils lui écrivait, lorsqu'il avait commencé à aimer; mais quand ces lettres avaient cessé tout à fait, elle avait été frappée au cœur; et, après avoir mis tant de confiance et tant d'espoir dans cet enfant, elle avait senti sa vie brisée une seconde fois, et plus irréparablement que la première; car tout amour est égoïste, et, quel que soit son dévouement, il y a toujours en lui de l'intérêt.

Son intérêt et son égoïsme, à elle, étaient bien excusables; elle voulait simplement se consacrer, comme autrefois, à son fils, et elle espérait qu'il la ferait venir à Paris, où ils pourraient vivre toujours ensemble. Et souvent, le soir, après une journée de fatigue, elle bâtissait tout un avenir — de joies et de triomphes pour lui, — pour elle de soin et d'amour. Le silence de Maurice avait fait s'écrouler ces riants projets, elle s'était vue séparée de lui et pour toujours exilée à Plaurach. Elle avait alors enduré de cruelles souffrances, mais en vraie mère, sans se plaindre, et poussant jusqu'au bout son courageux sacrifice, elle avait, à toutes les questions de madame Des Alleux, de M. Michon, de l'abbé, de M. de Tréfléan, inventé de satisfaisantes réponses, comme si la correspondance eût toujours été active et régulière. A cette contrainte de chaque instant, ses forces s'étaient usées, et bientôt une affection nerveuse avait inquiété ses amis. « Il faut écrire à Maurice de venir », avait dit le docteur.

Elle avait écrit. Maurice n'était pas venu. Deux mois après cette lettre, la bonne dame Des Alleux avait sensiblement baissé, et madame Berthauld avait eu la douleur de la voir mourir. Ç'avait été une nouvelle et cruelle douleur à ajouter à celles qui la minaient. On avait encore écrit à Maurice; Maurice, alors en Italie, avait répondu par une longue lettre pleine d'excuses habilement groupées, qui n'avait trompé que M. Michon et l'abbé Hercoët.

— Madame Berthauld se meurt, dit un soir M. de Tréfléan à M. Michon; ne la sauverez-vous pas?

— L'âme est plus malade que le corps, je ne peux rien sur le physique tant que le moral ne sera pas guéri. J'échoue sans cesse contre une disposition morale qui trouble la nutrition et qui paraît avoir sans cesse des causes nouvelles. Maintenant l'affection se complique de symptômes alarmants; il faudrait du repos et un calme absolu.

Trois semaines s'écoulèrent, le mieux ne se prononça pas.

— Il faut écrire à Maurice, dit le docteur, il y a du danger; moi, je vais faire venir de Morlaix MM. Guillou et Baulant; à trois, nous prononcerons plus sûrement; je crains une infiltration de la cavité de la poitrine, et par suite une hydropisie.

Ce fut dans ces circonstances que M. de Tréfléan écrivit la lettre qui décida Maurice à partir.

Jusqu'à Lannion, il fit la route assez rapidement; mais, arrivé là, il dut parcourir à pied la distance qui le séparait de Plaurach. Il marchait à grands pas, et son esprit inquiet le devançait près de sa mère. Il cherchait à prévoir comment elle allait l'accueillir, quels seraient ses reproches, quelles seraient les accusations de ses amis. Lui-même était le premier à s'accuser, et, pensant à Marguerite, il se sentait encore plein de doutes et de tourments de ce côté. Leur brusque séparation, malgré ses douces promesses et ses caresses, avait jeté son cœur dans une tristesse défiante; présent, il croyait pouvoir faire face à tous les périls; absent, il avait peur, et derrière lui comme devant lui il n'avait qu'un effrayant incertain. Tout ce que rencontraient ses regards semblait aussi sympathiser avec ses lugubres pensées. Il faisait une journée grise et froide. La terre du chemin se levait par lourdes plaques sous le pied qui glissait; la plaine s'étalait triste et nue; quelques ajoncs d'un vert noirâtre apparaissaient seuls çà et là; au loin, de place en place, montaient par-dessus les arbres d'épaisses et jaunes colonnes de fumée qui s'élevaient d'un chétif feu de lande ou de bouses de vache pétrie avec des feuilles et du gazon. Le vent soufflait humide; le silence était morne, et l'on n'entendait dans la campagne que les corbeaux qui passaient en troupes et criaient la faim.

Maurice n'avait plus qu'une lieue à faire lorsqu'il croisa une voiture. Il crut reconnaître un médecin de Morlaix. Pensant qu'il venait sans doute de chez sa mère, il fit arrêter. Il ne se trompait pas.

— L'état de madame votre mère est grave, dit le médecin, répondant à ses interrogations, attendez-vous à la trouver changée. Votre présence produira peut-être une crise, mais elle eût été encore plus décisive il y a deux mois. Hâtez-vous, ou plutôt hâtons-nous, je vais retourner sur mes pas. Montez près de moi.

Aux premières maisons du village, le docteur fit arrêter.

— On peut entrer chez madame votre mère par le jardin, dit-il, prenez par là, moi je vais annoncer votre retour; nous avons beaucoup à craindre d'une émotion trop vive.

Maurice s'engagea dans les prairies; elles étaient détrempées par les grandes eaux, et il avançait péniblement; autour de lui tout était vide, et les têtards de saule se penchaient, raides et bourgeonnants, au bord de la rivière, qui coulait rapide et bourbeuse, entraînant avec elles de longues herbes vertes, tortueuses comme des couleuvres. Un murmure vague, mêlé de cris et de hennissements, passait par-dessus les maisons; il écouta tremblant; mais il fut bientôt rassuré; plus forte que ce bruit confus, s'élevait une voix traînante et rythmée; c'était celle du père Gouriou, qui chantait ses chansons; on était au samedi, c'était jour de marché. Il se remit et entra.

M. Michon l'attendait au bas de l'escalier.

— Montons, dit-il, ta mère est prévenue; sois calme, ce n'est pas ma faute si tu la trouves changée.

Elle le tint longtemps serré sur son cœur; elle embrassait son front, elle embrassait ses cheveux, elle le regardait avec amour et l'embrassait encore.

Lui aussi la regardait; mais, le docteur avait dit vrai, elle était bien changée. Pâle, maigrie, les joues creuses, les lèvres blanches, la peau décolorée et ayant pris une teinte mate de cire, les yeux languissants et abattus dans des paupières bouffies, elle n'était plus que l'ombre d'elle-même. Elle devina la douleur de Maurice aux efforts mêmes qu'il fit pour la cacher.

— Oui, dit-elle faiblement, je suis malade; mais te voilà, tu vas me guérir.

Un baiser termina cette scène de reproches maternels et Maurice serra la main de ses vieux amis. Alors seulement il aperçut, assise à l'écart, une jeune fille, au maintien modeste, aux cheveux blonds comme des épis mûrissants.

— Ma petite-fille Armande, dit le docteur Michon.

— Mon ange gardien depuis un mois, continua madame Berthauld.

Armande s'inclina sans lever les yeux.

— Nous reviendrons ce soir, interrompit le docteur,

sortant avec M. Guillou pour laisser seuls la mère et le fils, mais du calme, et ne parlez pas trop.

III

Maurice prit place au chevet de sa mère, résolu à ne plus l'abandonner.

Ils restèrent longtemps silencieux à se regarder et tous deux firent d'attristantes observations; car il était survenu aussi en Maurice de profonds changements. Jaune, fatigué, les pommettes de ses joues étaient saillantes, ses narines dilatées, ses yeux étaient brûlants dans des paupières enflammées, et ses sourcils, en se rapprochant souvent, avaient creusé sur son front des rides transversales, qui s'étendaient jusqu'aux tempes; on voyait dans toute sa personne les traces de la passion, — du plaisir et de la douleur. Sous les fenêtres passaient les paysans qui revenaient du marché, et la forge retentissait toujours, et toujours les métiers à tisser se balançaient en cadence. Ces bruits, les mêmes qu'autrefois, rappelèrent à Maurice les souvenirs des heureux jours, et les larmes emplirent ses yeux.

— Tu vois, dit madame Berthauld pour échapper à cette situation, Plaurach est toujours le même. Hors d'ici tu trouveras peu de changements. Nos vieux amis sont parfaits pour moi, et peut-être meilleurs encore, si cela est possible. M. de Trefléan a perdu son père, et il a pris chez lui son frère, M. Audren, qui restait absolument sans fortune par suite des dernières folies du vieux baron. Tu voudras bien être aimable pour lui; il est un peu fantasque, un peu sauvage, mais plein de droiture et de dévouement; tâche de le traiter en camarade. Ce que je te recommande surtout, c'est d'avoir pour Armande toute la reconnaissance qu'elle mérite. Depuis six semaines, elle a passé toutes ses journées auprès de moi, et je n'ai jamais souhaité des soins plus attentifs et plus intelligents; on voit bien que la pauvre fille a connu la souffrance. Elle était fort malheureuse à Paris, et quand sa mère est morte, il y a deux ans, son misérable père, ne voulant plus la garder près de lui, l'a envoyée ici, toute seule, en écrivant une lettre indigne au docteur.

Quand le docteur revint le soir avec Armande, il trouva madame Berthauld les joues légèrement empourprées et les yeux brillants:

— Nous aurons trop parlé, dit-il, et Maurice n'a pas été prudent; — à l'avenir, Armande passera la journée près de notre malade, et pour la nuit on fera venir une garde.

— Si vous le voulez, interrompit Maurice, je serai moi-même cette garde, et ne ferai que ce que vous ordonnerez.

Le mal avait fait de trop sérieux progrès, pour qu'elle pût revenir à la santé; chaque jour amena un nouvel affaiblissement. Cependant il était des heures où sa force morale reprenait quelque énergie; alors, elle voyait sa position, elle voyait la mort qui s'emparait d'elle lentement; et, si le docteur arrivait dans un de ces moments, c'était avec désespoir qu'elle s'écriait : «Ah! sauvez-moi, guérissez-moi; il va rester seul, mon bon ami, seul, et il souffre. »

Il était depuis trois semaines à Plaurach, et, malgré les serments de Marguerite, il n'avait pas encore reçu une seule lettre. Le courrier de Lannion, c'est-à-dire de Paris, arrivait à six heures du matin; dès cinq heures, Maurice descendait lui-même au bureau; il s'asseyait, se promenait fiévreusement, tâchait de lire, pensait à elle, se disait que, bien certainement, il aurait une lettre; que, sans doute, elle avait été retardée, égarée;

mais, enfin, il l'attendait avec confiance; d'avance, il la voyait dans son enveloppe, avec son adresse fine et courue; il respirait son parfum dont le souvenir l'enivrait. Et les uns après les autres, les facteurs arrivaient en secouant leurs chapeaux de cuir bouilli et en frappant des pieds sur le trottoir; ils s'informaient de leur directrice, et, causant des nouvelles de la journée, ils se mettaient devant le feu; leurs blouses à collet rouge fumaient sans sécher; et, sur le parquet, leurs gros souliers faisaient des taches d'eau et de boue. Des grelots retentissaient dans le lointain, on entendait un bruit de ferraille sur le pavé, les chiens aboyaient dans les cours, une batterie de coups de fouet déchirait l'air : — c'était le courrier.

Maurice saisissait le paquet ficelé dans son papier jaunâtre, et d'un coup de ciseaux, l'éventrait rapidement; sur la table glissaient les lettres, les journaux et les imprimés. Les facteurs s'avançaient pour faire le tri. Lui, plus rapide éparpillait le tout d'un seul mouvement de bras, et ses yeux cherchaient la bienheureuse enveloppe. Impassibles, tout à leur besogne, les facteurs se jetaient les lettres les uns aux autres, puis ils allaient chercher leurs sacs, rangés dans un coin, emportaient un charbon pour allumer leur pipe dans le corridor, et se mettaient enfin en route, chacun de son côté. Maurice restait seul, anéanti. Pourquoi ce silence? Que faisait-elle? Les angoisses de l'incertitude et de l'anxiété le prenaient à la gorge.

Le soir seulement, il retrouvait un peu de calme; après avoir passé la journée entière à se tourmenter, il sentait l'espérance renaître à mesure que les heures s'écoulaient, et il attendait tout du courrier qui devait venir le matin suivant. Et, un peu plus tranquille, il reprenait sa place auprès de sa mère; Armande préparait les choses nécessaires à la nuit, le docteur venait faire une dernière visite, donnait de nouvelles instructions, et l'on se séparait. Une lampe, la mèche à moitié baissée, éclairait la chambre, et Maurice s'asseyait dans un grand fauteuil, avec une ample provision de bois sous la main, pour alimenter le feu. Tout devenait silencieux, dans la maison et dans le village. Assoupie, madame Berthauld sommeillait, et parfois, d'un mouvement subit et nerveux, elle agitait ses rideaux qui criaient dans l'ombre. Maurice lisait, en tournant les feuillets avec une craintive précaution ; brisé par les fatigues, par ses cruelles insomnies du jour, il s'abandonnait quelquefois à un demi-sommeil, ses sens et son corps s'engourdissaient, mais son oreille restait toujours attentive. Alors, ramené malgré lui à l'éternel sujet de ses pensées, il revenait à Marguerite, à son silence ; tantôt il la voyait malade aussi, mourante, morte ; tantôt, au contraire, il la voyait souriante et belle, au milieu d'une fête, et il se réveillait en sursaut, honteux d'avoir pu oublier sa mère pour une autre. Tremblant, il écoutait, et il ne se rassurait qu'après avoir entendu la respiration lente et oppressée de la malade, ou alors que le souffle était trop faible, après s'être penché sur son lit, pour la voir dans cette terrible immobilité qui ressemble si effroyablement à la mort.

Ces inquiétudes brûlaient son sang ; autour de lui il ne voyait plus qu'abandon : abandon par la mort de sa mère, abandon par l'oubli de sa maîtresse. Car il avait beau se révolter contre cette pensée, il avait beau s'exciter à la foi, il avait des heures où il la sentait vaguement perdue. Il ne savait pas comment il était trahi ; mais il était certain de la trahison. Que n'eût-il point donné pour courir à Paris ?

L'hydropisie de poitrine avait été heureusement prévenue ; mais la maladie première avait été toujours s'augmentant. Maintenant madame Berthauld ne pouvait plus ni se mouvoir ni se mettre dans une position verticale sans être frappée de syncope. Un froid vif la faisait sans cesse souffrir; elle se plaignait d'étourdissements, de vertiges, et l'abattement moral était arrivé à un tel point qu'il allait parfois jusqu'à la stupeur.

Il fallut, pour ne pas la fatiguer, renoncer aux soirées amicales qui tout d'abord lui avaient fait grand bien.

Persuadé, comme il l'avait dit à M. de Tréfléan, que l'esprit était au moins aussi dangereusement attaqué que le corps, le docteur, aussitôt que Maurice était arrivé, avait organisé de petites réunions qui, en multipliant les soins autour d'elle, en lui faisant une atmosphère de tendresse, devaient apporter quelque distraction dans cette vie depuis longtemps si désolée. Après le dîner, les amis se réunissaient en silence. M. de Tréfléan et l'abbé jouaient à l'écarté; auprès de la table, Armande brodait ou faisait de la tapisserie, Audren s'asseyait près d'elle, le docteur se plaçait au pied du lit, et Maurice, au piano, jouait de temps en temps ces airs simples et doux des vieux maîtres qui berçaient sa mère sans la fatiguer. Dans les intervalles, on causait doucement des nouvelles de la journée, tandis qu'Audren essayait d'entamer une conversation particulière avec Armande et d'attirer son attention. Et quand, au moment de se séparer, le docteur prenait la main de sa malade, il trouvait la pulsation artérielle un peu plus forte et moins diffuse. Le sang paraissait vouloir revenir dans ses veines superficielles, et les yeux étaient presque brillants.

Mais lorsque la faiblesse, au lieu de diminuer, eut marché toujours en se développant, lorsque les vertiges furent devenus presque continuels, on dut interrompre ces réunions, et les amis ne vinrent plus que séparément à des intervalles éloignés; elle leur tendait la main en souriant, et c'était tout. Maurice disait l'état de la nuit, Armande celui de la journée. Comme elle ne pouvait plus se lever, lorsque se montrait un rayon de soleil, on roulait son lit jusqu'à sa fenêtre, et elle restait là une heure à regarder les prairies reverdir; au loin, les coteaux prenaient des tons veloutés, les crocus et les perce-neige émaillaient le jardin, et sur le chaperon du vieux mur, les ravenelles sauvages s'épanouissaient aux premiers souffles du printemps.

Armande et Maurice, depuis qu'ils la gardaient, s'étaient toujours attachés à tenir sa chambre dans un état d'ordre et de propreté trop rare auprès des malades; mais bientôt encore, il fallut éviter tout bruit, tout mouvement inutile, les longues fioles et les tasses encombrèrent les tables et le marbre de la commode, tandis que la poussière s'y entassait tranquillement. Ce fut avec tristesse qu'elle vit ce désordre, car cette chambre lui était chère, et à chaque pas elle parlait de fidélité; tout ce qui avait appartenu à M. Berthauld le père avait été mis en évidence; son violon, ses livres, sa musique, étaient religieusement exposés; à côté se montraient, non moins bien placés, des débris de joujoux, des exemples d'écriture, des dessins naïfs, comme des bons-hommes en pain d'épice; c'étaient des souvenirs de l'enfance de Maurice. Depuis quelques années, toutes ses joies avaient été enfermées entre ces murs; souvent elle était venue y pleurer son chagrin, et reprendre un peu de courage; maintenant, ces objets qu'elle avait si pieusement entourés de soins et de tendresse, elle les voyait abandonnés.

Le danger devint plus imminent, et des signes trop certains annoncèrent une fin prochaine. Cependant elle s'efforçait toujours de sourire, et voyant la douleur inquiète de ceux qui l'entouraient, elle faisait à leurs demandes les réponses les plus rassurantes; sans se tromper elle-même, elle cherchait à les tromper jusqu'au dernier moment. Mais malgré l'aveuglement que donne l'amitié, le docteur ne put pas se faire illusion plus longtemps; sa science était à bout, elle ne pouvait plus lutter contre la mort.

Ce fut l'abbé qui se chargea de lui annoncer cette terrible condamnation. Elle le reçut avec calme et voulut se confesser aussitôt.

Puis, après s'être confessée, elle demanda à rester seule avec Maurice, et alors, lui faisant signe de s'asseoir près d'elle, elle le regarda longtemps avec amour, l'embrassa plusieurs fois de toute son âme de mère, puis lui prenant la main :

— Mon fils chéri, dit-elle d'une voix lente, toute espérance est perdue, et dans quelques jours tu vas rester seul, et c'est là ce qui me désespère, car tu es malheureux.

— Je t'assure...

— Ne cherche pas à me tromper; tu aimes, je le sais, et c'est horrible pour moi de t'abandonner quand tu aurais tant besoin de consolations.

— Mais je te jure...

— Peux-tu me jurer que tu es heureux? Non, n'est-ce pas? et pour que tu ne m'aies pas avoué tes souffrances, il faut que tu en rougisses; eh bien! mon pauvre enfant, ces amours-là ne peuvent apporter que la honte et le malheur; je ne suis pas bien expérimentée dans les choses du monde, mais une passion comme celle que tu ressens tue un homme quand elle ne le déshonore pas : vois ce que déjà tu es devenu. Si tu as de la pitié et de la reconnaissance pour ta mère, il faut que tu lui fasses une promesse.

— Oh! parle.

— Tu vas bientôt rester seul, accablé, désespéré : jure-moi de te jeter dans le travail; tôt ou tard, cette femme que tu aimes et qui ne sait pas te donner le bonheur, t'abandonnera; il faut que tu aies un refuge; ce n'est pas pour ta fortune que je te le demande, c'est pour ton repos.

Promets-moi de reprendre la vie d'étude que tu avais commencée.

Il l'étreignit en pleurant.

IV

Après ce long effort, madame Berthauld se trouva plus faible, et le soir, faisant un signe à l'abbé Hercoët, qui vint aussitôt près de son lit, elle lui parla quelques minutes à l'oreille, il parut vouloir la rassurer, mais comme elle insistait :

— Mes amis, dit-il d'une voix grave et émue, notre chère malade désirant recevoir le sacrement de l'extrême-onction, vous voudrez bien vous trouver ici demain à neuf heures, pour unir vos prières aux nôtres.

Le lendemain, après sa messe, l'abbé revêtit une étole violette pardessus son rochet, puis, précédé du sacristain qui portait la lanterne aux sacrements, d'un enfant de chœur qui tenait la croix, et encore d'un autre enfant de chœur qui agitait, à de longs intervalles, la lugubre sonnette, il se mit en marche, tantôt récitant à voix haute, tantôt à voix basse, le psaume *Miserere mei, Deus.*

Dans la chambre, auprès du lit de la malade, on avait dressé une table couverte d'une nappe blanche; il y avait dessus un crucifix entre deux cierges, et, de chaque côté, un vase plein d'eau bénite avec les buis des Rameaux, et une assiette dans laquelle on voyait sept petites boules de coton.

Le bruit de la sonnette retentit dans la rue, puis il s'approcha rapidement, et, malgré sa résignation, madame Berthauld jeta à son fils un regard triste et éloquent.

La sonnette retentit de nouveau, mais cette fois dans

l'escalier même. Le prêtre entra, et allant déposer sur la table le phylactère qu'il tenait suspendu à son cou, et dans lequel est l'huile bénite des infirmes, il prit le rameau de buis, et aspergea la malade et les fidèles.

Un frisson agita tous les assistants, et Maurice ne put retenir un sanglot. Rassemblant toutes ses forces, la mourante voulut se mettre sur son séant, mais elle fut presque aussitôt obligée de se laisser retomber sur son oreiller ; Armande l'y arrangea le mieux qu'elle put, en lui tenant la tête un peu haute.

Cependant la cérémonie continuait ; la mourante avait reçu l'absolution, et on avait récité les litanies des saints et les sept psaumes de la pénitence.

Lorsque le prêtre fit l'onction sur la bouche, elle serra instinctivement les lèvres en frémissant, et ne les rouvrit que pour baiser le crucifix qu'on lui présentait.

Alors elle se souleva un peu, et remercia ceux qui étaient venus, l'abbé, le docteur, M. de Tréfléan et surtout Armande, qu'elle voulut embrasser ; puis, prenant Maurice par la main, elle l'attira vers elle, et le tint longtemps sur son cœur.

La journée s'écoula assez paisiblement, mais le soir la faiblesse augmenta : « Elle n'a pas quarante-huit heures à vivre, dit M. Michon à M. de Tréfléan. Il ne faut pas que Maurice reste seul. » M. de Tréfléan s'offrit à passer la nuit, et s'installa dans une des pièces du rez-de-chaussée.

Maurice, comme tous les soirs, prit place auprès de sa mère. La chambre était plongée dans l'obscurité ; car, de peur d'une trop vive clarté, il avait mis un grand in-folio devant la veilleuse, et c'était seulement après s'être réfléchie dans les angles opposés au lit, que la lumière retombait dans l'appartement. Au dehors, il faisait une de ces bourrasques si fréquentes en cette saison ; le vent soufflait avec force ; fouettait la pluie contre les volets et sifflait d'une façon lugubre ; dans les intervalles de repos on entendait le bruit de la mer poussée par la tempête. Madame Berthauld respirait péniblement, et lorsqu'un courant d'air, s'engouffrant dans la cheminée, venait raviver l'activité du feu, en emplissant la chambre de lueurs rougeâtres, elle tressaillait, et soupirait un peu plus fortement. Vers le milieu de la nuit, le vent s'apaisa, et le calme qui se fit la rendit moins oppressée ; mais elle étouffait encore, et, d'instants en instants, son souffle était plus rapide et plus court. Au matin, elle pria son fils d'ouvrir une fenêtre.

L'air parut la soulager un peu, et Maurice eut une pensée d'espérance, ses craintes perdirent de leur vivacité ; il douta des présages qui s'étaient accumulés depuis quelques jours, et de la science qui avait condamné sa mère ; tant il est difficile de croire que ceux que nous aimons peuvent mourir.

Mais cette lueur ne tarda pas à s'évanouir ; au moment où l'*Angelus* commença à tinter, elle fit un mouvement comme pour se soulever ; ses forces faillirent, elle retomba : « Maurice... dit-elle. Ses lèvres s'agitèrent sans former des paroles : ses mains se crispèrent en se promenant sur les draps, comme pour saisir quelque chose ; un soupir plus puissant sortit de sa poitrine, la respiration cessa.

Sentant la main qu'il avait prise devenir inerte et lourde, un cri s'échappa de son cœur, et, saisissant sa mère dans ses bras, il se jeta sur le lit en sanglotant.

V

M. Michon et l'abbé arrivèrent et l'on voulut emmener Maurice, mais ce fut en vain.

— Laissons-le, dit M. de Tréfléan, il la verra trop peu de temps encore. N'est-il pas plus naturel de rester près de ceux que nous aimons, que de les fuir aussitôt qu'ils sont morts ?

— Après ma messe, continua l'abbé Hercoët, je viendrai réciter les prières avec vous.

La journée fut d'une longueur éternelle, et les minutes étaient des heures. Souvent Maurice se levait, et s'approchant du lit, il restait là longtemps à regarder sa mère ; dans sa mémoire fidèle arrivaient une à une les mille petites circonstances de leur ancienne vie ; et à chacune des preuves de tendresse qui lui revenaient, c'étaient des regrets immenses, désespérés. Pourquoi n'était-elle plus là pour qu'il pût lui dire toute sa reconnaissance ?

Le soir, une voiture s'arrêta à la porte, et un étranger se présenta. C'était Martel, que Maurice avait appelé pour faire le portrait de la mourante, quand il l'avait sue condamnée.

— Il est trop tard ! s'écria Maurice en le voyant.

Les larmes lui coupèrent la parole. Mais bientôt il releva la tête, et, prenant Martel par la main, il l'amena devant le lit.

— Peux-tu peindre à la lueur des cierges ?
— Oui.
— Eh bien ! mets-toi là.

Alors celui-ci, allant chercher une toile qu'il avait apportée et sa boîte, disposa les cierges d'un seul côté ; et, inclinant le corps de la morte qui avait déjà toute la rigidité du cadavre, de façon à ce que la lumière tombât en plein sur le visage, il commença.

Maurice allait fiévreusement par la chambre, se haussant souvent par-dessus l'épaule de son ami, pour voir si le travail avançait, et si bientôt il retrouvait sur la toile une ressemblance qui lui montrât toujours cette tête aimée, que dans quelques heures on allait lui enlever pour jamais. Martel, debout, la palette à la main, peignait avec ardeur ; les cierges fumaient en jetant des rayons jaunes ; la cire coulait lentement, et les gouttelettes, s'ajoutant sans cesse aux gouttelettes, faisaient des taches larges et blanchâtres sur le parquet ; de temps en temps, la garde ouvrait une fenêtre, emplissait la cheminée d'une grande brassée de sapins et l'air devenait un peu moins lourd.

Brisé par la fatigue, Maurice s'endormit dans un fauteuil ; bientôt il se réveilla haletant ; ses larmes, qui ne coulaient plus, le suffoquaient.

L'enterrement était fixé à dix heures ; à neuf heures et demie ; en bas, les invités de la cérémonie se montraient déjà sur leurs portes.

La salle s'emplit peu à peu de monde ; ceux qui vinrent les derniers restèrent dans la rue, Maurice allait de groupe en groupe, donnant des poignées de main, et tachant de ne pas rester sans réponse aux banales consolations qu'il n'écoutait pas.

On partit pour l'église.

On monta dans le chœur, et l'office commença. Près du lutrin, le cercueil était placé sur des chevalets, et recouvert d'un drap noir à larmes d'argent. Immédiatement derrière, sur un grand chandelier en triangle, brûlaient dix cierges. Après le premier nocturne, il se fit un silence, et le bedeau, s'avançant gravement, en souffla trois ; après le second nocturne, il en souffla trois autres ; puis trois autres encore, après le dernier nocturne ; un seul restait allumé ; le prêtre dit l'oraison, et alors on le souffla comme on avait soufflé tous les autres.

A cette puissante évocation de la nuit éternelle, Maurice s'affaissa dans sa stalle, un nuage voilait ses yeux, il se crut mort aussi.

Enfin le prêtre descendit de l'autel, et alors, suivant l'usage breton, six femmes, vêtues de noir, vinrent se placer autour de la bière, trois de chaque côté ; elles la soulevèrent avec des bâtons, et l'on se mit en marche.

De temps en temps l'on s'arrêtait ; les porteuses fatiguées cédaient leurs places à d'autres, et l'on repartait ; le clergé recommençait à psalmodier, et la croix s'inclinait au caprice des branches qui tombaient sur le chemin. Dans les champs, les paysans quittaient leurs charrues et, venant s'agenouiller au bord du fossé, ôtaient leurs larges chapeaux, joignaient les mains et disaient une prière.

La fosse était au milieu du cimetière, dans une allée de pommiers. Les chantres entonnèrent le psaume *Benedictus Deus Israël*. Le fossoyeur et ses aides prirent le cercueil ; le prêtre jeta l'eau bénite, puis il tendit le goupillon à Maurice. Celui-ci s'avança, regarda le trou béant à ses pieds avec une horrible curiosité, se pencha tout entier pour mieux voir, puis, il se sauva à quelques pas de là.

On revint lentement ; seul le clergé regagna à grands pas le village ; en avant couraient les enfants de chœur, puis venaient les chantres et les sacristains, la soutane retroussée dans la ceinture, les chandeliers sous le bras, la croix sur l'épaule. Pour la première fois, depuis vingt ans, l'abbé Hercoët resta en arrière, et au grand étonnement de ses paroissiens, surpris d'une telle marque d'amitié, il vint prendre le bras de Maurice, et le passa sous le sien :

— Allons, mon cher enfant, lui dit-il, de la résignation. Et d'une voix douce, il se mit à vouloir le consoler ; mais peu à peu sa parole émue céda à la force de l'habitude, et devint abondante et prêcheuse, l'ami ne pleurait plus, le prêtre parlait.

Aux premières maisons de Plaurach, le docteur que sa longue familiarité avec la mort rendait moins sensible, arrêta M. de Tréfléan qui marchait près de lui, absorbé dans ses tristes pensées :

— Interrompez donc l'abbé dans son prêche, et prévenez Maurice qu'on se réunit chez moi ; je vais inviter ces braves gens à venir prendre leur part du festin d'usage.

Le cortège abandonna la grande route pour suivre le chemin du château. De longues tables avaient été préparées dans la salle et dans le vestibule ; Armande, à la porte d'entrée, accueillait chacun par son nom en l'engageant à prendre une place.

La vue de ces préparatifs souleva le cœur de Maurice en même temps qu'elle lui causa un désappointement, car, pendant la nuit, il avait formé le projet de retourner immédiatement à Paris ; aussi s'approchant du docteur :

— Pardonnez-moi, dit-il, de vous abandonner, il faut que je parte.

Et comme M. Michon, surpris, voulait lui démontrer que c'était impossible, M. de Tréfléan intervint dans le débat.

— N'insistez pas, dit-il, Maurice a des motifs irrésistibles ; laissez-le partir, excusez-le auprès des invités ; pour moi, je vais le conduire jusqu'à la côte.

Les préparatifs ne furent pas longs. Les adieux se firent. Maurice embrassa M. Michon et l'abbé, donna une poignée de main à Audren, puis, quand il fut devant Armande :

— Mademoiselle, dit-il, d'une voix tremblante, je n'oublierai jamais les soins que vous avez eus pour ma mère... j'en emporte une reconnaissance éternelle...

VI

On se remit en route ; Martel, qui sentait que Maurice et M. de Tréfléan avaient besoin d'être seuls, prit bientôt les devants.

Mais ce que M. de Tréfléan avait à dire était si délicat, qu'il marcha longtemps en silence ; enfin, au bas de la côte de Maël, il ralentit le pas, et de cet accent profond et grave qui donnait tant de puissance à sa voix :

— Tout à l'heure, dit-il, pour décider ton départ, j'ai prétendu que je savais la raison qui te faisait agir, en réalité, je la savais... Je me connais, par malheur, assez en amour, pour avoir deviné le tien. Tu es malade d'amour ; si tu n'y prends garde, cette maladie te sera bientôt mortelle. Vois ce que déjà elle a fait de toi ; depuis deux ans, ton talent, s'il t'en reste encore, sommeille et s'éteint, ton cœur est si complètement envahi, que tu as laissé mourir, — et il faut le dire, — que tu as tué ta mère.

A cette double accusation, Maurice fit un geste pour répondre ; mais M. de Tréfléan continuant avec autorité :

— Oui, tué, et je ne fais que répéter ici ce que ta conscience t'a crié déjà bien des fois. Tu as été entraîné, sans réfléchir, je le veux bien ; maintenant tu vois où tu as été conduit. Avec ton tempérament, si tu ne prends pas un parti héroïque, tu es perdu ; le suicide seul te reste. Dans un mois, j'irai à Paris et je ne t'abandonnerai pas : si tu la quittes, je serai près de toi pour te souvenir ; si tu persistes, j'y serai pour te le reprocher. Embrasse-moi.

Ils s'embrassèrent, et M. de Tréfléan redescendit tristement la colline.

Pour Maurice, il ressentit du soulagement à cette séparation. Les dernières paroles de M. de Tréfléan l'avaient blessé ; ces paroles, les mêmes à peu de chose près que celles que sa mère lui avait dites avant de mourir, accusaient Marguerite, et si, au fond de son cœur, il pouvait en reconnaître la justesse, il ne les supportait qu'avec peine, avec colère, lorsqu'elles étaient directement articulées. Et puis cet indulgent ami de ses jeunes années, aujourd'hui le reproche vivant de sa conduite, qui allait disparaître au tournant de la route, était le dernier lien, la dernière attache de cœur et de raison qui le retenait loin de Marguerite.

Maintenant il était libre : quelques pas le séparaient encore du point où la pente allait descendre du côté de Lannion, c'est-à-dire du côté de Paris. Il les fit rapidement. Rien ne le retenait plus, ni devoir, ni mère, ni amis ; l'irréparable était accompli, il était libre, il était seul au monde, il était tout entier à Marguerite. A elle désormais toute sa vie, en elle tous ses espoirs, d'elle toutes ses joies, tout son bonheur.

CHAPITRE VII

LE DÉSESPOIR D'UN ARTISTE

I

En arrivant rue Saint-Lazare, Maurice se sépara de Martel en lui disant simplement qu'il avait besoin d'être seul, et celui-ci, qui ne voulait point paraître provoquer une confidence qu'on ne lui offrait pas, s'éloigna de son côté.

Maurice courut chez lui : là, au moins, il espérait trouver une lettre de Marguerite; femme et Parisienne, elle avait pu ne pas se rappeler le nom d'un obscur village de Bretagne, mais elle connaissait trop bien cette chère demeure, où elle avait été si heureuse, pour l'avoir oubliée; d'ailleurs, n'avait-elle pas promis, n'avait-elle pas juré d'y venir ?

— J'ai reçu des lettres pour monsieur, répondit le concierge à ses questions précipitées, je les ai montées comme monsieur me l'avait recommandé.

Sur son bureau, il aperçut un paquet de lettres; il sauta dessus ; mais, singulière ironie des circonstances, ces lettres étaient toutes de lui, c'étaient celles mêmes qu'il avait écrites de Plaurach; non seulement il n'y en avait pas de Marguerite, mais encore elle n'était point venue chercher celles qui lui étaient destinées.

— Allons chez elle, — se dit-il.

Prêt à partir, il hésita, il eut peur d'apprendre la vérité, il eut même peur de se préciser sa propre pensée.

Alors il se décida pour un de ces moyens qui, tout en brusquant rien, pouvaient cependant l'éclairer, et il résolut d'aller chez Donézac.

— Pourvu que je ne me trahisse pas, — se disait-il en faisant sa toilette, et il se préparait un thème de conversation.

Ces habiles préparations furent perdues, Donézac n'était pas chez lui.

C'était un contre-temps auquel il n'avait même pas songé : aussi, en se retrouvant sur le trottoir, ne sut-il de quel côté tourner ses pas. Il alla durant quelques minutes droit devant lui, tâchant de réfléchir et de se reconnaître; puis, exaspéré par les gens qui le heurtaient et le dérangeaient, il entra dans un café. Dans la situation où il était avec Marguerite, une démarche imprudente pouvait avoir les suites les plus graves, et d'ailleurs, des personnes qu'il avait connues près d'elle, Donézac était la seule qu'il pût interroger; pour les autres, il n'avait eu avec elles que des relations de simple politesse, et lors même qu'il eût su leur demeure, il n'avait pas le plus léger motif pour s'y présenter. Plus il chercha, moins il trouva; cependant les heures marchaient et la soirée s'écoulait; il se décida à aller chez elle; il n'était pas revenu à Paris pour rester dans l'anxiété; quoi qu'il dût apprendre, il voulait l'apprendre.

Il rentra chez lui, et s'étant habillé, il se mit en route pour le faubourg Saint-Germain. C'était un soir de mi-carême, et la foule, qui débouchait des rues, marchait sur place en se coudoyant, tandis que sur la chaussée du boulevard des centaines de voitures entre-croisaient leurs lanternes, et que çà et là apparaissait un char de blanchisseuses avec son orchestre formidable et ses branches de sapin enguirlandées de rubans tricolores. Ces cris et ces éclats bruyants faisaient un étrange contraste avec ce qu'il avait vu deux jours auparavant. Au milieu de cet éblouissant pêle-mêle, de cet assourdissant tumulte, il lui sembla presque qu'un malheur était impossible, et le drap mortuaire qu'il avait toujours devant les yeux s'en alla lambeau par lambeau à mesure qu'il s'enfonça dans le tourbillon de la fête. Au pont de la Concorde, il fut arrêté par cinq ou six fiacres qui défilaient; c'étaient des étudiants et des femmes du quartier Latin, qui s'en allaient aux bals de Montmartre et de Batignolles; tous criaient, chantaient, et trouvaient dans leur propre gaieté un bonheur qu'ils ne demandaient qu'à leurs amours faciles.

— Tout le monde est heureux ! — se dit-il. Il gagna la rue de Bourgogne. De nombreux équipages étaient alignés le long du trottoir. Il suivit cette file des voitures qui se continuait jusqu'au boulevard des Invalides, et il arriva ainsi devant l'hôtel de Marguerite. La grande porte était ouverte à deux battants, la cour était pleine d'animation et de mouvement, toutes les fenêtres jetaient des flots de lumière.

Il s'arrêta : là où il s'attendait à trouver le silence, il trouvait une fête. On entendait un prélude de contre-danse.

Il écouta pendant quelques secondes et voulut se recueillir; mais irrité et décidé aussi par cette musique, il franchit la porte de l'hôtel.

II

En donnant son pardessus à un domestique, il remarqua que la livrée était changée, de bleue elle était devenue amarante; mais, sans chercher à s'expliquer cette anomalie, il monta le grand escalier rempli de camélias et d'arbustes verts, et, comme le domestique, placé dans la première antichambre lui demandait son nom : « N'annoncez pas », dit-il.

Un souffle brûlant et parfumé le saisit à la gorge; pardessus des groupes d'hommes qui se pressaient aux portes, il aperçut une enfilade de pièces illuminées. De la foule s'élevaient des bruits confus de paroles, de bruissements de soie, de pieds glissant sur le parquet; tout cela dominé par les sons clairs et aigus du violon et de la flûte.

Sa détermination commença à fléchir; la fièvre du coup de tête se calmait, il entrevoyait les difficultés de son entreprise. Cependant il ne recula pas et se glissa dans le grand salon, la contredanse venait de finir; il n'osa s'aventurer au milieu du parquet, et, s'effaçant derrière un groupe, il chercha des yeux Marguerite. Il ne la vit pas; mais, en poursuivant son examen, il fut frappé d'une remarque analogue à celle qu'il avait faite à propos de la livrée : il n'apercevait que des figures inconnues. Les appartements aussi étaient en harmonie avec ce changement : les peintures avaient été refaites, les tentures avaient été remplacées; l'or flambant neuf des corniches laissait tomber ses rayons sur l'or des parures et des bijoux.

Il se demandait ce que pouvaient signifier ces métamorphoses, lorsque Marguerite parut, belle et fière; elle s'avançait au bras d'un homme qu'il reconnut pour le comte de Lannilis, et, toute à son manège de maîtresse de maison, elle distribuait à droite et à gauche de gracieux sourires.

Lorsqu'elle eut fait quelques pas de plus, leurs regards se rencontrèrent.

Elle tressaillit et pâlit.

Sans baisser les yeux, il la regarda en face ; il croyait qu'elle allait s'approcher et lui adresser la parole : elle passa et lui tourna le dos.

Elle paraissait calme, elle était tremblante ; les yeux de cet amant étaient si effrayants, son visage était si bouleversé, elle s'attendait si peu à le trouver là devant elle, qu'elle avait peur ; devait-elle craindre un éclat et une explication, elle jugea que l'unique moyen d'y échapper, était de ne pas être seule une minute de toute la soirée et de le tenir à distance, assurément, il n'oserait pas l'aborder.

En une minute, son plan fut bâti ; et comme le moment était venu d'accorder une valse qu'elle avait promise, elle l'accorda ; la main dans la main de son valseur, elle s'avança au milieu du salon.

Quand il l'avait vu s'éloigner, Maurice avait été frappé d'un stupide étonnement, quand il la vit revenir et s'élancer aux premières mesures de l'orchestre, il fut saisi d'une colère désespérée.

D'abord, ils allèrent lentement ; puis, ils repassèrent en tournoyant plus vite ; puis, ils repassèrent encore : chacun des tours qu'ils avaient faits, les avait plus étroitement unis. Marguerite, la taille souple, la tête renversée en arrière, appuyait sa poitrine sur la poitrine de son valseur.

Dix fois, pendant cette valse, Maurice, les yeux hagards et les nerfs crispés, fut prêt à s'élancer sur Marguerite : la crainte qu'elle lui inspirait toujours, bien plus que sa raison qui lui échappait, l'avait heureusement retenu.

Mais comme, aux tortures qu'il endurait, il comprenait que d'un moment à l'autre, il pouvait se laisser emporter, il voulut retourner en arrière. Pour cela il lui fallait retraverser le grand salon dans toute sa longueur, déranger les groupes, affronter ces regards qui déjà l'avaient, croyait-il, observé ; et l'espace était à peine suffisant pour se mouvoir, les danses continuaient, — cette tâche lui parut au-dessus de son courage, une réaction de timidité et de faiblesse le paralysait tout entier.

Il songea à descendre par un escalier qui conduisait aux appartements du rez-de-chaussée. Au bas de cet escalier était une serre, puis une bibliothèque, puis la chambre de Marguerite. Connaissant les issues et les passages comme il les connaissait, rien ne lui serait plus facile, en cette nuit de désordre, que de s'échapper soit par la cour soit par le jardin.

III

Il descendit.

La serre était déserte, tout y était à peu de chose près tel qu'il l'avait vu si souvent autrefois ; quand auprès de Marguerite, étendue dans un hamac à l'abri des fougères et des lataniers, il avait passé tant d'heures joyeuses.

Il entra dans la bibliothèque. Des joueurs s'y étaient retirés loin du bruit et des curieux. Personne ne parlait ; de temps en temps on entendait le flic-flac des cartes, et le bruit clair et sonore des louis qu'on poussait et qu'on ramassait.

Il n'avait pas prévu cette complication, il demeura embarrassé ; mais tandis que d'un air qu'il s'efforçait de rendre indifférent il réfléchissait et s'ingéniait à trouver un moyen d'ouvrir la porte qui, de la bibliothèque communiquait avec le vestibule, il aperçut, par une portière à demi relevée, la chambre de Marguerite obscure et silencieuse ; un nouveau projet germa dans son esprit, et saisissant un moment où les regards étaient enchaînés par un coup décisif, il se glissa dans cette chambre.

Une lampe lui permit de se guider sans renverser aucun meuble ; et comme il savait parfaitement qu'il ne trouverait pas le moindre recoin ou le moindre cabinet pour lui servir de cachette, il alla se blottir derrière les rideaux d'une fenêtre. La moire en était épaisse ; ils se rejoignaient, et l'espace qu'ils laissaient libre entre eux et les volets était plus que suffisant pour qu'il pût s'y tenir à son aise. Il se blottit dans cet espace : et sûr de voir Marguerite, sûr de la tenir en sa puissance et de l'interroger comme il le voudrait, tant qu'il le voudrait, il attendit.

Longtemps encore le tumulte du bal retentit au-dessus de sa tête ; enfin il s'éteignit graduellement. Les joueurs abandonnèrent la bibliothèque ; les voitures l'une après l'autre défilèrent dans la cour ; la grande porte roula sourdement sur ses gonds.

Autant il avait eu de faiblesse dans l'attente, autant il eut de résolution : il savait qu'elle allait venir.

Elle arriva ; elle n'était pas seule. De son abri il ne pouvait rien voir, mais il entendait ; à la voix, il reconnut un homme.

Un fauteuil fut traîné sur le tapis ; sans doute on s'asseyait.

— Qu'aviez-vous donc ce soir ? dit la voix continuant une conversation, vous paraissiez tourmentée.

— Un peu brisée, voilà tout ; demain, ma fatigue dissipée, nous pourrons parfaitement partir.

— Vous savez que je suis à vos ordres ; à demain donc, je ne veux pas plus longtemps abuser de votre hospitalité.

— Ah ! reprit Marguerite, soyez donc assez aimable pour m'envoyer Sophie.

Pourquoi ce départ quand elle le savait à Paris ? Quel était cet homme dont il reconnaissait la voix, mais dont il ne pouvait retrouver le nom dans sa mémoire troublée ?

Sophie resta longtemps auprès de sa maîtresse ; mais la camériste alla enfin mettre les verrous, et sortit en marchant discrètement sur la pointe des pieds.

Il était seul avec elle, il attendit quelques instants, puis le silence s'étant établi, il écarta doucement les rideaux et s'avança dans la chambre.

A demi couché sur une chauffeuse, Marguerite, devant la cheminée, paraissait absorbée dans une accablante préoccupation, et regardait les bûches du foyer.

Elle tournait le dos à la fenêtre par laquelle Maurice entrait ; au bruit de la soie qui cria, elle se souleva en apercevant un homme qui marchait vers elle ; sans prendre le temps de regarder quel était cet homme, elle se leva brusquement, et poussa un cri étouffé.

— Ne crie pas, dit-il, à voix basse, c'est moi.

— Toi ! murmura-t-elle avec stupéfaction.

— Maintenant je te tiens et tu vas me répondre.

Il se fit un silence. Que savait-il ? tout était là.

— Eh bien, fit-elle avec une assurance qu'elle eut la force de feindre, que voulez-vous ? et que faut-il que je réponde ?

— Quel est l'homme qui était là tout à l'heure dans ta chambre ? pourquoi veux-tu partir quand je reviens à Paris ? Sans phrase, sans détours, réponds à ces questions : après, si tu le peux, tu répondras encore à celles qui me restent à te faire.

Ces paroles éclairèrent Marguerite : du premier coup il était tombé dans le piège qu'elle lui tendait : il ne savait rien, il arrivait à l'instant même, et ses plaintes étaient celles d'un amant jaloux, qui, pour connaître la vérité, la demande. Pourvu qu'il ne lui échappât point quelque mot maladroit, la victoire était à elle, il fallait seulement gagner du temps.

— Voyons, dit-elle d'une voix plus douce, et en se replaçant dans son fauteuil, comme si elle continuait une explication amicale, pourquoi cet emportement? N'ai-je pas toujours répondu à toutes tes demandes, quelque insensées qu'elles aient été?

— Il ne s'agit pas du passé, mais du présent, et si j'ai pu me laisser tromper autrefois, je ne me laisserai pas tromper aujourd'hui.

— Mais je ne veux pas te tromper, Maurice, et pour que je parle, tu n'as pas besoin d'employer la violence.

Elle essaya de dégager son bras, que machinalement il avait pris et qu'il serrait.

Honteux, il le laissa échapper.

C'était un premier avantage; elle continua:

— Avant de me condamner, tu aurais dû m'entendre.

— Quel est cet homme? quel est ce voyage?

La douceur lui réussissait assez mal.

« Ah! dit-elle avec fermeté, encore des doutes! Moi aussi la colère me gagne.

— Prends garde à toi!

— Tu dis que tu me tiens: nous allons voir ce que tu vas faire; tu me menaces, je me tais. Tu ne me feras pas parler malgré moi sans doute?

Elle épia l'effet de ces dernières paroles, en qui elle avait confiance, et qui, autrefois, eussent jeté Maurice à ses pieds; le résultat fut tout autre que celui qu'elle attendait; elle avait manqué de patience et lâché trop tôt cette explosion de dignité qui, un peu plus tard et mieux préparée, eût probablement réussi.

— Ah! tu ne veux pas parler; eh bien! oui, nous allons voir. Je t'ai épargnée tantôt au milieu du monde; je te

8.

jure bien que maintenant, de force ou de bonne volonté, tu parleras ! Regarde-moi. »

Lui saisissant les deux poignets avec violence, il la tira vers lui, et penché sur elle, il lui montra sa face blême.

— Tu vois dans quel état je suis ? N'essaye pas de mentir et de lutter, ou je ne réponds pas de moi ; je n'ai plus rien à ménager, ma mère est morte...

— Morte !

— Oui, tuée par moi, tuée par nous ; fais donc bien attention à ce que tu vas dire ; si tu me trompes, je t'étrangle moi-même de mes mains. Ne regarde pas le cordon de ta sonnette, car si tu fais un mouvement pour appeler, je crie la vérité à ceux qui entreront. Je ne suis plus le jouet que tu excitais et que tu calmais au gré de ton caprice ; j'arrive avec une colère que, chaque jour, j'ai comprimée depuis six semaines, comprends bien que tu ne peux ni me tromper ni m'échapper. Malgré tes serments, tu ne m'écris pas, tu me tournes le dos quand je reviens, je trouve un homme dans ta chambre, tu veux partir quand tu me vois, tu fais de la pudeur et de la dignité, et tu ne veux pas répondre !

— Puisque tu ne me crois pas !

— Parce que tu cherches des phrases et que tu veux mentir. Voyons, oui ou non, veux-tu répondre ?

Il se mit à la secouer avec fureur, comme si, avec ses mains il espérait lui arracher son secret.

— Mais parle donc ! Qui t'arrête ? Est-ce la peur de me faire souffrir ? Tu ne vois donc pas que je te hais et te méprise ! Tu as brisé mon cœur, dépravé mon esprit, tué mon avenir et ma jeunesse, et tu crois que tu vas m'abandonner maintenant, sans que je me venge ! »

Pour ne pas céder au vertige qui le prenait de l'étouffer, il la repoussa et se jeta sur un fauteuil : il tressautait de rage ; il laissait échapper des sanglots et des paroles sans suite.

Elle le regardait sans oser faire un mouvement : il y avait en elle et de l'étonnement, et de la crainte, et de la colère, et de l'émotion, et de la pitié. Cette violence, ces injures d'un amant qu'elle avait toujours dominé, la stupéfiaient : mais cette douleur et ce désespoir la touchaient aussi. Il était beau ainsi. Par malheur, dans l'état d'emportement où il était, elle avait tout à redouter de lui, un éclat aussi bien qu'un crime : à tout prix il fallait donc qu'elle cherchât à le faire partir calme et rassuré : il y allait de son honneur et de sa vie ; car si, par un miracle heureux, il avait jusqu'à ce moment parlé d'une voix contenue, il pouvait s'oublier, on pouvait entendre le bruit de leur querelle, on pouvait venir. Elle se leva et s'approcha de lui : elle avait trouvé sa justification. Doucement, elle lui passa le bras autour du cou, et l'embrassa sur les cheveux.

Il se redressa et la repoussa avec tant de force, que la tête, allant frapper contre le marbre de la cheminée, rendit un bruit sourd.

Sans jeter un cri, sans faire un mouvement, elle s'affaissa sur elle-même et demeura immobile, étendue sur le tapis.

Il se pencha sur elle, et, durant quelques secondes, il la regarda. Effrayé de ce silence, honteux de sa brutalité, il lui prit le bras. Elle ne bougea pas.

— Marguerite, dit-il, Marguerite !

Elle demeura toujours inerte et comme évanouie.

Avec précaution, il la replaça sur la chauffeuse.

Elle ne remuait toujours pas, et il était fort embarrassé. Était-ce un évanouissement ? était-ce une rouerie ?

Au bout de quelques minutes, elle s'agita faiblement, ouvrit à demi les yeux, porta la main à sa tête, poussa un cri plaintif, et cachant son visage dans ses mains, parut fondre en larmes.

Pour garder une contenance, il se mit à marcher dans

la chambre, mais, à chaque tour, il regardait un peu plus longtemps du côté de la chauffeuse. Enfin, s'approchant :

— Je te demande pardon, continua-t-il.

Elle se retourna un peu et le regardant avec un visage baigné de pleurs :

— Vous m'avez fait bien mal, dit-elle.

— Oui, je le comprends, mais...

— Quand je venais t'embrasser !

— Je te demande pardon, je le répète. Mais aussi, quand j'arrive irrité et à moitié fou, pourquoi me pousser à bout ? Tu ne veux pas me répondre, tu me braves.

— Mais je t'aurais vu, moi, s'écria-t-elle, me trahissant, que j'aurais récusé mes yeux, et toi, tu en viens jusqu'à me battre.

— Tu ne comprends donc pas que ton silence, que la mort de ma mère, que ton accueil, que cet homme, que ce voyage, que tout cela m'a rendu fou ? Si tu avais attendu comme moi une lettre pendant cinquante jours ! Tu vois l'horreur de ma situation, n'est-ce pas ? veux-tu me répondre ? veux-tu te justifier ?

— Oui, je le veux.

— Eh bien, alors, parle : pourquoi ne m'as-tu pas écrit ?

— J'ai été malade.

— Malade !

— Si tu ne me crois pas, pourquoi veux-tu que je parle ? Regarde-moi et tu verras bien à mon visage que je ne te trompe pas.

Disant cela, elle plongea ses yeux, encore mouillés de larmes, dans les yeux de Maurice.

Il frissonna tout entier, mais continuant :

— Tu as été malade, c'est bien : mais tu ne l'as pas été jusqu'à aujourd'hui ? Pourquoi hier, pourquoi avant-hier, pourquoi, quand tu as été guérie, n'es-tu point allée chercher mes lettres ?

— Parce que, pendant ma maladie, on m'a perdu ta clef, et parce que, depuis que je me lève, ma mère ne m'a pas quitté un instant.

— N'espère point me faire croire ces excuses invraisemblables.

— Mais c'est là, malheureux enfant, ce qui justement prouve qu'elles sont vraies; si je voulais te faire des mensonges, je serais bien assez adroite, peut-être, pour te les faire vraisemblables.

— Écoute, j'ai la tête tellement troublée, que je ne sais pas bien distinguer si tu me trompes ou si tu me dis la vérité; mais les réponses qui te restent à faire vont me l'apprendre. Quel est l'homme qui est entré ici avec toi ?

Sans tout de suite répondre, elle le regarda en face d'une manière étrange et indéfinissable.

Il crut qu'elle hésitait.

— C'est ton amant, n'est-ce pas ?

— Non, Maurice, non.

— Ce n'est pas ton amant ?

— Je te jure, tu entends, je te jure, sur ta tête, sur la mienne, je te jure que non.

— Alors, quel est-il ?

— Tu ne vas pas me croire encore si je te dis la vérité.

— Mais parle, parle donc.

— Eh bien ! cet homme, comme tu dis, était là pour toi.

— Pour moi !

— Tu vois bien que tu ne me crois pas; faut-il donc que je mente pour te convaincre ? Que veux-tu que je fasse si tu doutes de toutes mes paroles ?

— Allons, dis, quel est cet homme ?

— M. de Lannilis.

— Ah ! j'aurais dû le reconnaître.

Sans se laisser interrompre, Marguerite continua d'une voix rapide :

— M. de Lannilis avec qui je devais partir pour la Bretagne, car son château touche à Plourach, et sans quitter ta mère tu aurais pu me voir tous les jours.

— Ah! Marguerite!

— Oui, pendant que tu m'accusais, je pensais à te rejoindre. Pendant ma maladie, tout ce que tu souffrais de mon silence, je le souffrais du tien, tourmentée en plus de ta propre inquiétude et de ta propre jalousie. Et quand je me suis relevée, au lieu de t'écrire comme j'aurais pu le faire, j'ai voulu courir près de toi, car je savais que tu douterais de mes lettres; alors, sans éveiller ses soupçons, je me suis fait inviter par M. de Lannilis; si cette fête n'avait pas été fixée depuis deux mois, il y a huit jours que je serais près de toi, près de vous, monsieur, qui, malgré toutes les preuves que je vous avais données de mon amour, m'avez soupçonnée, m'avez injuriée.

Tout à coup, comme si un éclair de vérité lui avait traversé le cerveau :

— Puisque c'était pour me rejoindre, s'écria-t-il, pourquoi ce soir, après m'avoir revu, voulais-tu donc partir encore?

— Toujours des soupçons! ainsi tu doutes encore? Ah! malheureux! malheureux! Mais puisqu'il faut que je me défende jusqu'à la fin, je me défends. Je voulais partir ce soir encore, parce que tout à coup je ne pouvais changer d'avis; mais déjà, malgré ma joie, j'avais eu soin de paraître souffrante, ce matin j'aurais été malade.

Il la saisit dans ses bras, et se mit à fondre en larmes. Il embrassait ses mains, il embrassait ses bras, il embrassait ses cheveux.

— Ainsi tu m'aimes encore? disait-il.

— Ah! Maurice! tu m'as fait des blessures qui ne guériront jamais. Qu'aurais-tu donc dit si j'avais été coupable ?

— Je t'aurais tuée, et après je me serais tué moi-même, car maintenant plus que jamais ma vie tout entière est en toi ; et si tu me manquais, je n'aurais plus qu'à mourir. Mais tu m'aimes, n'est-ce pas ? et tu me pardonnes ? Tiens, si tu as pitié de ce que j'ai souffert, si tu veux me rendre le plus heureux des hommes, si tu veux me prouver que ce que tu as dit est vrai...

— Tu veux des preuves...

— Non, non, ce ne sont pas des preuves que je veux dire, c'est une consécration.

Elle baissa les yeux et voulut se dégager. Troublée par cette parole qui sonnait toujours la même comme la plainte dolente d'un enfant, privée aussi d'une partie de sa force parce que la défaillance physique commençait à se joindre à l'inquiétude, elle était cependant bien éloignée de céder. Son expérience de la vie ne lui permettait pas la plus légère illusion sur les suites que pourrait avoir un moment de faiblesse ; elle se disait que, vaincue aujourd'hui, l'habitude, avec ses lâchetés et ses servitudes quotidiennes, les reprendrait tous les deux, et qu'il faudrait alors pour s'affranchir un bien autre effort que celui qu'elle allait tenter. Enfin, elle ne pouvait se dissimuler qu'elle était trop complètement dans son tort avec Maurice pour se laisser dominer par lui ; elle ne pouvait pas, l'eût-elle désiré, le trahir à moitié.

Elle se leva, et repoussant doucement Maurice toujours penché sur elle :

— Non, dit-elle, tu ne m'estimerais pas.

Il la regarda ; ne comprenant rien à ces paroles, il attendit qu'elle s'expliquât davantage.

Elle reprit d'une voix lente et vibrante :

— Écoute, Maurice, écoute-moi bien ; si j'étais la malheureuse et la coupable que tu soupçonnes, si j'étais ce que tu me fais la honte de me supposer, j'aurais raison de toi. Que m'importerait si je ne t'aimais pas, que m'importait d'être à toi, cette nuit, sans témoins, assez sûre de ta loyauté pour savoir que tu ne dirais rien, et qu'à mon premier geste, tu me quitterais ? La colère gonfle ton front, pâlit tes lèvres, étreint ta gorge et te brise le cœur ! eh bien ! si je voulais, je pourrais te verser une telle coupe d'oubli, que, dans l'excès de ton bonheur, tu te demanderais si tu as souffert. Cela serait, si je le voulais ; mais demain, rendu à toi-même, ressaisissant dans la pureté du matin un peu de la pureté de ton âme, tu te dirais : « Cette femme m'a joué ! »

Il pouvait tout attendre de sa maîtresse, tout excepté un tel langage. Ces raisons lui semblaient sans réplique. Quel droit pouvait-il se sentir sur une pareille femme ? S'il l'aimait tout à l'heure, il l'adorait maintenant. Puis, comme, dans cette âme d'artiste, les impressions se succédaient avec mobilité, il ne voulait pas rester au-dessous d'elle. D'ailleurs, sur lui aussi la fatigue pesait d'une main de plomb ; lassé par le voyage, accablé par les veilles, brisé par l'émotion, il en était arrivé à cette crise d'atonie et de sommeil qui terrasse les plus forts, qui couche la sentinelle perdue aux avants-postes, l'officier sur le banc de quart, le savant sur son livre ou sur son fourneau : étourdi du bruit qu'il avait fait, du mouvement qu'il s'était donné, de la colère qu'il avait dépensée, il en était arrivé d'ailleurs à ne plus savoir trop précisément ce qu'il voulait. Instinctivement, une dernière inspiration surnageait : ne pas s'éloigner, ne pas la perdre de vue.

Marguerite, contemplant d'un œil fixe son amant fasciné et démêlant à travers les cloisons de son cerveau ce qui s'y débattait et tourbillonnait, était sûre de son triomphe ; quand Maurice se relevant lui adressa la parole, elle savait d'avance ce qu'il allait lui dire.

— Ne crains rien, murmura-t-il. Agis comme si tu étais seule ici, je suis ton enfant, ton frère, moins que cela si tu veux, un chien, un meuble. Tu es seule. Le rideau le plus épais ne te voilerait pas mieux que ma volonté bien arrêtée. Mais il y a six semaines que je ne t'ai vue, j'ai besoin de te voir, de te sentir dans la même atmosphère que moi, d'entendre, si tu es éveillée, ta voix caressante ou ton pas léger, si tu dors, le chant de ta respiration égale. Je ne te quitterai pas.

— Comment passerais-tu la nuit ? interrompit-elle Tiens, regarde ton visage.

Elle le conduisit devant une glace.

Au fond, elle avait obtenu ce qu'elle voulait ; elle sentait que demander plus serait risquer de tout perdre, et qu'elle se heurterait contre une de ces résistances passives que rien n'ébranle ; elle se décida donc à ne pas insister : « C'est une heure à passer, se dit-elle, dans une heure il fera jour.

— Tu veux bien ? dit Maurice d'une voix calme ; mais puisque tu es si bonne, laisse-moi t'adresser encore une prière : ce que tu n'as pas voulu donner à une surprise, cet assentiment que tu as refusé à l'amant irrité et jaloux, promets-moi de le donner demain librement, de venir demain, sans que rien t'y contraigne, sinon ton amour, dans notre chère petite chambre ; tu me le promets, n'est-ce pas ?

Maurice ayant cessé de parler, elle se souleva un peu :

— Oui, dit-elle, j'y serai. A demain, Maurice, à demain. Mais pour l'heure présente, j'ai la tête perdue, le corps brisé. Laisse-moi me remettre un peu ; ta colère et tes violences m'ont anéantie.

Elle avait fermé les yeux et elle restait immobile ; mais tout à coup et par un mouvement purement naturel, qui trahissait un corps courbaturé, elle appuya fortement sa joue sur le dos du fauteuil et soupira faiblement. Elle dormait. Tout d'abord elle avait voulu observer et se remettre, mais l'assoupissement l'avait envahie ; maintenant elle dormait.

Il s'approcha, mais il ne fit que passer ; il se tenait à lui-même sa parole. Pour ne pas se laisser tenter, il alla s'asseoir sur le fauteuil qui se trouvait le plus distant de celui de Marguerite et voulut réfléchir. Durant quelques minutes, il resta la tête entre ses mains, cherchant à ressaisir sa pensée qui s'en allait ; mais bientôt aussi il se renversa en arrière. Ce fut dans cette attitude que le prit et le cloua le sommeil. La fatigue avait vaincu.

IV

Il y avait à peine une demi-heure qu'il s'était endormi, que tout à coup il se réveilla. Il étouffait sous le poids d'une oppression nerveuse, sur ses joues coulaient des larmes âcres et brûlantes : c'était un de ces réveils comme il en avait eu si souvent. Il se redressa en sursaut et regarda autour de lui.

Marguerite dormait toujours. Il semblait qu'elle n'avait pas fait un seul mouvement.

Par les fenêtres, une lumière blanche filtrait, élargissant les étroites fentes des volets. Le jour allait paraître. Maurice comprit qu'il n'avait pas une minute à perdre.

Un premier élan cependant, plus fort que sa volonté, l'entraîna vers Marguerite ; il voulait lui mettre au front un baiser d'adieu.

A deux pas de son fauteuil il s'arrêta :

— Non, se dit-il, rien ici.

Et de peur de manquer encore de résolution il se dirigea vers la fenêtre, l'ouvrit doucement, l'enjamba avec précaution et descendit dans le jardin.

Par la fenêtre entr'ouverte une bouffée d'air frais pénétra dans la chambre : Marguerite frissonna ; elle se redressa brusquement : il n'était plus là. Elle n'eut pas besoin d'explication pour comprendre ; sur la pointe du pied elle alla à la fenêtre : immobile dans le jardin, Maurice regardait, tourné vers la maison. Cela ne dura qu'un instant ; il se glissa à pas de loup par un chemin qu'il avait déjà parcouru plus d'une fois, le long de la charmille, atteignit la terrasse, franchit la balustrade et se laissa tomber sur la terre molle de la contre-allée.

Au moment où elle le vit disparaître, Marguerite, rayonnante, ne put retenir un cri : « Enfin ! » dit-elle. En fermant la fenêtre, elle gagna son lit.

Pour Maurice, sous les grands arbres du boulevard, il marchait rapide et joyeux ; le crépuscule se faisait et sur les hauteurs de Belleville le ciel se colorait en feu. Il n'était plus seul au monde. Une vie nouvelle commençait ; il ne songeait plus au passé, il défiait l'avenir. Et, par les rues désertes, il allait fièrement, la tête dans le ciel. Il était aimé ! Ses lèvres étaient encore humides des baisers de Marguerite, il respirait encore en frémissant les émanations de l'énervante senteur qu'il emportait avec lui.

Sa chambre lui parut bien froide et bien nue pour servir de temple à ses amours, et il voulut la faire digne de Marguerite ; il courut au marché aux fleurs et en rapporta toute une voiture de plantes ; il en mit partout, sur la cheminée, sur le rebord des fenêtres, sur le piano ; il enleva soigneusement la poussière, il mit tout en ordre, et ayant rempli de bois la cheminée, il attendit.

Il n'était pas encore dix heures ; elle ne viendrait probablement que vers le milieu de la journée ; mais que lui importait un peu plus ou un peu moins de temps, il avait la certitude qu'elle viendrait, et en attendant il avait le souvenir et l'espérance.

Cependant les heures de l'après-midi s'écoulèrent sans

qu'elle arrivât. A chaque minute il écoutait, il se levait, il allait à la fenêtre, il regardait dans la rue, il se penchait dans l'escalier, revenait s'asseoir, entretenait le feu pour qu'elle n'eût pas froid lorsqu'elle entrerait, et pour tâcher de tromper son impatience, il comptait les raies de la tenture ou les fleurs du tapis.

Quand le soir tomba elle n'était point encore venue.

— Ah ! se dit-il presque joyeux, ce sera pour cette nuit.

Pendant une heure ou deux il fut calme ; mais lentement les bruits s'éteignirent, les dernières voitures qui revenaient des théâtres ronflèrent sur le pavé, et dans la rue silencieuse on n'entendait plus que le clapotement des ruisseaux et le pas régulier des sergents de ville qui faisaient leurs rondes.

Cependant elle ne venait pas. Il se répétait la justification de Marguerite, et chaque fois il y trouvait des contradictions qui d'abord ne l'avaient pas frappé : mais si elle ne l'aimait plus, pourquoi ces caresses et pourquoi ces promesses ?

Le jour parut, la matinée s'écoula et avec elle une grande partie de la journée. Marguerite ne vint pas.

Il se dévorait d'inquiétude ; à la fin n'y tenant plus, il résolut d'aller chez elle. Il saurait quelque chose.

Avant de partir, et de peur qu'elle ne vînt en son absence, il prit toutes les précautions possibles. Au beau milieu de son bureau, il laissa une lettre pour dire où il allait, au cordon de sa sonnette il attacha un papier pour avertir que la clef était chez le concierge ; à ce concierge il donna les instructions pour faire monter la dame qui peut-être viendrait. Tout cela fait, il courut rue de Varennes.

Contre la porte de l'hôtel, deux domestiques, en petite livrée, causaient en fumant.

— Madame Baudistel? dit Maurice entrant dans la cour.

— Madame la comtesse est partie hier matin avec M. le comte.

— C'est madame Baudistel que je vous demande.

— J'ai bien entendu ; mais j'ai déjà dit à monsieur que madame était partie en voyage avec monsieur.

— Vous êtes sourd ?

— Que monsieur me pardonne, dit le second domestique en intervenant ; mais je vois que monsieur ignore sans doute que madame a épousé M. le comte de Lannilis.

Il se dirigea vers la porte ; mais ses yeux étaient tellement troublés qu'il ne put trouver la poignée.

A ce moment, un facteur entra, et jetant les lettres dans la loge du concierge :

— Madame la comtesse de Lannilis ! cria-t-il.

Par la porte entr'ouverte, Maurice sortit.

— Voilà un particulier qui est fou, dit un des domestiques.

— Vieille bête ! répondit l'autre, c'est un amoureux que madame aura oublié de prévenir.

Maurice marchait sans avoir conscience de ce qui se passait dans sa tête. Il lui semblait que ses jambes fléchissaient. Arrivé sur le boulevard, il aperçut un banc et s'y assit : le sang battait contre la voûte de son crâne comme s'il allait la briser. Tout à coup, et au grand étonnement de deux ou trois invalides qui passaient là, il se prit la tête entre les deux mains et poussa un cri étouffé. La vérité lui apparaissait éblouissante dans sa clarté sinistre ; il comprenait tout : le silence pendant les deux mois de séjour à Plaurach, — l'empressement à le fuir pendant le bal, — la présence de M. de Lannilis dans la chambre, — l'effroi de Marguerite, sa ruse, sa perfidie, sa fuite.

Il se mit à marcher à grands pas ; il gesticulait avec véhémence et parlait haut comme s'il eût été tout seul.

Parfois un engourdissement le prenait, et il était obligé de s'appuyer contre un orme pour ne pas tomber ; puis il se remettait en marche, et cherchait à rassembler ses idées pour prendre un parti.

Le suicide lui apparut comme un refuge, comme un terme à ses souffrances. Il avait voulu un de ces amours infinis qui nous plongent dans l'isolement, et nous détachent des joies et des espérances de ce monde ; maintenant que cet amour lui manquait, que lui restait-il ?

— Oui, oui, se répétait-il, M. de Tréfléan avait raison : il faut mourir !

Au lieu de continuer son chemin, il revint sur ses pas ; il montait vers Vaugirard, il descendit vers la rivière.

Relativement il était presque tranquille ; il avait un but. Il arriva au bord de la Seine et se mit à suivre le quai. Il regardait sans cesse autour de lui, en avant, en arrière, sur l'autre rive, sur le fleuve même : il cherchait un endroit favorable à l'exécution de son projet.

Il parvint ainsi jusqu'au pont d'Iéna. Un brouillard assez épais commençait à tomber. Il se pencha par-dessus le parapet et regarda la rivière : elle coulait sale et jaunâtre comme après plusieurs jours de grande pluie, et donnait froid rien qu'à la voir rapide et bouillonnante dans son lit de pierres.

— Allons ! se dit-il,

Mais, prêt à s'élancer, il s'arrêta. Un frisson lui parcourut le corps ; il avait peur. En même temps une voiture parut du côté du Champ-de-Mars. Il s'enfuit en courant.

— Serais-je donc lâche ? se demandait-il en gravissant la montée du Trocadéro ; mais aussitôt il pensa à des pistolets qui lui avaient été donnés par M. de Tréfléan, et dès lors sa résolution fut arrêtée. Et se dirigeant vers sa demeure, il fortifia par le raisonnement le projet qu'avaient fait naître sa colère et son désespoir.

— La dame que monsieur attendait n'est pas encore

venue, lui dit le concierge lorsqu'il entra pour prendre sa clef.

Il ne répondit pas et monta l'escalier.

La chambre était pleine de parfums, et les rosiers et les camélias avaient laissé tomber sur le tapis leurs fleurs flétries par une chaleur trop grande. Les pistolets étaient à leur place ; il les prit et en fit jouer les batteries ; une des cheminées était obstruée par la rouille, il chercha une épingle pour la déboucher. Celle qu'il trouva avait appartenu à Marguerite ; c'était un de ces fils de laiton longs et recourbés en compas qui servent à retenir les cheveux ; il la regarda avec une expression de haine et de fureur, et allant à un petit coffret qui renfermait des roses fanées et un mouchoir, — reliques d'amour, — il jeta les roses à terre et déchira le mouchoir en deux.

— Ah ! oui, par elle jusqu'au bout, dit-il ; et avec l'épingle il déboucha la lumière, et avec les morceaux de la batiste il fit des bourres pour la poudre et pour les balles.

Puis il fit son testament, et écrivit à Martel :

— Mon cher ami, tu trouveras ci-joint :

» Mon testament, par lequel je t'institue mon léga-
» taire, à charge cependant de délivrer quelques dons
» faits à mes amis de Plaurach.

» J'ai ri de toi, quand, il y a dix-huit mois, tu as voulu
» me mettre en garde contre l'amour, aujourd'hui, j'en
» meurs.

» Ne me plains pas ; depuis un an, je suis si horrible-
» ment malheureux, que le suicide m'est une délivrance.

» Je te prie d'écrire à mes amis et aux journaux pour
» arranger ma mort.

» Adieu, sois heureux ; moi, je vais voir où est le bon-
» heur, si bonheur il y a.

» Ton ami,
» Maurice Berthauld. »

Il fit un paquet de cette lettre et de son testament, y mit l'adresse de Martel, et la plaça en vue, au milieu de son bureau.

Tout étant ainsi bien préparé, tenant les pistolets sous sa main, il tomba dans un morne recueillement. Prêt à quitter la vie, il jetait un regard en arrière, et s'apitoyait sur lui-même.

Il pensait à son enfance, à sa mère, à ses amis, à son élan vers la gloire, à son amour. Il revoyait leurs chères forêts, Montmorency, Fontainebleau. Il revoyait Marguerite, souriante, passionnée, qui, palpitante contre lui, les lèvres sur ses lèvres, les yeux dans ses yeux, se mourait de bonheur, et murmurait : « Je t'aime, je t'aime, je t'aime ! »

V

Tout à coup, le bruit de la sonnette retentit à sa porte. Il se dressa pour écouter. On sonna de nouveau. Il courut ouvrir ; un espoir venait de lui traverser l'esprit : si le domestique l'avait trompé... si c'était...

C'était Martel.

« Tu laisses bien longtemps tes amis à la porte ? dit celui-ci en entrant ; tu dormais ?

— Non.

— Alors, tu n'avais guère envie d'ouvrir.

A ce moment les yeux de Martel tombèrent sur la lettre qui portait son nom.

— Tiens, tu m'écrivais ?

Et il prit la lettre.

— Ne lis pas ! s'écria Maurice.

Martel le regarda tout surpris.

Alors Maurice eut un geste d'abandon désespéré :

— Au surplus qu'importe, dit-il, lis si tu veux, tu verras que je pensais à toi.

D'un coup d'œil, Martel lut la lettre.

— Je compte assez sur ton amitié, dit Maurice, pour espérer que tu m'épargneras des observations inutiles ; ma résolution est bien prise et raisonnée.

— Raisonnée ?...

— Oui, et si tu m'aimes, tu ne feras rien pour amollir mon courage : d'ailleurs, ce serait peine perdue.

— Enfin, que t'arrive-t-il ?

— Il m'arrive que, malgré tes avertissements, j'ai voulu tâter de l'amour, que j'ai été trompé et que, comme tu me le prédisais, il ne me reste plus qu'à mourir.

— Pour une femme !

— Ce n'est pas pour une femme, c'est pour moi, pour ma dignité. J'avais tout mis en elle, elle a tout sali et détruit ; elle m'a si bien abaissé dans ma conscience, que, plutôt que de vivre déshonoré à mes propres yeux, j'aime mieux mourir. Ce n'est pas par faiblesse, comme tu pourrais le croire, que je me tue, c'est par fierté. »

Ah ! ah ! se dit Martel en lui-même, tout n'est pas encore perdu, puisque la vanité surnage ; — et il eut un peu d'espoir. Il avait cédé à un premier mouvement du cœur ; dans cette situation critique, ce n'était point au cœur qu'il devait avoir recours. La vie de son ami était entre ses mains, tout aussi fatalement que si, dans un combat, il l'eût tenue au bout de son épée : c'était un combat qu'il avait à livrer ; il lui fallait lutter et contre les séductions du suicide et contre celui-là même dont il était le champion. Habile, il pouvait gagner la bataille ; maladroit, il devait la perdre ; et il n'avait pas une minute pour se préparer, il lui fallait triompher de son émotion, de ses craintes et de son amitié. Par où commencer l'attaque ? par le désespoir, la douleur ou l'orgueil ? Quelles armes employer ? la tendresse, la raillerie ou la raison ?

Il restait ainsi perplexe, lorsque Maurice, qui, par son argument de fierté, croyait l'avoir cloué au mur et réduit au silence, lui offrit lui-même une occasion d'engager le fer.

« Je peux compter sur toi, n'est-ce pas ? Je n'ai pas un nom bien fameux, mais enfin on s'occupera de ma mort ; je te prie d'écrire aux journaux et de dire que je me suis tué, parce que ni dans la vie, ni dans l'art, je ne rencontrais l'idéal que je m'étais proposé. Il n'y a là, je crois, rien de déshonorant pour un artiste.

— Prends garde, s'écria Martel. Quand à la loterie de la gloire on joue sur un seul billet, et que ce billet est notre mort, il faut y faire attention : au lieu de la célébrité posthume, tu pourrais bien n'avoir que le ridicule posthume. Puisque tu es bien décidé, puisque tu crois accomplir un devoir, mes objections ne t'ébranleront point, n'est-ce pas ? Eh bien, laisse-moi aussi accomplir ce que je crois le mien. Si tu étais à ma place, et que je fusse à la tienne, tu voudrais m'arrêter, hein ?

— Comme je ne saurais pas ce que tu as souffert, je me tairais.

— Tu parlerais, car tu m'aimes, ton cœur crierait et supplierait : on ne voit point son ami, son camarade, courir à la mort sans se jeter au-devant de lui. Mais il ne s'agit pas de l'ami maintenant ; notre vie est à nous seuls, à nous seuls le droit d'en disposer comme nous l'entendons, je le veux bien ; mais encore faut-il que nous sachions ce que nous faisons.

— Crois-tu que je ne le sache pas ?

— Puisque tu le sais, examinons-le à nous deux ; que t'importe ? Puisque tu as raisonné, raisonnons encore. Dix minutes de plus ou de moins sont bien peu de chose, il me semble. Tu vas, n'est-ce pas, prendre ces beaux pistolets, qui sont là sur ton bureau, tu vas les armer, te les poser tous deux sur le front ?...

— Non, sur le cœur.

— Enfin, sur le front ou sur le cœur, peu importe ; puis quand ils seront bien posés, tu presseras la détente. »

En disant ces mots, Martel exécutait la pantomime qu'il traduisait.

« Prends garde.

— N'aie pas peur, je ne veux pas me tuer ; je l'ai voulu autrefois, mais ça s'est heureusement passé tout seul. Donc tu presses la détente, et tu te tues ou tu te manques.

— Je me tue, dit Maurice.

— Tu te manques ; laisse-moi supposer un moment que tu te manques, je supposerai après que tu t'es tué : nous sommes deux philosophes discutant sur le suicide. Donc tu as tiré et tu t'es manqué, tu n'es qu'à moitié mort. Au bruit de la détonation, ton concierge monte ; les voisins accourent ; on enfonce ta porte, on te trouve renversé là, sur le tapis, baigné dans ton sang, horrible, défiguré ; les sergents de ville arrivent ; le médecin du quartier s'empresse ; on te porte sur ton lit, on te panse, on te martyrise ; enfin M. le commissaire paraît, exactement comme au théâtre de Guignol, et comme tu n'es qu'à moitié évanoui, il t'interroge et t'adresse son discours : le suicide est une lâcheté ; que t'a fait cette société au sein de laquelle tu ne veux plus vivre ? elle t'a nourri, elle t'a élevé, elle t'a préservé de cet acte flétrissant, honteux, que tu voulais accomplir en te suicidant ; il te parle de la loi, de la morale, de l'Église, du poste où Dieu, faisant les fonctions de caporal, t'a mis en sentinelle, enfin il est d'un pathétique aquatique, et il faut que tu lui promettes, à lui commissaire de police, de ne jamais recommencer. Aussitôt que tu le peux, c'est-à-dire après deux ou trois mois d'horribles souffrances, tu recommences, ou bien tu ne recommences pas, car il paraît qu'une saignée change beaucoup le caractère, et dans ce cas, tu reste ridicule et défiguré. J'ai vu un Werther qui s'était manqué, et outre que de beau garçon, il était devenu fort laid, tout le monde riait de lui. — Maintenant, si tu le veux bien, nous allons supposer que tu t'es tué.

— J'espère que ce sera un peu moins ridicule, la mort a sa poésie.

— Ah! mon Dieu, ce ne le sera guère moins. D'abord, nous avons le même début, concierge, voisins, etc., moins la seule chose drôle, à savoir le discours; mais en place nous avons les commentaires dont je te fais grâce, et qui cependant ne seraient pas tous précisément lyriques; de plus, nous avons les articles de journaux. Sans doute je ferai ce que je pourrai, mais je ne peux pas grand'chose. Ton commencement de réputation t'a fait des envieux, ils auront beau jeu; vois donc un peu d'avance l'effet d'un méchant petit article du *Panurge* ou du *Furet* : « La chambre était pleine de fleurs; le lit avait de beaux draps blancs avec une taie d'oreiller garnie de dentelles. C'était complet; il y avait même la lettre à l'ami, et on assure que cet ami existe. » — Là-dessus coup de griffe pour moi; mais, comme je suis vivant, on me ménagerait et on se rattraperait sur la conclusion : « Ce suicide nous convainc d'une vérité que nous avons souvent émise, c'est qu'il était plus facile à ce monsieur de se défaire de la vie que de sa musique.

— Eh bien! ils ne diraient que la vérité, après tout; si je voulais vivre et travailler, je ne ferais plus rien de bon, je suis impuissant.

— Toi! tu n'as jamais été plus fort. La première douleur passée, tu verras ce que tu as gagné en expérience. Nos chevrons, à nous autres, ce sont nos blessures; nous n'avons d'avancement qu'à la condition de souffrir. Pour un artiste, il n'y a pas de joies ou de chagrins, il n'y a que des excitations qui tournent au profit de son art. Tu verras à combien de secrets tu te trouveras initié.

Maurice resta un moment sans répondre, ces railleries l'avaient blessé et humilié dans son orgueil. Ce dernier argument le touchait dans ses plus chères croyances; c'était comme une fêlure qui se serait faite sous les coups qu'il avait reçus; mais il n'était point encore ébranlé :

— Quand tu aurais raison, dit-il, quand l'artiste grandirait dans son malheur, qu'est-ce que ça me fait? est-ce que je suis un artiste maintenant? Et quand j'en serais un, quand j'accepterais ce que tu dis là, est-ce que je n'ai pas encore mille motifs pour mourir? J'ai tué ma mère, et à tous mes chagrins s'ajoute le remords. Plutôt que de vivre torturé, j'aime mieux m'offrir en sacrifice. Ah! la digne femme! si j'ai eu l'infamie de la délaisser, je veux avoir au moins le courage d'aller la rejoindre et lui demander pardon.

— Crois-tu pas vraiment que le suicide est une expiation? Voyons : je ne me place plus au point de vue de l'art, mais au point de vue de ta mère. Tu vas la rejoindre, n'est-ce pas? tu parais devant elle et tu lui dis : « Je t'ai rendue malheureuse, c'est vrai, j'ai causé ta mort, c'est vrai, mais sais-tu ce que j'ai fait pour réparer cela? Au lieu de rester sur la terre à me repentir activement, au lieu de travailler pour que mon travail monte vers toi comme une prière, j'ai abandonné les autres, je me suis abandonné moi-même; je n'étais qu'un faible et ingrat enfant, je suis un damné; car, pour elle, bonne chrétienne, tu ne pourras jamais être qu'un damné. Mais si elle était là à nous écouter, tu verrais...

— Ah! si elle était là, je ne me tuerais pas, j'irais me jeter dans son sein et pleurer avec elle. Mais je suis seul, tout m'abandonne à la fois, je n'ai pas la force de supporter mon malheur. Je t'ai dit que je me tuais par dignité : ce n'est pas vrai, c'est par lâcheté, c'est parce que je souffre trop, c'est parce que je l'aime encore. Oui, cela est honteux; oui, elle m'a trompé, elle s'est jouée de moi, elle est infâme, elle me tue, cependant je l'aime, je l'aime, entends-tu bien, je l'aime! Ses mensonges, sa lâcheté, sa trahison, je les oublierais, tandis que ce que je ne pourrais jamais oublier, c'est son regard, c'est elle tout entière; et quelle autre aurait son sourire! Quand je pense à ses baisers et à ses caresses, je suis fou... Tiens, prends mes mains, vois comme je tremble, vois toi-même; pourtant je sais aujourd'hui qu'elle me trompait; et, malgré tout, si elle était là, devant moi, me regardant comme elle sait regarder, je tomberais à ses pieds, je baisserais les yeux devant elle, je lui demanderais pardon de ses propres fautes, tout ce qu'elle voudrait je le croirais!... Tu vois donc bien qu'il faut que je meure.

Il se jeta sur son lit. Martel, appuyé sur le bureau, demeura immobile, presque heureux de cette crise qui ne pouvait conduire qu'à une prostration et favoriser la dernière attaque qui lui restait à tenter. Il laissa donc Maurice pleurer tout à son aise, puis, quand il le vit bien accablé, bien amolli :

— J'ai tout épuisé pour te retenir, dit-il en lui prenant la main, ce n'est donc pas l'amitié que j'invoquerai après les appels décisifs que je t'ai faits. Si tu as résisté à ton art et à ta mère, c'est que, comme tu le dis, ta résolution est bien prise; je n'ai donc qu'à la respecter, car je comprends le suicide. Mais encore faut-il qu'il s'accomplisse dans de certaines conditions. Tu persistes toujours à te tuer, c'est bien, je te le permets, je t'approuve; mais si tu te tuais aujourd'hui, dans un moment d'excitation nerveuse, tu serais ridicule pour les autres, et dois-je te dire toute ma pensée, tu le serais même pour moi. Je ne verrai dans cet acte religieux qu'un désordre purement physique, qu'un coup de tête sans signification. Ce n'est point ainsi qu'un homme de ta portée et de ton courage doit mourir. Mais si dans quelques mois, loin de cette chambre pleine de souvenirs, de cette ville où tu l'as aimée, seul dans une lande déserte, sous le vaste ciel, calme, résolu, réfléchi, dans la possession de toi-même, tu dis encore : je veux me tuer ! et si tu exécutes cette résolution, tu accompliras une chose grande ; et cette chose, je crois que tu es homme à la faire. Jusque dans la mort, sois artiste.

Maurice, qui jusqu'alors avait toujours répondu coup sur coup, ne trouva rien cette fois à riposter ; toutes ses défenses avaient été ruinées les unes après les autres ; il était maintenant si bien enveloppé, que non seulement il ne pouvait plus se cacher sa défaite à lui-même, mais qu'il allait être encore forcé de la reconnaître. Car dans son esprit se posait avec d'éblouissantes clartés ce dilemme impitoyable : — ou la passion m'a rendu un grand artiste, et alors je trouverai la force de vivre et deviendrai célèbre ; ou retardant l'exécution de mon projet, je me tuerai comme un stoïque de la vieille Rome, et alors, au lieu d'être ridicule, je serai grand et deviendrai un exemple. Dans l'un comme dans l'autre cas, Martel a donc raison ; il ne faut pas mourir. — Mais la forfanterie de la résolution l'empêcha de s'avouer vaincu et il essaya de lutter encore.

Martel répliqua sans se décourager ; seulement, comme ils étaient à bout de démonstrations, ils revinrent tous deux à leurs premiers arguments ; mais comme ceux de Martel étaient les plus solides et les plus forts, ils reçurent de leur répétition une puissance qui accablait Maurice plus lourdement encore que la première fois ; cependant, quoique convaincu, il ne cessait de répondre : « Je ne le veux pas », et quoique décidé à ne plus se tuer tout de suite, il répétait encore : « Je le veux toujours. »

Enfin, Martel se dépitant malgré lui de cette mauvaise foi et de cette obstination d'enfant malade :

— Si ce n'est par dignité, attends au moins par intérêt. Qui sait si elle ne t'aime pas encore ?

— Allons donc ! s'écria Maurice, et il se mit à raconter comment, malgré ses promesses, elle ne lui avait pas écrit, comment elle l'avait reçu dans le bal ; enfin la scène de la nuit, et celle où il avait appris le mariage et le départ.

— Eh bien, qu'est-ce que cela prouve ?

— Ça n'est pas assez clair ?

— Pas du tout : ça prouve qu'elle t'a trompé, ça ne prouve pas qu'elle ne t'aime plus.

— Crois-tu ?

— Dame, je ne garantis rien ; mais, à ta place, je voudrais voir, j'attendrais ; les femmes sont si prodigieuses !

— Attendre, ce serait mourir tous les jours.

— Si je t'offrais un moyen d'attendre sans trop souffrir, en te distrayant, en usant ta douleur par l'agitation et la fatigue ? Voilà le printemps, rien ne me retient à Paris, partons en voyage.

— A quoi bon ?

— A ne pas rester ici ; et puis, on peut la chercher, tu peux la retrouver.

— C'est impossible, c'est insensé.

— Avec les femmes, c'est l'insensé qui est le possible. Voyons, il y a bien une valise ici.

— Mais il est au moins deux heures du matin.

— Tu vas venir coucher chez moi, et demain nous conviendrons de nos faits et gestes.

En parlant ainsi, il jetait dans une petite malle quelques habits et un peu de linge. Maurice, honteux et irrésolu, le regardait faire sans rien dire ; puis, comme Martel allait fermer sa malle :

— Prends les pistolets, dit-il.

— Allons donc ! fit celui-ci ; mais se ravisant aussitôt : c'est inutile, va, s'il faut en venir là, tu trouveras bien toujours, sur ton chemin, une jolie petite mare profonde, avec des grenouilles et de grands saules, et quoique la noyade, à mon gré, soit une chose fatale, le tombeau sera si coquet, que ça vaudra toujours mieux que des pistolets. Allons, partons.

Maurice voulait résister, mais il le prit par le bras et l'entraîna presque de force.

Ils avaient déjà descendu quelques marches, quand Maurice s'arrêta :

— Eh bien ? fit Martel.

— Attends un peu ; il faut que je remonte, donne la bougie.

Il remonta en courant, alla droit à la cheminée, prit les lambeaux du mouchoir qu'il avait déchiré, les baisa, puis, les ayant cachés sur son cœur, il jeta un regard d'adieu à cette chambre où tout conservait encore la magie des félicités évanouies, et rejoignit Martel, qui déjà s'impatientait.

CHAPITRE VIII

L'AMI D'UN AMANT

I

Sur la route, qui, depuis les dernières pluies d'hiver, n'avait eu le temps encore ni de sécher, ni de durcir, ils marchaient à grands pas.

L'air était tiède, le soleil radieux : c'était le printemps; parmi les herbes tendres des fossés, violettes et fraisiers commençaient à fleurir.

Les lilas laissaient pendre leurs thyrses rougissants par-dessus les murs des jardins, et les ravenelles faisaient de leurs pétales, qui déjà se détachaient, une épaisse jonchée tout le long des trottoirs.

Les bourgeons, dans les bois, se gonflaient et crevaient de sève, les bouleaux balançaient leurs chevelures déliées, les chèvrefeuilles festonnaient de verdure les tiges qu'ils pouvaient enlacer; de toutes les plantes, depuis l'arbre jusqu'à la mousse, s'exhalait une senteur fortifiante; les oiseaux chantaient : au loin, dans les jeunes ventes, le coucou, à des intervalles rapprochés, répétait son cri railleur.

Eux, cependant, ils marchaient toujours sans s'arrêter et sans parler.

Pruniers, pêchers et cerisiers neigeaient sur leurs têtes des tourbillons de fleurs parfumées. La plaine résonnait de mille bruits; les seigles et les blés, déjà longs, se couchaient et se relevaient sous le vent, les sillons de trèfle s'étalaient ondoyants; sur la terre, que la charrue et la herse retournaient et émiettaient, les laboureurs faisaient leurs dernières semailles.

Ces joyeux tableaux qui, sans interruption, se succédaient sur la route, ne parvenaient ni à retarder Maurice, ni à le distraire : « Forçons le pas », disait-il souvent.

En se hâtant ainsi, il croyait revoir bientôt Marguerite; car des paroles les plus graves, des raisonnements les plus solides de Martel, c'était cette espérance, mise en avant comme moyen désespéré, qui, après réflexion, lui avait laissé l'impression la plus durable. Cette idée de la retrouver avait pris dans son cerveau malade une indestructible solidité; ce qu'il lui dirait, il ne l'imaginait guère; ce qu'il apprendrait, il ne le prévoyait pas trop bien; mais, cependant, il voulait la voir, lui parler, l'entendre, la voir, enfin; qui sait, peut-être le regrettait-elle déjà?

Martel avait été rue de Varennes; il avait interrogé le concierge, et il avait eu une réponse parfaitement claire et précise, mais, loin de transmettre cette réponse à Maurice, il lui avait rapporté que Marguerite était partie pour visiter ses domaines de Machault, en Sologne, et de Fauriac, en Auvergne, sans qu'on pût préciser par lequel elle avait dû commencer.

Maurice avait voulu se mettre en route. Martel était encore intervenu : il avait représenté que deux ou trois jours de retard permettraient de se préparer; que le temps était beau, que le voyage pouvait se faire à pied, et que cela lui donnerait occasion de visiter les plaines de la Beauce, qu'il avait besoin de revoir. Maurice avait discuté et disputé ; enfin, il avait fini par céder, et il avait été décidé qu'on partirait le sac sur le dos. Et, quand les derniers achats avaient été terminés, — par la barrière d'Enfer, d'un pas rapide, ils étaient partis.

Le matin, lorsqu'à l'abri d'une haie ou sur un tas de cailloux, on s'asseyait pour déjeuner, sans rien dire, Maurice prenait son pain, en mangeant à petites dents, deux ou trois bouchées, et machinalement, l'œil fixe et ne regardant pas, il jetait le reste à Badaud, le chien de Martel.

Quand la Loire fut passée, et qu'ils traversèrent les plaines plates et incultes qui commencent la Sologne, Maurice ne fut plus maître d'observer la contrainte que, par un reste de dignité, il avait voulu s'imposer. Un à un, il comptait tous les kilomètres.

— Encore cinquante, encore trente, disait-il.

Et il se faisait répéter par Martel les paroles du concierge de la rue de Varennes.

Martel, pour le préparer à une déception qu'il savait certaine, lui répétait à satiété qu'il y avait autant de chances pour Fauriac que pour Machault, et qu'elle pouvait tout aussi bien avoir commencé par l'Auvergne que par la Sologne.

A force de marcher, ils approchèrent, et au bout d'une route droite et plane qui coupait à travers des sables arides, ils aperçurent juste en face d'eux un petit clocher à l'horizon. C'était Machault.

Ils arrivèrent. Entre des bouquets d'ormes tout couverts de petites fleurs roses serrées et massées comme des feuilles, s'élevait une maison carrée bâtie dans le style Louis XIV, avec un perron et des colonnes lourdes et solides ; une pelouse, sans une seule corbeille d'arbustes, s'étalait tout autour, et allait finir d'un côté aux taillis d'un parc, de l'autre aux premières maisons du village.

— Maintenant, dit Martel, que veux-tu faire?

— Aller jusqu'au village, prendre une chambre à l'auberge, m'habiller et revenir ici.

— Que lui veux-tu enfin? Qu'as-tu à lui dire? Qu'a-t-elle à te répondre?

— Voilà justement; qu'a-t-elle à me répondre? C'est ce que je veux savoir et c'est ce que je saurai.

Ils traversèrent le village. Derrière des nuages rouges nuancés de jaune, le soleil se couchait; par groupes de deux ou trois, les paysans rentraient de la plaine; les bœufs se dandinaient lentement en meuglant, et sur le seuil des portes les femmes causaient accroupies, leurs enfants dans les bras. Sur la place du marché, à l'enseigne du *Soleil d'or*, ils trouvèrent une auberge.

— Avant tout, dit Martel, sachons si elle est ici.

On interrogea l'aubergiste; naturellement la réponse fut négative. Maurice insista, recommença sa demande, l'expliqua, la rendit claire, précise; ce fut en vain. Ni madame de Fargis, ni madame de Lannilis n'étaient au pays.

Maurice fut atterré, puis, après quelques instants, il eut l'air de se rendre, et Martel se félicitait déjà de sa ruse, lorsque, voulant se mettre à table et le cherchant pour souper, il ne le trouva plus. Pendant une heure il l'attendit, s'accusant lui-même de sottise et d'imprudence. Enfin, comme il allait courir à sa recherche, il le vit revenir le visage en feu, les yeux étincelants.

— J'en viens! j'ai fait parler le jardinier: elle n'y est point et on ne l'attend point. Nous partirons demain pour Fauriac.

Le lendemain ils ne partirent pas. Pendant la nuit, Maurice fut pris du délire. Martel s'approcha de son lit, et le vit la face fortement colorée; il parlait à mi-voix et gesticulait vivement; ses paroles étaient rapides, brèves, incohérentes, le nom de Marguerite y revenait à chaque instant, il le prononçait tantôt avec prière, tantôt avec amour, tantôt avec fureur. Il s'exaltait, il s'exaspérait, il s'asseyait sur son lit, il voulait se lever, partir pour Fauriac, il parlait, parlait sans cesse.

Quand le jour parut, Martel, qui avait épuisé ses raisonnements et ses connaissances médicales pour calmer Maurice, descendit demander s'il y avait un médecin dans le pays.

— Il y a M. Papigny, dit l'aubergiste.

On l'alla chercher. Il vint quatre heures après, exhalant le vin blanc à pleine bouche. Habitué aux miasmes de la Sologne, y ramenant toutes les maladies, il écouta à peine Martel, examina Maurice d'un air entendu, tira de sa poche un énorme couteau à plusieurs lames, ouvrit une lancette, et comme un homme sûr de lui et voulant monrer son savoir et sa dextérité, il piqua rapidement le bras de Maurice qu'il avait découvert jusqu'à l'épaule.

— Là, dit-il quand il eut empli de sang la moitié d'une cuvette, une bonne saignée et quelques pilules de quinine, après que l'accès sera passé, nous couperons la fièvre; ça ne manque jamais son effet. Je reviendrai demain.

Pendant quatorze jours, malgré les saignées et le sulfate de quinine, malgré même le soin et le dévouement de Martel, Maurice resta dans un état d'exaltation extraordinaire. Parfois le bruit le plus léger lui répondait dans la tête avec des élancements atroces; il entendait des tambours, des tintements de cloches, des canons, des explosions qui le soulevaient comme des décharges électriques. Il lui semblait que ses artères battaient comme un métronome; puis, tout à coup, l'ouïe cessait d'être douloureuse et il fallait parler à haute voix pour qu'il l'entendît; alors le plus petit rayon de soleil, la moindre lueur, lui faisaient pousser des cris déchirants; les yeux étaient rouges, couverts d'un lacis de veines gonflées de sang, les prunelles étaient dilatées et phosphorescentes; il se roulait sur son lit, il s'enfonçait la tête dans les oreillers pour échapper à la clarté qui le brûlait, il voyait des étincelles, des éclairs, des torrents de lave qui le dévoraient. Et toujours, il répétait le nom de Marguerite, il parlait de Montmorency, de Fontainebleau, de Naples; il rappelait en paroles ardentes ses souvenirs d'amour ou de volupté; il croyait la voir, il lui tendait la main, il lui parlait, il voulait se lever pour la prendre dans ses bras; si Martel tentait de l'arrêter, il devenait furieux, il se débattait, il le repoussait, il rugissait, il écumait; puis anéanti, épuisé, il retombait sur sa couche. Alors il restait des heures entières dans le marasme; d'une voix faible il disait ne plus souffrir; mais son regard était mort, sa bouche entr'ouverte, sa langue pendante; il n'avait plus conscience ni de ses sensations ni de ses perceptions, il restait ainsi dans une prostration absolue jusqu'à ce qu'une nouvelle crise vînt le ressaisir.

La violence des accès diminua peu à peu, les intervalles de raison devinrent de plus en plus longs, l'inflammation tomba et le délire se changea en hallucinations presque calmes; alors, M. Papigny, qui commençait à perdre la tête, et avait plus d'une fois avoué n'y rien comprendre, et parlé de folie et de tétanos, déclara naïvement qu'il avait sauvé son malade. Le lendemain, Maurice put prendre un bouillon, huit jours après, il descendit dans le jardin de l'auberge.

Sa première parole sensée fut pour Marguerite.

— Dépêchons-nous de me guérir tout à fait, dit-il, pour courir à Fauriac.

Dans ce but, il s'excita lui-même à sortir. Mais vraiment c'était pitié de le voir se traîner au bras de Martel. Pâle, décharné, les pommettes saillantes, les yeux caves, il marchait lentement le long des maisons, à l'abri du soleil.

Leur promenade était le parc du château. Pendant les longs jours qu'il était resté au lit, le printemps avait accompli son œuvre. Tous les arbres, hormis les chênes bourgeonnants, avaient maintenant leurs feuilles; un grand nombre avaient déjà leurs fleurs, les bois étaient pleins d'une odeur vivifiante. Sur l'herbe épaisse et douce, il s'asseyait de place en place; mais ni le riant spectacle qu'il avait sous les yeux, ni les excitations de la nature, ne pouvaient vaincre son abattement, et, pendant des heures entières, il demeurait morne, sans daigner voir les caprices de la lumière dans le feuillage encore tout plissé, sans écouter les chansons des oiseaux, qui, sur sa tête, parlaient d'amour.

Ses forces revinrent, il put faire des courses plus longues. Alors il recommença à presser le départ.

Tant que cela fut possible, Martel résista; mais lorsqu'il vit des marques d'impatience et de colère, il résolut d'aborder franchement la question. Car d'aller à Fauriac pour éprouver une déception comme celle de Machault, c'en était assez pour tuer Maurice; — ne point y aller et lui dire ce que lui, Martel, avait appris rue de Varennes, c'était risquer une entrevue qui, pour un des amants, sinon pour les deux, aurait les plus funestes conséquences; — il fallait donc lui avouer qu'il avait été trompé, et en même temps le tromper de nouveau en lui enlevant toute espérance de retrouver Marguerite. Un jour que Maurice insistait pour partir, plus vivement qu'il ne l'avait encore fait : « Écoute-moi, dit-il, je t'en prie, avec le plus de calme et le plus de raison que tu pourras.

— Si tu ne veux pas venir à Fauriac, je pars seul.

— Au moins écoute-moi. Quand, la nuit où tu voulais mourir, je te parlais de revoir madame Baudistel, c'était une idée insensée et irréalisable. Précisément ce fut la seule qui te décida à essayer encore de la vie. Elle t'envahit et t'absorba tout entier ; et alors, dans ton ardeur à la retrouver, tu m'envoyas rue de Varennes.

— Tu n'y est point allé ?

— Si, mais je ne t'ai point rapporté ce que j'avais appris.

— Qu'avais-tu appris ?

— Je n'avais rien appris, car ni le concierge, ni les domestiques que j'ai interrogés, ne savaient pour quel pays madame Baudistel était partie.

— On ne quitte pas sa maison sans dire où l'on va.

— Si tu pouvais raisonner un peu, tu verrais que cela est très possible et même très vraisemblable. Elle te fuyait, n'est-ce pas ! eh bien, devait-elle te laisser son adresse ? Savait-elle comment tu prendrais cet abandon, si tu ne voudrais pas te venger ?

— Ne te joue pas de moi.

— Mais...

— Elle est à Fauriac, n'est-ce pas ?

— Je t'assure que je n'en sais rien.

— Elle est peut-être à Lannilis ; enfin elle est quelque part. Elle doit être à Lannilis.

— Elle n'aura pas été précisément choisir ton pays.

— Décidément où est-elle ?

— Je n'en sais rien.

Maurice resta un moment atterré, puis il fondit en larmes.

En le voyant ainsi, Martel se rassura presque ; il aimait mieux un excès de faiblesse qu'un excès de résolution, et il craignait moins les accablements du chagrin que les violences du désespoir.

Ce fut donc à lutter contre ce chagrin qu'il employa son intelligence et son dévouement.

Son premier soin fut de quitter Machault où toutes choses parlaient trop souvent de Marguerite.

Et ils revinrent sur leurs pas, mais à Orléans, laissant

à droite la route de Paris, ils prirent celle de Chartres et d'Évreux.

Ils allaient lentement, souvent ils s'arrêtaient ; Martel pour user la douleur de Maurice en la fatiguant, faisait chaque jour l'étape un peu plus longue ; sans se plaindre, sans même s'en apercevoir, Maurice le suivait, marchant lorsqu'il marchait, s'arrêtant lorsqu'il s'arrêtait, indifférent à toutes choses, sans que rien pût distraire cette tristesse qui se complaisait en elle-même, ni les accidents du chemin, ni l'imprévu du voyage, ni les efforts, ni les excitations de Martel.

Tout ce qu'il était possible de faire, celui-ci le faisait. D'un caractère gai, il avait, pendant les premiers jours, marché sans prononcer un seul mot, puis, par des paroles douces et affectueuses, il avait cherché à vaincre cette immuable apathie ; puis, les jours s'écoulant sans amener de résultat, il avait changé de système, et était revenu à son caractère.

Maurice ne répondait rien, ou les quelques paroles qu'il prononçait du bout des lèvres étaient des rebuffades, des récriminations, des plaintes ; toujours il en revenait à ses idées de délivrance et de suicide.

Cependant, comme il ne pouvait pas fermer ses oreilles à ce flot de paroles joyeuses, malgré lui il les écouta, malgré lui elles l'empêchèrent d'entendre ses propres plaintes, bientôt elles lui furent nécessaires, et bientôt aussi il fut forcé d'en rire.

Et alors, il commença à voir et à sentir ce qui l'entourait. Pendant les repos, quand Martel, dans un chemin creux entre deux levées de terre, faisait un croquis, il ne resta plus toujours inattentif ; parfois il se pencha par-dessous son épaule, et il le regarda. Pendant les longues marches, il n'alla plus toujours la tête baissée, quelquefois il parla, souvent il répondit. Bientôt même, de plaintes en plaintes, il se mit à raconter ses amours ; et, à se reporter dans le passé, il trouva des charmes inespérés ; à s'entretenir de ses joies, il lui sembla qu'il les goûtait encore : les douleurs des mauvais jours s'affaiblirent à être racontées, et comme le soleil qui, longtemps après qu'il a disparu, laisse encore au ciel des rayons pleins de chaleur et de lumière, les souvenirs des jours heureux laissèrent aussi dans sa mémoire des traces lumineuses.

Avec patience, Martel écoutait ces épanchements ; loin de vouloir les tarir, il cherchait au contraire à les provoquer, il les nourrissait, il les prolongeait, mais toujours sans laisser échapper une seule parole d'espérance ou de consolation ; car il connaissait les susceptibilités de la douleur et savait comme elle tient superbement à se croire éternelle.

— Qu'aurais-tu donc à apprendre ? disait-il quand Maurice revenait à sa pensée de retrouver Marguerite ; que lui demanderais-tu ? que saurais-tu ?

— Au moins je saurais où elle est, ce qu'elle fait, je la verrais.

— Près de son mari, ou près d'un nouvel amant peut-être !

— Ne dis pas cela.

— Hé ! mon ami, ta douleur est sainte et je la respecte ; mais veux-tu pas par hasard que je respecte aussi madame Baudistel ? Que tu l'aimes, je le comprends ; que tu l'estimes et que tu la défendes, ce serait trop. Que lui dois-tu ? que t'a-t-elle donné ? Elle t'a pris, parce qu'elle t'a vu plein d'amour ; tu lui promettais une nouvelle jeunesse ; et, quand elle a eu épuisé ce qu'il y avait en toi, elle t'a jeté au rebut. Pleure tes illusions de vingt ans, pleure tes croyances, ta foi, ton ardeur, ta générosité, ton dévouement, ta poésie, à jamais disparus ; pleure l'amour, mais ne pleure pas la maîtresse.

— Tu n'as jamais aimé.

— Je ne te dirai pas : J'ai aimé autant que toi, et j'ai été trompé aussi cruellement que toi, car seules elles sont infinies, les joies et les souffrances que nous avons éprouvées ; cependant, j'ai aimé assez pour parler de l'amour et pour juger les femmes. L'amour, je l'aime, et l'aimerai jusqu'à la mort ; les femmes, c'est une autre histoire. Les poètes en ont fait des créatures idéales et séraphiques, des anges, des fleurs, des fleurs surtout, avec toutes les beautés, toutes les grâces, tous les parfums de la création ; les poètes ont eu raison. Mais, tiens, là, sur la crête de ce fossé, il y a parmi les herbes, une myriade de fleurs plus gracieuses les unes que les autres ; rien n'est plus doux à voir, ton esprit en est réjoui et tu voudrais toujours en jouir, n'est-ce pas? Eh bien! fais-en un bouquet, prends au hasard ou choisis, porte-les dans ta chambre, pose-les délicatement sur le plus précieux de tes meubles, et dors tranquille, leurs parfums embaumeront ton sommeil, et, le matin, leurs corolles devront éblouir tes yeux ; mais, pendant la nuit, elles t'auront si bien embaumé, ces fleurs pleines de grâces, que, ni le matin ni jamais tu ne te réveilleras plus. Voilà les femmes. Moi, qui te parle, j'ai été empoisonné de cette manière ; cependant j'avais choisi une triste petite fleur, poussée sur le haut d'une muraille parisienne, une pauvre giroflée chétive et humble ; heureusement pour moi, j'avais la vie plus dure que la fleur, c'est ce qui m'a sauvé ; c'est égal, je m'endormais et il était temps de casser le carreau. Si je te la contais, l'histoire de la giroflée des murailles, tu verrais qu'elle est la même que celle de la belladone et de la pomme épineuse ; toutes, le plus magnifiquement du monde, versent le poison dans la nature : c'est leur mission.

— Pourquoi toi, que je n'ai jamais vu sérieusement amoureux, ne parles-tu de l'amour qu'avec amertume et des femmes qu'avec mépris ? Que t'ont-elles fait ?

— Ce qu'elles t'ont fait à toi même ; à moitié tué, elles m'ont fait incrédule, quand j'aurais pu rester simple et bon ; je vais te le dire, ce qu'elle m'ont fait, et si l'exemple d'autrui peut servir à quelques chose, tu verras comment on se console, et ce que coûte un peu de talent. Allons jusque là-bas, à la croisée des deux routes, nous nous coucherons à l'abri des pommiers en fleurs.

III

Lorsque j'entrai à l'atelier Glorient, j'avais dix-sept ans, je venais de perdre mon père. Tu sais que je ne suis pas le fils d'un prince, je ne te parlerai pas de ma haute naissance. Mon père avait commencé la vie comme ouvrier mécanicien ; après de dures années il s'était établi, sa maison n'avait point prospéré, et il était redevenu ouvrier. Pour toute fortune il me laissa une éducation faite aux écoles de la ville, un petit mobilier et un capital de trois mille francs, qui nous venait de ma mère, morte sans que je l'aie jamais connue. Trois mille francs pour attendre la gloire pendant huit ou dix ans, c'était peu ! J'avais bien un oncle, fermier en Picardie, qui m'offrait de me prendre chez lui, et de me traiter comme ses autres garçons, mais je refusai ; je voulais être peintre. Ce caprice ou cette vocation, le mot est à ton choix, m'avait été inspiré par un brave homme de voisin, peintre de portraits, qui, me voyant jouer souvent dans la cour commune, m'avait pris une fois pour lui poser un petit tambour de la République, dans un fameux tableau de bataille auquel il travaillait depuis dix ans, et dont il parlait depuis vingt. Je lui avais plu, j'étais retourné souvent le voir, lavant ses brosses, nettoyant sa palette, faisant ses commissions dans le quartier, et il avait fini par m'apprendre un peu de dessin et beaucoup de calembours. Lorsqu'il me vit bien décidé, après la mort de mon père, à essayer de la peinture, il eut pitié de moi : « Je vais te donner une lettre pour Glorient, me dit-il, il s'occupe de ses élèves, et j'espère qu'à ma demande il voudra bien te recevoir sans exiger de contribution. » La recommandation de mon vieil ami fut bien accueillie, et Glorient me dit assez gracieusement que je pourrais travailler avec lui tout le temps que je voudrais, sans rien payer.

Son atelier était alors dans toute sa splendeur, il n'y avait pas moins de soixante élèves inscrits ; cinq ou six travaillaient sérieusement, les autres étaient de beaux fils de famille, qui se donnaient le luxe de la peinture pour passer quelques années à Paris, et cacher leur nullité sous le nom d'artiste. J'entrai à l'atelier, comme on va au feu pour la première fois, c'est-à-dire avec un mélange de joie, de peur et d'orgueil. J'étais gauche, et bêtement vêtu, on se moqua de moi ; bientôt on sut par le massier, que je ne payais rien, et l'on me méprisa : ces messieurs n'avaient point oublié leurs collèges et les boursiers. Je devins leur bête noire ; on me fit toutes les charges connues, on réédita les anciennes, on en inventa de nouvelles. Pendant un an, j'ai passé plus de nuits à pleurer qu'à dormir ; à la fin, je me consolai en me répétant sans cesse qu'un jour j'aurais plus de talent qu'eux tous, et je piochai ferme. Quand le modèle était parti, j'allais travailler au Louvre ou aux Estampes, et le soir, de six à dix heures, à la bibliothèque Sainte-Geneviève. Cela dura ainsi pendant quatre ans.

Pendant ces quatre années, je n'avais dépensé que deux mille francs, aussi n'étais-je pas précisément gras ; mais, chose plus importante, j'étais un des préférés du patron, et presque toutes les semaines, outre mon étude, je lui montrais une esquisse, peinte dans sa manière, que j'avais assez bien attrappée. J'étais aussi devenu un des anciens; car pour ce qu'on voulait apprendre chez nous, on ne restait pas longtemps; je commençais enfin à me trouver assez heureux; je croyais à l'avenir.

Un jour du mois de mars, — c'est ici que tu dois redoubler d'attention, — un jour du mois de mars, nous étions tous à travailler, chantant, fumant, disant des niaiseries; le modèle était sur la table, et le poêle, rouge jusqu'à la moitié du tuyau, ronflait; au dehors, il faisait un vent froid. Une jeune fille entra.

— Que demandez-vous! — dit celui d'entre nous qui se trouvait le plus près de la porte.

Tous, nous levâmes les yeux, croyant que c'était une maîtresse qui venait chercher son amant et curieux de savoir à qui elle allait s'adresser.

La jeune fille balbutia quelques mots que nous n'entendîmes pas, et celui qui l'avait arrêtée lui répondit en désignant le massier.

Elle s'avança timidement au milieu des chevalets et des chaises.

— Messieurs, dit le massier, mademoiselle demande à poser ici.

— Faut la voir, dirent quelques voix.

La jeune fille ne parut pas comprendre.

— Vous n'avez pas encore posé, continua le massier.

— Non, monsieur.

— Ça se devine; avant de vous accepter, ces messieurs demandent à vous voir.

Elle ne répondit rien.

— Est-ce que vous ne comprenez pas?

— Mais... monsieur...

— Mon enfant, on ne peut pas vous prendre sans vous connaître; vous avez une tête très jolie, c'est vrai; mais rien ne nous dit que le reste... que diable! Ici nous ne sommes pas des hommes; si vous voulez poser, il faut vous déshabiller et monter sur la table. Ohé ! Maria, fais place à mademoiselle, et chauffe-toi un peu.

Le modèle descendait, mais la jeune fille ne bougea pas, de pâle qu'elle était en entrant, elle était devenue d'un rouge coquelicot ; enfin, elle fit quelques pas en arrière comme pour s'en aller, hésita quelques instants, puis, revenant, elle ôta son châle, dégrafa lentement sa robe, et un à un, les yeux à terre, elle défit tous ses vêtements. Par hasard, j'étais près d'elle ; pour l'aider à monter sur la table, je lui donnai la main ; et, les bras croisés sur ses seins, la tête baissée, les lèvres frémissantes, elle resta debout au milieu de trente regards qui l'étudiaient et la critiquaient.

— Rien d'arrêté, disaient les uns, pas de méplats, disaient les autres, — les bras trop courts, — la tête trop grosse.

Pour moi, je la trouvais ravissante. Elle avait seize ans à peine ; ses cheveux étaient d'un blond paille ses yeux bleus avaient des cils longs et épais ; la forme de la tête était d'un ovale parfait, le corps jeune, frais, ferme et rose comme je n'en avais jamais vu.

Elle descendit.

— Comment vous appelez-vous ? dit le massier.

— Pascaline.

— Eh bien, mademoiselle Pascaline, vous pourrez venir la semaine prochaine, lundi, à huit heures.

Elle se rhabilla ; sa toilette ne fut pas longue : une petite robe d'indienne, un châle et un seul jupon ; mais, chose à laquelle nous n'étions guère habitués, du linge blanc. Elle sortit en nous remerciant.

— En voilà une qui faisait sa tête pour se déshabiller, dit le modèle en reprenant la pose, j'ai cru qu'elle avait une maladie ou une peau d'animal sur le corps.

— Tu n'as donc jamais eu de pudeur, toi ? dit un des anciens.

Le lundi suivant, pour choisir une bonne place, j'arrivai le premier. J'étais en train d'écrire mon nom sur le tableau quand Pascaline entra.

Elle alla au poêle, et sécha ses pieds mouillés. Je m'approchai d'elle, et quoique je n'en eusse pas besoin, je me chauffai aussi.

Alors levant les yeux sur moi :

— Monsieur, me dit-elle d'une voix fraîche et douce, est-ce que vous voudriez bien être assez bon pour me dire ce que je vais avoir à faire ?

— C'est assez simple, mademoiselle ; il faudra vous tenir immobile dans la pose qu'on vous donnera.

— Comme l'autre jour ?

— Ne vous effrayez pas, lui dis-je le plus doucement possible ; et je me mis à lui débiter que l'art était chaste, que nous ne la verrions qu'au travers de l'art, enfin toutes les blagues de l'esthétique la plus pure et la plus transcendante.

On entra, je me tus aussitôt et me mis à préparer ma toile. Petit à petit on arriva ; quand tout le monde eut choisi sa place, on commença à travailler. J'étais sur le premier rang, juste en face de Pascaline. On lui avait donné une pose gracieuse, mais atroce : debout, la poitrine bombée, le corps un peu cambré, les bras croisés par-dessus la tête : la pauvre enfant avait accepté, mais il n'y avait pas dix minutes qu'elle était en place, qu'elle avait déjà remué vingt fois, et de tous les côtés c'avait été un concert de cris et de rappels plus ou moins doucement accentués :

— Vous perdez la pose ; — ne remuez donc pas ; — levez un peu la tête ; — ne laissez pas tomber votre bras.

La pauvre petite tâchait d'obéir à tout le monde, mais elle commençait à ne plus savoir à qui répondre, ses yeux étaient gros de larmes retenues. J'en eus pitié :

— La pose est impossible, dis-je avec assez de douceur, mais en même temps avec fermeté.

— Martel est amoureux du modèle, — Martel veut faire le modèle : — à bas Martel !

Sans me déconcerter :

— Voyons, voulez-vous perdre la séance, oui ou non ? si vous ne le voulez pas, laissez-moi la poser.

— Non, non, — oui, oui, — mon esquisse est à moitié faite, etc.

Deux ou trois anciens vinrent à mon secours : je lui donnai une pose facile à garder, assise sur un tabouret que j'avais recouvert de ma blouse, les membres dans une position appuyée, la tête tournée vers ma place. En lui prenant les bras nus, je les sentais froids et tremblants, tout le sang s'était arrêté au cœur, elle ne savait ce qu'elle faisait.

On recommença. Elle ne me quittait pas des yeux; suppliante et reconnaissante à la fois, elle me demandait conseil et appui ; je l'encourageais, je la soutenais, et sans qu'elle osât me sourire je voyais un doux merci dans son regard. Cela marcha à peu près bien.

Au déjeuner, il y eut un plus long repos ; les uns s'en allèrent au restaurant, les autres, et j'étais de ces autres, restèrent à manger leur pain autour du poêle. Pascaline, entortillée dans son châle, était au milieu de nous. Deux ou trois élèves lui parlaient, et, doucement, elle répondait. Comme elle ne mangeait pas, et que je ne voyais point qu'elle eut rien apporté, je lui offris la moitié de mon pain ; elle refusa d'abord, puis elle finit par accepter.

A midi, le patron arriva. Pascaline lui plut : il la trouva jolie, et lui fit quelques compliments.

Il y eut une réaction dans tout l'atelier ; mes beaux camarades, qui l'avaient négligée parce qu'elle n'avait pas de chic, se mirent à la déclarer charmante et à l'entourer, — le patron avait parlé.

Cet empressement subit me flatta peu, mais, comme en partant ce fut à moi qu'elle donna son dernier sourire, je me consolai vite, et tout en m'en allant au Louvre, j'étais si heureux que je bousculais tout le monde dans le ruisseau. — A nous regarder ainsi, les yeux dans les yeux, l'amour m'était descendu au cœur.

Le lendemain, elle n'était plus la triste abandonnée de la veille ; on lui offrait des pastilles, de la pâtisserie, enfin toutes les séductions en usage dans l'atelier ; mais toujours ses yeux étaient sur mes yeux, et il me semblait qu'une douce chaleur passait de l'un à l'autre. Au déjeuner, malgré le cercle qui l'entourait, malgré les gâteaux qu'on lui offrait, elle vint à moi, et de sa voix presque caressante :

— Martel, est-ce que vous n'avez pas trop de pain aujourd'hui.

Jamais je n'avais ressenti pareille émotion ; ces simples paroles me bouleversèrent. Je partageais mon pain avec elle, et elle le grignota gentiment. Voilà les femmes, mon cher Maurice : qu'elles nous aiment, elles partagent joyeusement notre pain sec ; qu'elles ne nous aiment plus, elles refusent notre pâtisserie pour aller demander un morceau de pain sec à notre voisin.

Je fus pris tout entier et je ne pensai plus qu'à Pascaline ; mais je n'étais pas pleinement heureux, car je ne savais comment lui dire mon amour, comment elle l'accueillerait, et j'avais encore la crainte de bientôt la perdre, puisque le lundi suivant, comme à l'ordinaire, devait venir un autre modèle. Avec une hardiesse dont je m'étonne encore, je trouvai moyen de parer à ce danger : c'était de commencer, d'après elle, un sujet, et de la prier de venir poser chez moi.

Timidement je fis ma demande, naïvement elle l'accepta.

Quand on le sut dans l'atelier, ce fut une explosion générale ; je fus unanimement accusé d'attentat à la morale publique, et quelques camarades, qui avaient eu la même intention que moi, et que j'avais prévenus, déclarèrent mon procédé ignoble ; et, en cachette, ils la demandèrent pour la semaine suivante.

Elle vint chez moi. Tu comprends que là il ne pouvait être question d'une pose d'atelier, je l'aimais.

Je commençai donc une étude de tête ; mais, en réalité je ne travaillai guère, et mes yeux furent plus souvent sur le modèle que sur la toile. Je m'arrêtais à chaque minute, et c'était elle-même qui me rappelait à l'ordre.

Elle me conta son histoire : abandonnée par son mari, sa mère était devenue la maîtresse d'un tailleur, qui bientôt les avait battues toutes les deux. Quand elle avait eu seize ans, il avait voulu la vendre à un de leurs voisins ; elle s'était sauvée chez une de ses amies plus âgée qu'elle, qui posait chez les photographes, et qui souvent lui avait offert son lit et sa chambre, si jamais elle avait besoin d'un asile. Bientôt il lui avait fallu se sauver encore pour des raisons qu'elle ne me dit pas, mais que je devinai facilement à sa rougeur. C'était alors qu'elle était venue à notre atelier comme dernier refuge.

Toute la journée nous restions ensemble, nous dînions et nous déjeunions ensemble, et le soir je la reconduisais au garni qu'elle avait loué dans une maison borgne de la barrière Blanche. Chaque jour je voulais parler, chaque soir je la quittais sans avoir osé lui rien dire.

Le dimanche arriva, et la pensée qu'elle allait me quitter et que d'autres l'attendaient me donna du courage, je parlai ; et, ce soir-là, ni les autres soirs, elle ne retourna plus à la barrière Blanche.

Tu as été aimé ; juge de mon bonheur par le tien ; il était le même, puisque alors je n'en imaginais pas, et que depuis, je n'en ai point rêvé d'autre qui fût aussi grand, aussi profond ; — d'ailleurs, ce n'est pas pour te parler de mes joies, mais pour te dire ce qu'il en advint, que je te fais ce récit.

Pascaline était l'enfance même, naïve et joyeuse : tout lui causait étonnement ou plaisir. Mon logement était misérable ; elle voulut le ranger, l'épousseter, le nettoyer, et elle joua au ménage comme une petite fille. Un rien la mettait en fête ; une boîte d'épingles la ravissait, quand je lui apportai son premier chapeau, un chapeau qui coûtait dix francs, ce fut une explosion de contentement et de reconnaissance. Ah ! mon ami, qu'elle était charmante avec ce petit chapeau, et sa couronne de bleuets se mariant à ses cheveux blonds !

Depuis mes amours, je ne paraissais presque plus à l'atelier, j'y courais seulement une heure, pendant que Pascaline restait encore couchée, et vite je revenais la rejoindre pour déjeuner avec elle sur notre lit.

Quand il faisait beau, nous partions pour la campagne. Nous allions à Chaville ou dans le bois de Meudon ; comme une biche échappée, Pascaline courait et sautait au milieu des herbes ; c'étaient de longues chasses après les papillons, de rudes escalades pour les nids des oiseaux. Je n'avais pas encore vu la nature ; je la vis alors pour la première fois, à travers mon amour. Souvent aussi, nous nous en allions à pied jusqu'à Puteaux. Je connaissais dans l'île un pêcheur et sa femme, je les hélais du rivage, ils venaient nous chercher dans leur bachot, et nous passions la journée avec eux. Ils nous avaient fait des lignes, à Pascaline et à moi ; et à l'abri du soleil, sous de grands saules argentés qui tombaient dans la Seine, nous essayions de pêcher ; bientôt l'impatience nous gagnait, nous nous asseyions sur le gazon feutré de longues herbes, elle venait sur mes genoux, nous nous embrassions, nous causions tendrement, et nous nous embrassions encore ; puis, je tirais un livre de ma poche, et lui lisais quelques pages. Je lui refaisais, ou plutôt, je lui faisais une petite éducation ; je ne la voulais pas savante, mais je lui parlais des maîtres du cœur et de l'esprit, je lui apprenais tout doucement à ne pas dire : des yeux de sphinx, des attitudes de lynx, une voix de centaure, un charcuitier, et je m'en rappelle pour je m'en souviens ; je lui apprenais aussi à ne pas découper les huîtres à la fourchette et au couteau, comme un beefsteack ou une aile de poulet ; et je réussissais assez bien : la femme, je t'assure, est très facile à vernir. Ça n'est pas solide, mais ça brille presque tout de suite.

Cela dura cinq mois, cinq mois de bonheur sans un nuage ; mais un jour, en fouillant dans le tiroir à l'argent, je le trouvai presque vide ; de mes derniers mille francs, il ne restait plus que quelques louis ; en cinq mois, à nous deux, nous avions autant dépensé que moi seul en deux ans. C'était assez désagréable ; dans ma présomption, je crus que que ce n'était point irrémédiable ; hélas ! que je me trompais ! J'en savais assez pour ne pas mourir de faim, je trouvai à moitié prix quelques bois d'illustrations et des petits modèles pour les fondeurs. Pascaline, aussi, voulut travailler : elle savait un peu coudre, elle était proprement vêtue, elle entra chez une couturière.

Nous ne nous voyions plus que le soir, et pour aller à la campagne nous n'avions que le dimanche, mais nous étions heureux, puisque nous nous aimions.

La grande préoccupation de Pascaline avait toujours été la toilette ; mais, depuis que nous ne pouvions plus satisfaire ses désirs, cette préoccupation était devenue de plus en plus vive ; quand, maintenant, nous sortions le soir, c'étaient des stations et des admirations éternelles devant les magasins, et le matin, quand elle s'habillait, c'étaient des plaintes et des soupirs mal étouffés ; elle se fâchait contre sa robe qui s'éraillait, contre son chapeau qui se défraîchissait ; elle se dépitait contre notre glace qui était trop petite ; montant sur une chaise, elle s'attifait et se ballonnait avec des chatteries et des mines qui m'auraient fait bien rire, si elles ne m'avaient pas affligé ; car je souffrais de la voir ainsi, et plus encore de ne pouvoir pas la contenter. Hélas ! c'était bien impossible, et même c'était difficilement qu'à nous deux nous gagnions assez pour manger. Cependant, comme je ne voyais dans ces symptômes que les mauvaises influences de ses camarades, je me rassurais et me consolais.

Il y avait un mois que ces tiraillements m'inquiétaient, quand tout à coup ils cessèrent ; je retrouvai ma Pascaline d'autrefois, la Pascaline toujours rieuse, toujours tranquille, toujours contente. En même temps, je remarquai un peu plus de recherche dans sa toilette. Elle s'acheta une robe, et comme elle me voyait surpris, elle m'expliqua que, grâce à ses progrès, grâce surtout à son activité, elle gagnait davantage ; et que, d'ailleurs, c'était une occasion qui lui avait été procurée par sa maîtresse. J'avais confiance, je la crus.

Un samedi, c'était, autant que je me le rappelle, trois semaines après cet entretien, elle me quitta plus tendrement que de coutume, elle m'embrassa à plusieurs reprises, revint pour m'embrasser encore, et me dit de n'être point inquiet si elle ne rentrait pas le soir, qu'ayant beaucoup à travailler elle passerait peut-être la nuit, comme cela lui était déjà arrivé : je n'eus pas le plus petit soupçon ; je savais qu'elle rentrerait le dimanche, dans la matinée.

Toute la journée du dimanche s'écoula sans que je la visse. N'y pouvant plus tenir, j'allai le soir à son magasin. Il était fermé. Où était-elle ? Le lendemain matin, dès six heures, j'y retournai ; à huit heures seulement, je pus parler à la maîtresse. Depuis un mois, Pascaline ne travaillait plus chez elle, et aucune des ouvrières ne savait ce qu'elle était devenue.

Je revins chez moi; il me semblait que ma tête était ouverte, et que ma raison s'en allait. Chez moi, il n'y avait personne; machinalement, je me dirigeai vers l'atelier; je m'assis à ma place, j'ouvris ma boîte, je pris mes brosses, puis, quand je voulus me mettre à travailler, je poussai un cri et tombai raide à la renverse.

J'ai su, depuis, qu'on m'avait porté chez moi et que j'y étais resté trois jours dans le délire.

Quand je revins à la raison, j'étais dans une des grandes salle de la Charité. J'avais une fièvre cérébrale; j'y demeurai quarante cinq jours.

Enfin, je pus rentrer chez moi, j'étais guéri de corps, mais le cœur...

Peu à peu je repris mon travail, cependant je n'étais plus ce que j'avais été autrefois; avec le bonheur s'en étaient allées la pureté, la bonté; j'étais un homme.

Mon premier soin avait été de chercher Pascaline, et je n'avais pu rien apprendre. Alors, j'étais tombé dans un morne chagrin qui, à la longue, m'avait rendu à moitié stupide et tout à fait indifférent à ce qui m'entourait. J'étais ainsi perdu dans mes regrets, lorsqu'un matin, à l'atelier, je trouvai la femme qui posait quand Pascaline était venue pour la première fois; ce fut par elle que j'appris comment j'avais été trompé; voici ce qui s'était passé.

Pendant le dernier mois de nos amours, au lieu d'aller chez sa maîtresse, comme elle me le disait, Pascaline, entraînée par son besoin de gagner de l'argent pour sa toilette, avait été poser chez un photographe où l'on fabrique ces groupes pour le stéréoscope que la police saisit quand elle les trouve, mais que, le plus souvent, les étrangers, payent très cher et recherchent avidement. Elle avait été amenée là par une de ses camarades d'atelier ; on lui avait bientôt fait les propositions les plus tentantes pour la vanité d'une jeune fille, et, gagnée par le luxe, elle était partie pour l'Italie, avec un jeune Anglais.

Je la croyais à jamais perdue, et sans m'en consoler, je trouvais dans cette pensée, que je ne la reverrais plus, un certain soulagement : il me semblait presque que j'étais guéri. Je fus trop tôt détrompé.

Je reçus une lettre de Pascaline, elle était à Paris et demandait à me voir.

En lisant cette lettre, je compris seulement combien je l'aimais encore ; ce fut précisément cet amour et la certitude où j'étais qu'il me serait impossible de la revoir sans la reprendre, et de faire ainsi notre malheur à tous deux, qui me donna la force de ne pas lui répondre.

Elle m'écrivit de nouveau, me demanda pardon, et me dit que, si je ne voulais point aller à son rendez-vous, ce serait elle qui viendrait chez moi.

Pendant quinze jours je ne rentrai pas, et par ce sacrifice, qui peut-être me fut plus cruel que ne me l'avait été son abandon, je me crus sauvé ; mais, un matin, je la trouvai à l'atelier. Elle venait poser.

Te dire ce que j'éprouvai à sa vue est impossible ; il me sembla que j'étais repris de ma fièvre.

Je la regardai le plus bravement que je pus ; mais elle n'était plus celle que j'avais aimée : ses yeux étaient plus hardis, sa démarche était plus facile, son geste plus gracieux ; elle tordait ses cheveux d'une façon provocante, ses épaules s'étaient arrondies, son sein était plus large et plus gonflé, sa voix était moins pure et moins fraîche.

On voulut la poser.

— Oh ! c'est inutile, — dit-elle.

En un tour de main elle défit ses vêtements, qui étaient d'une richesse insolente ; sans aide, elle monta sur la table, et nous regardant tous :

— Est-ce bien ainsi ? dit-elle.

C'était la même pose que la première fois : ses yeux dans mes yeux.

Était-ce un défi ou une prière ? J'eus l'amour-propre de ne pas reculer, et je me fis le serment de ne point rencontrer son regard ; mais ce fut impossible, il me brûlait, il m'attirait, il relevait ma paupière ; nos yeux se rencontraient et mon cœur bondissait.

Je me sentis trop faible ; au repos, je changeai de place : si elle avait commencé par la prière, ce fut dès lors et bien décidément un défi.

Tu sais combien nous sommes libres entre nous ; elle dépassa encore cette liberté : plus charmante qu'elle n'avait jamais été, on s'empressait autour d'elle, et à tous elle répondait ; je la voyais causant, riant, se laissant prendre dans les bras, s'asseyant sur les genoux de ceux qui l'attiraient.

Quand elle sortit, je la vis monter dans une petite voiture qui l'attendait à la porte. Ce n'était donc pas le besoin qui l'avait ramenée à l'atelier ; c'était l'amour ou la vengeance.

Pendant la semaine entière, ce fut ainsi ; je souffrais toutes les douleurs de la jalousie ; cependant j'allais chaque jour à l'atelier, je trouvais un cruel plaisir à la voir ; mais je te le répète, ce fut atroce, et je n'imagine pas qu'il puisse y avoir des tortures aussi horribles que celles que, pendant ces huit jours, j'endurai.

Enfin, elle partit sans que nous eussions échangé un seul mot, et je retombai dans mon abattement ; je tremblais à chaque instant de la trouver chez moi, mais elle ne vint pas, et pendant six mois, je n'entendis point parler d'elle ; je croyais que c'était bien fini, et cependant ça ne l'était pas.

Un soir, en rentrant, j'aperçus une femme sur mon

palier : c'était Pascaline ; je voulus descendre, elle m'arrêta :

— Si tu m'as aimée, dit-elle, aie pitié de moi.

Sa voix faible et à peine distincte m'effraya.

J'entrai, elle me suivit. Elle était pâle, maigre, ses yeux étaient caves, ses pommettes saillantes ; sa robe de soie noire était déchirée et tachée.

— Je viens à toi, dit-elle en s'asseyant, parce qu'il n'y a que toi qui m'as aimée et parce que tu es le seul aussi que j'ai aimé. Il paraît que je suis malade de la poitrine et que je n'en ai plus que pour peu de temps ; alors, quand je l'ai su, j'ai voulu te revoir une dernière fois et te demander un service : c'est que tu me promettes de venir réclamer mon corps. On dit qu'on coupe ceux qui ne sont point réclamés, et j'ai peur de ça ; — peut-être bien que c'est bête, enfin j'en ai peur, et si tu voulais me le promettre, je serais plus tranquille. »

Je me détournai pour cacher mes larmes, car en la voyant, et plus encore en l'écoutant, j'avais été pris d'une immense pitié.

— Allons, ma pauvre enfant, lui dis-je, en essayant de rendre ma voix calme, tu n'es pas aussi malade que tu crois.

— Si, je ne peux plus monter les escaliers, je tousse toutes les nuits, et puis j'ai le fond des mains et la plante des pieds qui me brûlent toujours, et ça, on dit que c'est très mauvais signe.

— Alors il ne faut pas t'en aller, reste ici, on te soignera.

— Ça, c'est impossible ; je te remercie bien tout de même, mais je ne peux pas. Si je ne t'avais pas quitté, ce serait bon, mais maintenant... Et puis tu ne pourrais pas, vois-tu ; ça durera peut-être encore longtemps, tu ne travaillerais plus, enfin ça coûte cher...

J'insistai ; elle se défendit longtemps ; elle finit par céder.

— Couche-toi, lui dis-je.

— Et toi ?

— Moi, je serai bien pour cette nuit dans mon fauteuil.

— Oh! non, je ne veux pas ; je sais bien que nous ne pouvons plus être ensemble comme autrefois. Au moins, prends un matelas.

Malgré moi, elle me fit un lit.

Quand le jour parut, j'allai chercher un médecin ; elle avait réellement une phtisie confirmée ; mais à force de soins, entourée de bien-être et de tranquillité, elle éprouva rapidement un peu de mieux ; la toux diminua, la respiration devint plus facile.

Elle était pour moi pleine de douceur et de reconnaissance, et nous vivions presque comme aux premiers jours, avec cette différence cependant que tous deux nous évitions ce qui pouvait rappeler le passé et nous reporter au temps de notre bonheur.

Après un mois de soins, le mal paraissait enrayé ; elle allait, elle rangeait, et redevenait fraîche ; ses yeux seuls conservaient un éclat brûlant ; mais si physiquement elle ne souffrait plus, moralement nous souffrions tous les deux, car tous les deux nous nous aimions encore, et tous les deux nous vivions dans une gêne perpétuelle, elle par crainte, moi par un reste d'orgueil.

Une nuit que je dormais, je fus éveillé par une haleine chaude qui courait sur mon front. J'ouvris les yeux, je vis Pascaline penchée sur moi.

— Qu'as-tu ? lui dis-je en sursaut.

— Oh! rien, répondit-elle en se relevant, je voulais voir si tu dormais.

Mais bientôt revenant vers moi : « Eh bien! continua-t-elle, ce n'est pas la vérité : je venais t'embrasser et te remercier pendant que tu dormais. Toutes les nuits je viens comme ça : je me mets à genoux près de toi, je prie le bon Dieu que tu me pardonnes avant que je meure, et je t'embrasse tout doucement. »

Je la pris dans mes bras ; tout fut oublié.

Le matin, elle voulut acheter une petite robe pareille à celle qu'elle mettait autrefois ; elle se coiffa comme elle se coiffait autrefois ; elle prit un petit chapeau avec des bleuets, et comme autrefois encore nous retournâmes à la campagne.

Ce ne fut pas pour longtemps. Un soir, elle gagna froid ! le lendemain, tous les symptômes de sa maladie reparurent plus violents, et huit jours après elle était morte, morte dans mes bras en me bénissant et en me demandant encore pardon.

A cet endroit de son récit, Martel s'arrêta ; puis se levant, il se mit à marcher à grands pas sous les pommiers qui, doucement agités par la brise, jonchaient la terre de leurs fleurs odorantes. Enfin un peu plus calme, il revint vers Maurice :

— Je restai tout seul à la veiller, et tout seul aussi je la conduisis au cimetière, car, par orgueil, pour ne pas avouer que j'avais pardonné, je n'invitai aucun de mes camarades.

En rentrant chez moi, en me retrouvant dans ma chambre déserte, en revoyant le lit où ma chère petite morte avait laissé son empreinte moulée, je me jetai sur ce lit, et, éclatant en sanglots, je baisai la place où se voyait encore la forme de sa tête bien-aimée.

Bientôt je me mis à boire. J'entrais chez un marchand de vin, et d'un seul coup j'avalais un grand verre tout plein d'absinthe. Alors seulement, je pouvais dormir.

Après six mois de cette vie, j'étais moins guéri que le premier jour ; je sentais que ma tête se creusait, et il ne me fallait plus qu'un seul petit verre. Alors je ne sais comment cela se fit, mais je pensai à mon oncle ; je vendis le peu que j'avais, et j'allai chez lui.

Pendant une année, je travaillai à la terre comme le plus dur des paysans ; j'étais infatigable, je devins habile : je fendais un sillon aussi droit que le meilleur charretier, et je mettais quatre cents bottes de foin sur une voiture avec une solidité et une régularité qui me valaient d'unanimes compliments. « J'étais un fameux gas. »

Au bout de cette longue année, je n'étais pas consolé, mais j'étais calmé. Je pus reprendre mes brosses et mes toiles. J'avais vu la nature au travers du bonheur, je l'avais vue au travers de la peine ; elle m'avait parlé ; j'avais entendu et compris sa grande voix, je connaissais ses joies, ses douleurs, ses mystères, je tâchai de les traduire ; elle devait être désormais ma seule maîtresse, je l'aimais de tout mon cœur. J'y travaillai pendant trois ans. Alors, croyant être quelqu'un, je revins à Paris. Je présentai six tableaux à l'exposition, on en reçut deux. Un seul critique me fit l'honneur de s'occuper de moi, et se donna la peine de me comprendre ; il était inconnu, et comme lui aussi je fus inconnu. Je persévérai. A la seconde exposition, on ne me reçut qu'une toile ; il y avait progrès. A la troisième, on me les refusa toutes. Mais alors mon critique s'était fait un nom avec un superbe roman, il se fâcha, me consacra deux articles, et ses confrères et le public apprirent qu'il y avait un nommé Martel. Maintenant, c'est assez généralement connu ; et, quoiqu'on discute beaucoup mes tableaux, on continue à les acheter assez peu ; on attend que je sois mort pour les payer ; aussi comprendrais-je que tu te tuasses si tu étais à ma place, ton œuvre y gagnerait ; mais puisque tu n'as pas d'œuvre, à quoi ça te servirait-il ? Attends un peu. »

IV

Pendant plusieurs jours, les deux amis ne parlèrent que de Pascaline ; on la compara à Marguerite ; on rechercha celle qui avait été la plus coupable, celui qui avait été le plus malheureux.

— Enfin, tu t'es consolé, disait Maurice.
— Tu te consoleras, » répondait Martel.

L'histoire de Martel lui avait fait du bien, elle avait donné un aliment à son esprit, fourni matière à leurs entretiens ; et même, dans la pensée qu'un autre avait souffert comme lui, il trouvait presque une sorte de consolation.

Mais ce qui était véritablement incurable, c'était son idée fixe de revoir Marguerite.

— Il y a dans *David Copperfield*, répondait Martel à bout d'arguments, un brave homme de pêcheur à qui on a enlevé sa nièce, et qui tout bonnement, sans savoir où elle est, s'en va à sa poursuite, en France, en Allemagne, en Italie, et qui finit par la retrouver ; c'est très poétique ; mais je te ferai remarquer : 1° que cette idée ne peut être acceptée que par les Anglais, qui, considérant le monde entier comme la banlieue de Londres, s'en vont à Pékin aussi facilement que nous allons à Ville-d'Avray ; 2° que, pour entreprendre un pareil voyage, il nous faudrait beaucoup d'argent ; or, ce n'est pas notre côté le plus brillant. Si tu crois pouvoir gagner la nourriture et le foyer en chantant tes ballades sur le grand chemin, partons au pourchas de ta belle, je ne demande pas mieux, ça aura même une couleur moyen âge, d'un ragoût crânement artistique ; mais si tu ne le crois pas, allons tout doucement.

Un soir que, dans une grande auberge du pays d'Auge,

ils attendaient leur dîner, Maurice, qui machinalement avait pris un journal, poussa tout à coup un cri de surprise, et, tendant le journal à Martel : — « Tiens, dit-il, là, lis, lis, ça. »

« On nous mande de Lannilis : A l'heure où je vous
» écris, le feu brûle encore sous les décombres, et,
» comme je vous le disais hier, plus de la moitié du
» village est détruite. C'est pour nous une perte à jamais
» irréparable ; mais il faut espérer que la Providence et
» la charité publique ne nous abandonneront pas. Déjà,
» avant son départ, M. le sous-préfet a laissé une somme
» de mille francs pour les premiers besoins, et M. le
» comte de Lannilis, qu'on est certain de rencontrer
» quand il y a du bien à faire, a généreusement offert un
» asile aux malheureux qui, sans son dévouement, n'au-
» raient point aujourd'hui de toit pour s'abriter. Madame
» la comtesse, arrivée seulement depuis quelques jours,
» s'est elle-même empressée de seconder les efforts de
» son époux ; et nous l'avons vue nous-même porter des
» secours et des consolations. A peine connue dans le
» pays, elle est déjà une bienfaitrice et une mère.
» *P. S.* Outre la perte matérielle, on a à déplorer la
» mort de deux habitants : une femme et son enfant.
» Trente-quatre têtes de vaches ont aussi été brûlées. »

— Eh bien ? dit Martel.
— Nous partons. Tu vois, elle est à Lannilis.
Martel voulut recommencer ses observations, il lui fallut céder ; en une minute son œuvre fut détruite ; le danger qu'il avait écarté avec tant de mal et de soins, menaça de nouveau.

Ils arrivèrent promptement à Saint-Brieuc, où ils trouvèrent une correspondance pour Lannion.

Ils n'avaient pas fait une lieue que dans la voiture on commença à parler de l'incendie.

« On dit que madame de Lannilis s'est montrée pleine de dévouement ? essaya Maurice.

— Elle vient même de retourner à Paris pour organiser une loterie ; on prétend qu'avant un mois elle reviendra avec plus de trente mille francs.

Maurice resta stupide ; puis, quand on descendit de voiture à Lannion :

— Nous allons à Plaurach, dit-il, nous attendrons son retour chez M. Michon.

En apprenant que Maurice venait passer un mois avec lui, M. Michon l'embrassa de tout son cœur, et comme Armande et Audren entraient en ce moment même :

— Bonne nouvelle, mes enfants ! s'écria-t-il ; Maurice nous arrive pour un mois ; embrassez-le pour le remercier.

— Mademoiselle, dit Maurice en souriant, on n'arrive qu'une fois.

Et des lèvres il effleura le front de la jeune fille, rouge et confuse ; puis, assez embarrassé lui-même, il se retourna vers Audren.

Celui-ci le regardait d'une façon si étrange, hautaine et curieuse à la fois, qu'il s'arrêta.

— Pendant un mois, dit Audren d'un ton cérémonieux, nous aurons le temps, M. Berthauld et moi, de nous connaître ; je l'embrasserais plus sincèrement à son départ que je ne pourrais le faire aujourd'hui.

Et il toucha à peine du bout des doigts la main que Maurice lui tendait.

Il y eut un moment d'étonnement et de silence.

Mais le docteur reprenant presque aussitôt :

— Va donc chercher ton frère, dit-il à Audren, et reviens avec lui ; je vais faire prévenir l'abbé, nous dînerons tous ensemble.

Puis, quand Audren fut sorti :

— Il ne faut pas lui en vouloir, continua-t-il ; il est un peu ours, mais, au fond, c'est un excellent cœur.

— Dans tous les cas, dit Martel, c'est un type superbe; il porte écrits sur son visage tous les nobles instincts.

CHAPITRE IX

ARMANDE

I

Maurice n'était pas à Plaurach depuis huit jours qu'il éprouva un calme depuis longtemps étranger à son âme et qu'il fut tout surpris de ressentir encore.

En se retrouvant dans cette maison où s'était écoulé le meilleur temps de son enfance, son cœur se desserra et s'attendrit.

En sortant dans le village où tout le monde le connaissait, où il ne s'arrêtait pas sans entendre quelque parole d'amitié, où il ne rencontrait pas un paysan sans échanger un salut affectueux, il se sentit moins seul.

A table, ayant à ses côtés Armande et le docteur, et en face de lui Martel, il lui sembla qu'il avait une famille, il comprit, pour la première fois, les douceurs de la paix et de l'habitude qu'il avait si souvent, lorsqu'il voulait partir pour Paris, raillées et insultées.

Comme autrefois, le soir réunissait les vieux amis pour le whist inévitable et traditionnel. Armande disposait les fiches, allumait la lampe, avançait les trois fauteuils et présentait les cartes aux joueurs ; puis, lorsqu'ils étaient en place, elle venait rejoindre les jeunes gens, et dans un coin du salon, autour d'une petite table à ouvrage, on causait joyeusement à mi-voix ; dans les moments de silence on entendait les bruits bien connus du village, et au loin le mugissement de la mer.

Au milieu de cette vie uniformément heureuse, l'engourdissement se faisait dans le cœur de Maurice ; autour de lui, il ne voyait que des visages toujours calmes et souriants, et lui-même, insensiblement, il s'habituait aussi au calme et au sourire.

De tous ceux qui l'entouraient, le seul avec lequel il ne se sentait pas entièrement à son aise, c'était Audren ; il y avait dans ce jeune homme quelque chose de hautain et d'interrogateur qui, chez les autres, arrêtait l'abandon, et, malgré ses efforts et ses avances, Maurice n'avait encore rencontré en lui qu'une froideur et une contrainte qui, tout d'abord, l'avaient surpris, bientôt l'avaient blessé, bientôt aussi l'avaient refroidi lui-même.

Cependant la nature du jeune Breton était droite et franche, mais son éducation, en exagérant ces qualités, en avait fait presque des défauts. Élevé jusqu'à seize ans près de son père, il n'avait point eu de guide, point de règle, point d'exemple. Car en vertu de certaines idées de rang et de dignité, le baron, qui cependant pratiquait fort peu ces idées pour lui-même, n'avait pas voulu que son fils fît amitié ou camaraderie avec un seul des enfants du village, et en vertu aussi de son mépris pour l'instruction, il n'avait pas daigné l'envoyer soit au collège de Vannes, soit au séminaire de Saint-Anne d'Auray. Le seul maître d'Audren avait été un vieux *Kloarec* qui lui avait appris à lire et un peu à écrire, et l'enfant s'était formé comme il avait voulu, passant son temps dans le désœuvrement, regardant les petits paysans rire, s'amuser et se quereller entre eux, et quand son père était absent du château, s'échappant pour aller courir la campagne et tuer des mouettes sur la falaise. A la mort du baron, quand son frère, lui expliquant qu'il était sans fortune, lui avait demandé ce qu'il voulait faire, il avait répondu : « Être soldat ou marin. » M. de Tréfléan l'avait conduit au collège de Saint-Brieuc. Il s'en était échappé huit jours après. On l'y avait reconduit; il s'en était échappé une seconde fois. « Monsieur, avait-il dit à son frère, je suis trop grand pour me soumettre maintenant à la vie du collège, et je n'ai rien fait pour qu'on me mette en prison ; puisque vous me dites qu'il faut que je travaille, je vous prie de m'apprendre ce que je dois savoir, je vous promets de vous écouter et de vous obéir avec reconnaissance. » Pour ne pas le pousser à quelque coup de tête, M. de Tréfléan l'avait gardé près de lui. « A vingt ans, nous l'embarquerons, avait-il dit au docteur; avec ce que je lui aurais appris, il tâchera de faire son chemin. »

Malgré ses promesses d'attention et d'obeissance, Audren avait eu bien de la peine à se plier à la vie nouvelle de travail et de discipline que son frère lui avait imposée ; mais ce que, même après plusieurs mois d'efforts, il n'avait pu vaincre, c'étaient son embarras devant le monde et sa sauvagerie. La gravité des trois amis l'intimidait ; leurs habitudes sérieuses le mettaient mal à l'aise, leurs entretiens l'étonnaient et le plus souvent l'humiliaient quand il ne les comprenait pas, et au lieu de répondre à leurs avances, il se rejetait en arrière et s'éloignait d'eux le plus qu'il lui était possible. Madame Berthauld elle-même n'avait pas trouvé grâce devant lui. Tout le temps qu'il avait de libre, il le passait soit avec le père Gouriou, le vieux *barz*, qui l'amusait par ses récits et ses chansons, soit avec le lieutenant de la douane, qui l'emmenait sur la patache faire de longues courses en mer. Cela avait duré ainsi jusqu'à l'arrivée d'Armande. « Nous n'en ferons rien, avaient dit les vieux amis ; c'est un trop digne fils du baron. » Mais alors un changement s'était produit en lui, la bonté de la jeune fille l'avait apprivoisé ; avec elle il s'était senti moins gauche et moins timide ; elle l'avait fait parler, ils avaient joué ensemble comme deux enfants qu'ils étaient ; elle lui avait révélé ce qu'il y a de bon dans le monde : le rire, la confiance, l'amitié, et il l'en avait aimée avec l'exaltation d'un cœur qui, pour la première fois, s'ouvrait à la reconnaissance. Pour lui plaire, il avait fait ce qu'il la voyait faire, et la prenant pour maître, se réglant sur elle, il s'était efforcé de dompter sa paresse pour les choses de l'esprit. « Mon sauvage commence à parler, dit un jour M. de Tréfléan ; il travaille, il m'a même demandé combien il faudrait de temps de service en mer pour devenir officier. — Son père l'avait abruti », dit le docteur. Encouragé par Armande, récompensé par une bonne parole, il était le plus heureux de la terre ; mais la maladie de madame Berthauld, en supprimant les soirées de jeu, avait brusquement interrompu ce bonheur. En ne voyant plus Armande, en la sachant près d'un autre, il avait compris la nature du sentiment que, jusqu'à ce jour, il avait cru une amitié ardente, et c'était la jalousie qui lui avait révélé à lui-même son amour. Avec l'enfance, l'amitié fraternelle s'en était allée ; il avait alors un peu plus de dix-huit ans, et Armande en avait seize. Pendant le temps que Maurice avait passé à Plaurach près de sa mère, il était retombé dans une tristesse plus douloureuse que ne l'avait jamais été son isolement d'autrefois, et il avait fallu le départ de Maurice pour calmer le désordre de ses idées et dissiper son découragement. Mais lorsqu'il l'avait vu revenir une seconde fois avec Martel, lorsqu'il avait entendu le docteur annoncer un séjour d'un mois, il n'avait point été maître de sa colère ; et c'était alors qu'il avait fait aux deux amis l'accueil qui les avait si étrangement surpris ;

car il avait tout de suite pressenti que ces étrangers allaient lui déranger sa vie, et il n'avait pu cacher son mécontentement; puis se comparant à eux et leur prêtant des avantages et des séductions qu'il redoutait plutôt qu'il ne les leur voyait réellement, il avait souffert dans son amour-propre. Ses craintes ne s'étaient point arrêtées là : au milieu de ces deux hommes qui le dominaient par l'âge, la parole et le savoir-vivre, il lui avait semblé qu'il ne serait plus rien; effrayé d'un voyage dont il ignorait le but et dont les vrais motifs lui échappaient, il avait cru Armande perdue pour lui ; malheureux dans son orgueil, inquiet dans son amour, il n'avait pu, malgré sa volonté de vivre amicalement avec celui qu'il savait l'ami de son frère, dompter sa jalousie. De là ses manières hautaines, presque insolentes.

II

Chaque jour, d'ailleurs, lui avait donné de nouveaux motifs de chagrin et de tourment, car chaque jour avait rendu l'intimité entre Armande et les deux étrangers plus vive et plus complète.

Maurice, qui était arrivé plein de sympathie pour la jeune fille, n'avait pas tardé à sentir cette sympathie s'accroître.

Il n'avait eu d'ailleurs qu'à ouvrir les yeux pour voir son heureuse influence, non seulement sur le docteur, sur l'abbé, sur M. de Tréfléan, mais même encore dans les plus petites choses de la vie. Ainsi, la maison n'était plus dans ce désordre, et ce pêle-mêle d'un intérieur sans femme; il y avait des rideaux aux fenêtres, les araignées avaient été abattues, le bonnet de Marie-Ange ne traînait plus dans le salon, les habits de monsieur avaient abandonné la salle à manger; tout était en ordre, propre, luisant, coquet; et quand il faisait de l'orage, le docteur ne parcourait plus toutes ses chambres en criant à tue-tête : « Marie-Ange, Louise, Jeannette, fermez les fenêtres, ça claque. » Le docteur lui-même n'allait plus par les rues du village avec son grand paletot déchiré; à table, il ne se mettait plus en colère pour se faire servir suivant ses manies. En face de lui, Armande épiait ses désirs, et ce n'était que quand son rôle de maîtresse de maison était fini, qu'elle redevenait la petite fille de seize ans et se sauvait dans le jardin.

Martel aussi faisait sa partie dans ce concert de louanges, et, un soir que, parlant d'elle avec Maurice, il s'était écrié : « Quelle charmante fille! s'il ne fallait pas l'épouser, on l'aimerait de tout son cœur, » celui-ci l'interrompit assez brusquement :

— Rappelle-toi, je t'en prie, chez qui nous sommes. Mon emploi n'est pas celui des séducteurs, et tu voudras bien, s'il te plaît, me faire l'amitié de croire que je suis incapable de tromper une jeune fille; quant à l'épouser, tu peux avoir la même confiance, au surplus, il faudrait qu'elle voulût de moi et dans ce cas son grand-père n'en voudrait pas, il a sur les artistes des idées...

— Que je partage; les artistes ne sont pas faits pour se marier. J'ai là-dessus des opinions qui, si tu les connaissais, pourraient te rassurer. Qu'on fasse la cour à une femme, qu'elle vous repousse ou vous encourage, se défende ou s'abandonne, c'est parfait : dans tous les cas elle est prévenue et sait à merveille ce qu'on lui demande quand on lui dit : « Madame, je vous adore et je vous conjure de permettre à mon âme d'adorer votre âme... » Avec une jeune fille, c'est autre chose : mademoiselle Armande peut donc être bien tranquille, ou plutôt tu peux l'être pour elle. D'ailleurs, je te le répète, j'ai une théorie sur le mariage comme j'en ai une sur l'amour. La veux-tu, ma théorie?

— Donne toujours, ça me fera peut-être rire.

— Nous allons voir. — Un arbre, c'est l'homme, s'élève jeune et fort, à son pied rampe un lierre; ce lierre, c'est la femme. Un jour l'arbre dit au lierre : « Appuie-toi sur moi, je te soutiendrai. » Le lierre accepte; c'est le mariage. Les premières années sont charmantes : le lierre enlace le tronc de l'arbre et lui fait une parure de son propre feuillage ; l'arbre reçoit de cette union une nouvelle beauté. Petit à petit, le lierre monte, il gagne les branches, il gagne les feuilles, il gagne les fleurs, il gagne les fruits, il les enserre, il les recouvre, il les étouffe. L'arbre a disparu complètement; cependant il veut lutter, il pousse encore de longues et faibles branches ; aussitôt le lierre les atteint et les tue. Alors l'arbre sèche en commençant par la tête; puis la mort pénètre au cœur, et il ne tarderait pas à tomber en pourriture si le lierre qui, en réalité, a besoin d'un appui pour vivre et pour briller, ne le soutenait en lui donnant un aspect riant et jeune et en lui prêtant à son tour sa force et sa vie. Cette fable montre qu'il ne faut pas devenir un échalas; j'espère que maintenant tu me laisseras tranquille avec tes observations. Fais-moi le serment de te détacher un jour de madame Baudistel de Lannilis et peut-être d'autres pays déjà, et je te le fais moi-même de ne m'attacher jamais à Armande autrement que d'amitié. Jures-tu?

— Si je pouvais! J'aurai beau faire, je ne l'oublierai jamais. Si j'avais bien fait, je me serais tué, au moins je me serais vengé en lui laissant le remords.

— Une nouvelle illusion à mettre avec les autres ; crois m'en, elle est trop forte pour avoir des remords ; tu lui aurais laissé un joli sujet de plaintes et un éternel motif à élégies; voilà tout.

— Enfin, je ne souffrirais plus ; crois-tu que je ne me dévore pas à l'attendre ? La raison me dit que c'est insensé de chercher à la voir, et quand elle sera revenue, je risquerai tout pour une heure d'entretien.

— C'est une monomanie. Moi, j'aime mieux voir et regarder à mon aise la chère enfant qui est la joie de cette maison. Je ne connais pas madame Baudistel, et tout de suite je t'affirme que je n'ai pas la plus petite envie de faire sa connaissance ; mais je doute fort qu'au temps même où elle t'aimait, elle pût avoir cette gentillesse et cette bonté. Si tu étais sage, tu ferais comme moi, tu aimerais Armande seulement des yeux, et comme nous sommes à l'abri de toute autre espèce d'amour, toi par les souvenirs, moi par mes opinions matrimoniales, nous serions les plus heureux du monde.

— Il n'y a plus de bonheur pour moi, dit Maurice, car il n'y aura jamais pour moi d'autre femme que Marguerite.

III

Il était sincère en parlant ainsi, cependant il trompait Martel et se trompait lui-même ; car, non seulement il commençait à voir une femme dans Armande, mais encore à la voir jeune et jolie, c'est-à-dire telle qu'elle était réellement.

Petite, plutôt que grande, elle était de cette taille gracieuse qui permet de faire, de la femme aimée, un jouet facile à soutenir et à porter ; bien prise cependant, bien modelée, mais avec une apparence mignonne. Sa tête ronde était couverte d'une épaisse chevelure blonde ; elle avait coutume de la relever en une torsade unique ; mais cette coiffure si simple recevait d'elle grâce et gentillesse à la fois, car, trop fins et trop fournis, les cheveux ne pouvaient tous s'enrouler autour du peigne ; s'échappant en de petites boucles crêpées, ils frémissaient au plus faible souffle, et, toujours exposés à la lumière qui les traversait en les dorant, ils prenaient une nuance encore plus vive. Sous ces flocons légers, le front était haut et large. Les paupières s'ouvraient sur de grands yeux humides et veloutés. Le nez était petit, à narines mobiles et retroussées sur les bords. La bouche, bien fendue et arquée dans les coins, laissait voir, entre des lèvres où le sang abondait, deux rangées de petites dents blanches, teintées de bleu. Le cou soutenait bien la tête, et, par des lignes molles et arrondies, la joignait à un corsage où il n'y avait encore que des promesses, mais des promesses à qui la fraîcheur et la solidité du tissu, la finesse de la taille, la largeur des épaules, le développement des hanches et l'harmonie générale assuraient une réalisation prochaine.

Ainsi faite, elle pouvait passer pour jolie et même pour belle, elle n'était cependant pas irréprochable ; les contours du profil manquaient de pureté ; le nez paraissait un peu court, la tête trop volumineuse. Mais, telle qu'elle était, on ne pouvait plus l'oublier lorsqu'une seule fois on l'avait vue ; et, lorsqu'on était en face d'elle, il fallait faire effort pour en détourner les yeux. Qu'elle fût triste ou qu'elle fût joyeuse, il était toujours bon de la regarder ; elle avait une de ces beautés qui gagnent le cœur et le réjouissent. Sur son visage se peignaient les mouvements de son âme et de son esprit ; mieux que des paroles, sa physionomie franche et mobile disait clairement ses sentiments, ses chagrins, ses émotions. Ses yeux, limpides et profonds, laissaient lire jusque dans son cœur ; lorsqu'ils étaient animés par la joie ou par le désir, ils paraissaient comme doublés d'un miroir qui réfléchissait la lumière et inondait, de ses rayons, le regard ébloui.

L'expression générale de sa physionomie était la douceur et la gaieté. Dès le premier coup d'œil, on se sentait attiré vers elle et sympathiquement touché ; mais ce qui faisait son charme le plus puissant, sa grâce la plus séduisante, c'était son sourire ; il était si bon, si sincère, si irrésistible, que, dix fois par jour, son grand-père se mettait en peine d'esprit pour le voir s'épanouir sur le frais visage de sa fille, et, lorsqu'il avait obtenu ce résultat, ce qui n'était pas difficile, il déclarait qu'il ne connaissait pas de plus délicieux plaisir que de la regarder cligner à demi les paupières, gonfler ses petites joues rougissantes, et mordiller entre ses dents sa lèvre rose, qui se frangeait de carmin.

Maurice avait été longtemps à voir Armande ainsi, mais à peine s'était-il mis à l'observer, que chacune des beautés matérielles qu'il lui avait reconnues s'était présentée accompagnée d'une beauté morale : la trouvant jolie, il l'avait en même temps trouvée bonne ; sa chevelure était dorée et soyeuse, son cœur avait été généreux et passionné ; ses yeux étant grands, limpides, lumineux, son esprit avait été vif et enjoué ; sa bouche appelant le regard, son caractère avait été doux et facile ; sa peau étant mince, transparente, d'une blancheur lactée, ses lèvres fraîches et charnues, ses joues veloutées de vermillon, sa démarche aisée, son air simple et franc, elle avait eu tous les charmes de l'âme, toutes les grâces, toutes les puretés, toutes les tendresses, tous les dévouements. Lorsqu'on est une fois sur ce chemin, on va vite, — car chacune des découvertes que l'on fait vient grossir le verre avec lequel on regarde, — et Maurice ne s'était pas arrêté ; de la curiosité il avait passé à l'intérêt, de l'intérêt à l'amitié, de l'amitié à un sentiment qu'il ne s'expliquait pas bien lui-même, mais qui chaque jour le rapprochait davantage d'Armande.

Maintenant il ne s'éloignait presque plus du château, se refusant courses, promenades, parties de chasse et de pêche, il demeurait près du docteur, qui bientôt, et de lui-même, lui offrit une excellente raison pour justifier cette fausse nonchalance, et rester ainsi près d'Armande sans manquer aux convenances.

C'était un soir après dîner ; tous trois, assis sous une tonnelle où de vigoureux rosiers de banks cachaient leurs fleurs dans de vertes guirlandes de houblon, ils regardaient le soleil se coucher sur la mer. L'horizon était fermé par une ligne violette qui, montant dans le ciel, se divisait en un essaim de petits flocons blancs rosés sur leurs contours. Au milieu d'un amas de nuages, le soleil, sans rayons, lançait des couleurs rouges et sanguinolentes. Prêt à se perdre dans les flots, il transperçait ces brumes épaisses, et coupé en haut par un rideau presque noir, en bas par le vert sombre de la mer, il éblouissait les yeux et les brûlait. Le vent soufflait doucement, les nuages s'entassaient, se séparaient et se déchiraient comme des tourbillons de fumée ; au loin, la mer moutonnait çà et là, et au pied des falaises, à perte de vue, s'étendait un long cordon d'écume qui couvrait la grève d'une mousse blanche comme la neige.

— Voilà ce qui m'a fait habiter le bord de la mer, dit le docteur, les couchers de soleil : c'était un des plaisirs de ma jeunesse, et même c'en était peut-être le plus doux. Lorsque ma journée était finie, que mes visites étaient faites, que nous avions dîné, ma bonne Louise et moi, nous nous mettions à notre fenêtre, et nous regardions le soleil disparaître dans la mer. Nous restions là longtemps, appuyés l'un sur l'autre ; elle avait vingt ans, moi j'en avais trente. Quand le jour était tombé, elle s'asseyait à son piano, je m'allongeais dans un fauteuil, et elle me jouait les airs que nous aimions tous deux. Aujourd'hui, j'ai soixante-dix ans, il y en a trente-huit que ma pauvre petite femme est morte, je suis vieux, triste, endurci, égoïste; cependant le soir m'émeut et m'attendrit toujours. A ce moment-là je redeviens vivant, j'ai la santé, la gaieté, la jeunesse, j'ai ma femme, et pour que je me retrouve le plus heureux homme du monde, il ne me manque que mes vieux airs, qui, en prolongeant mes souvenirs, redoubleraient leur netteté et leur émotion.

— Eh! interrompit Maurice, que ne m'avez-vous dit cela plutôt! Si j'ai un peu de talent...

— Tu en as beaucoup trop, voilà justement, mon garçon, pourquoi je ne t'ai jamais demandé ce que tu m'offres aujourd'hui. Je suis trop perruque pour toi; votre musique m'étonne, mais je ne la sens pas; elle force mon esprit à l'applaudir, elle laisse mon cœur indifférent. J'en suis resté à Grétry, à Boieldieu; *Guillaume Tell* et les *Huguenots* sont peut-être de grandes choses, mais je donnerais toutes leurs beautés pour la chanson de Blondel; *Arrachons Guillaume à ses fers*, me paraît superbe, mais *Robert disait à Claire* me fait pleurer. Tu me diras que mes opinions musicales ne sont que des souvenirs d'amour; eh bien j'aime mieux ressentir une fois encore ces impressions que de devenir dilettante. Je te remercie de ta bonne proposition, mais depuis longtemps j'ai renoncé à la musique; votre beau n'est plus mon beau. Cependant, il a été un moment où j'ai presque espéré retrouver mes soirées d'autrefois; c'est quand Armande est arrivée. Espérance bientôt déçue! Grâce à l'éducation tronquée que lui a fait donner monsieur son père, elle en était restée aux quadrilles de pension; et ce que je voulais d'elle était dès lors impossible. Ici, nous étions tous des ânes: il aurait fallu faire venir de Morlaix ou de Lannion quelque bon professeur, et, comme un mauvais croque-notes aurait pu seul consentir à faire douze lieues pour donner une leçon, je renonçai tout de suite à mes projets, et me rejetai sur mes couchers de soleil; toujours à la mode et du même beau aujourd'hui qu'ils étaient il y a trente ans, ils ont pu me contenter ; maintenant, mon seul désir est qu'il ne fasse pas de grises journées, pluie ou brouillard.

Dès le soir même, Maurice demanda à Martel une feuille de papier à dessin, et réglant cette feuille, il y traça un certain nombre de croches et de doubles croches.

— Tu travailles, bravo ! madame Baudistel est en baisse ; je crois qu'elle commence à s'estomper dans un lointain brumeux.

Maurice ne travaillait point encore, seulement il pensait à Armande ; et le lendemain, profitant d'un moment où il était seul avec elle dans le salon, il déplia son papier et la pria d'essayer de le lire. Elle le déchiffra à peu près ; il la pria d'essayer de le jouer. Elle se mit au piano, et s'arrêtant, recommençant, se corrigeant, elle joua tant bien que mal.

— Si vous voulez me permettre de vous donner quelques conseils, dit-il, bientôt, je l'espère, vous pourrez rendre votre grand papa heureux, et lui chanter les chansons qu'il regrettait hier soir.

Comme le docteur entrait en ce moment, surpris d'avoir entendu le piano :

— C'est mademoiselle Armande, continua Maurice, et si vous voulez que pendant mon séjour ici je sois le maître que vous auriez été chercher à Morlaix, peut-être le projet dont vous nous parliez pourra-t-il se réaliser.

— Armande jouerait du Grétry ?

— Et du Méhul, et du Paër, et du Boieldieu, et de l'Adam.

Aussitôt qu'il eut obtenu cette permission, il visita le piano, et lorsqu'il eut remis à neuf le vieil instrument, ils commencèrent à étudier.

IV

Il n'avait voulu que se ménager une occasion d'être souvent avec Armande, près de laquelle il oubliait ses chagrins et ses souvenirs; mais bientôt il se vit entraîné plus loin qu'il ne l'avait prévu et même qu'il ne l'aurait voulu, car la condition la plus favorable à une dangereuse intimité, c'est le travail à deux. D'élève à maître, le danger n'est guère à craindre, l'orgueil ou la haine empêche cette intimité; mais Maurice n'était pas un maître pour Armande, ils étaient deux amis qui étudiaient ensemble, un jeune homme de vingt-quatre ans et une jeune fille de dix-sept, l'un enseignant avec indulgence et plaisir, l'autre écoutant avec une soumission curieuse et reconnaissante.

C'était dans le grand salon qu'ils travaillaient; souvent M. Michon restait près d'eux, souvent aussi il les abandonnait pendant des heures entières. Dans les premières leçons, Maurice avait eu besoin de toute son attention pour suivre et pour guider Armande qui, ayant abandonné la musique depuis longtemps, avait grand'peine à se reconnaître; mais en peu de temps, grâce à une constante volonté, elle avait regagné ce que trois années d'interruption lui avaient fait perdre. Alors n'étant plus obligé de la suivre pas à pas, il s'était parfois oublié en d'étranges distractions. Près d'elle, pensant à elle, il l'étudiait avec un plaisir auquel il ne donnait pas encore de nom, mais que déjà il ne se cachait plus à lui-même.

Tandis qu'elle se mettait l'esprit et les doigts à la torture, il n'écoutait guère ce qu'elle exécutait et songeait à toute autre chose qu'à l'encourager ou à la reprendre. Les yeux fixés sur les touches, il suivait complaisamment les doigts qui les frappaient, et absorbé dans une muette contemplation, il regardait amoureusement ces mains, qu'un homme, esclave de la mode, eût sans doute dédaignées comme trop grosses et trop rouges, mais qu'il était assez artiste pour estimer à leur valeur, et trouver d'une beauté aussi réelle que peu commune. Ce qui eût choqué un esprit moins rompu aux distinctions du joli et du beau était précisément ce qui le séduisait; c'était cette teinte rosée et cette transparence qui n'appartiennent qu'à la jeunesse. C'étaient des doigts légèrement charnus, s'amincissant en fuseau, où l'on pouvait compter toutes les veines, où, sur chaque articulation, se creusaient de mignonnes fossettes, où les ongles n'étaient point allongés et taillés en amande, mais courts, carrément coupés, et s'incarnant dans la chair qui leur faisait une fine bordure comme dans les belles mains antiques.

A regarder ces mains, — que Martel avait trois ou quatre fois déjà dessinées, pour les offrir, disait-il, à la Vénus de Milo, — il oubliait son rôle de professeur, il s'oubliait lui-même, et pour le ramener dans le vrai de la situation, il fallait qu'Armande, étonnée de son silence, se retournât vers lui.

Alors il reprenait Armande, lui faisait de longues explications et s'étourdissait de son propre bavardage. Mais bientôt, au lieu d'aller jusqu'au pupitre, son attention s'arrêtait en chemin. Assis près d'elle, se penchant sur elle, au point qu'avec son haleine il faisait trembler les petites mèches du duvet qui frisaient sur le cou d'Armande, ses yeux étaient attirés par la blancheur de ce cou, ils s'y attachaient et ne pouvaient plus s'en détourner. Il regardait ses cheveux tordus et enroulés comme un long serpent doré autour du peigne qui s'y enfonçait. Il les regardait, soigneusement retroussés, se relever jusqu'au chignon et laisser à nu, entre leurs dernières racines et le col de toile qui rabattait sur la robe, une large ligne de chair où, sous la peau blanche, fine et lisse, on voyait le sang courir. Il regardait ses épaules qui s'arrondissaient déjà, il regardait sa taille ondoyante et flexible dans son corset, et jusqu'aux plis que sa jupe faisait en tombant à terre, il les contemplait, il les admirait, il les *regardait* avec bonheur.

Cependant, ce n'était pas la première fois qu'il voyait une femme à un piano et qu'il restait à ses côtés seul avec elle; si toutes ces femmes l'avaient laissé indifférent et froid, pourquoi donc Armande le troublait-elle si profondément ? N'était-elle pas une simple amie, une camarade, une sœur ?

Sœur ! Elle l'avait peut-être été dans les premières semaines; mais, il fallait bien l'avouer, avec le temps chaque jour elle l'avait été un peu moins, maintenant elle ne l'était plus. Aux influences matérielles qu'il avait ressenties en la contemplant, s'en étaient jointes d'autres plus puissantes, qui avaient commencé à éclairer sa tendresse. De leur échange continu de paroles, de leur contact habituel, était sortie une communauté d'idées et de pensées plus dominatrices que toutes les excitations physiques, et qui, aux heures où elle était loin de lui, le forçait à penser à elle, à s'interroger sur ses désirs, à se demander si le sentiment de joie qu'il éprouvait lorsqu'elle était présente, de chagrin lorsqu'elle était absente, ne dépassait pas les bornes d'une simple amitié, aussi grande qu'elle fût, et si ce n'était pas de l'amour.

Mais pour cet examen, il n'était et ne pouvait être que bien peu impartial, car la douleur a l'orgueil de la constance éternelle, et ne croit aux consolations que longtemps après qu'elle est déjà consolée. Comment aurait-il admis l'amour pour une autre, lorsque son cœur saignait encore ? Comment aurait-il aimé Armande, lorsqu'il se persuadait de très bonne foi ne vivre que pour Marguerite ? Une souffrance aussi terrible que la sienne pouvait-elle se guérir ? Une passion aussi violente pouvait-elle s'évanouir ?

Ce qu'il éprouvait pour Armande, c'était tendresse, c'était amitié, c'était sympathie, ce n'était point amour.

L'amour, c'était l'abattement qui le brisait lorsqu'il se rappelait son abandon, c'était la fièvre qui le brûlait lorsqu'il se rappelait son bonheur, c'étaient les joies de Montmorency, les ivresses de Naples, les voluptés de de Paris ; l'amour, c'était Marguerite.

La douce voix qui, depuis son arrivée à Plaurach, avait endormi sa douleur, le sourire qui lui avait rendu le sourire, les tendres soins qui l'avaient attendri, les promenades dans le jardin, les longs entretiens, les tête-à-tête au piano, ce n'était point l'amour ; Armande avec sa jeunesse, sa gaieté, sa grâce, son esprit, sa bonté, non, ce n'était point, ce ne devait point être de l'amour.

Près d'elle, il n'avait jamais eu de ces élans qui autrefois lui avaient fait serrer Marguerite à l'étouffer dans ses bras, et loin d'elle il n'avait pas ces prostrations, ces accablements qui autrefois l'avaient si souvent anéanti.

Et fâché contre lui-même de ces doutes et de ces interrogations, qui amoindrissaient sa passion pour Marguerite en le forçant à la discuter, il tâchait de se dire qu'Armande n'était rien pour lui ; que près d'elle et pour se mettre à l'abri des surprises, il ne devait penser qu'à Marguerite, et qu'il ne devait plus s'abandoner à des joies qui, en réalité, n'étaient que mensonges et illusions.

Mais c'était en vain qu'il jurait de se contenir et de s'observer : s'il voulait lui parler froidement, dans sa voix on sentait la tendresse, dans son geste l'embarras ; s'il essayait de la regarder indifféremment, dans ses yeux on voyait l'émotion et le plaisir ; s'il disait des choses banales, l'intonation les rendait douces et intimes ; s'il se taisait en fixant la terre, il s'échappait de ses paupières, qui se relevaient malgré lui, de chauds rayons plus éloquents que les paroles. Cependant il se contenait jusqu'au moment où Armande lui souriait, lui parlait d'une certaine manière, et alors il était vaincu, car si sa volonté pouvait commander à ses yeux et à ses lèvres, elle était sans puissance sur son regard et sur son cœur.

V

Jamais il n'eut mieux conscience de ces sentiments, qui s'agitaient en lui, qu'un jour qu'Audren avait été retenu à dîner.

Ce n'était pas l'habitude que celui-ci, hors les jours de cérémonie, dînât au château; aussi lorsque Maurice rentrant aperçut cinq couverts sur la table fut-il assez surpris, et, se tournant vers Armande :

— Est-ce que nous avons M. le curé aujourd'hui ? demanda-t-il.

— Non, c'est Audren.

— En l'honneur de quelle fête ?

— Il a apporté un panier de crevettes qu'il a pêchées, et grand-père l'a invité à en manger sa part.

— Ah ! c'est différent.

Sans bien comprendre pourquoi, Maurice fut dépité de cette invitation.

Bientôt le docteur arriva avec Audren, et l'on se mit à table.

Mais ce sentiment de surprise de voir Audren était si naturel, que Martel lui-même le partagea.

— Tiens, dit-il, vous êtes donc des nôtres, jeune Armoricain ?

Audren était souriant, l'invitation du docteur l'avait rendu heureux comme il ne l'avait point été depuis longtemps ; ces simples mots : « Vous êtes donc des nôtres », le frappèrent douloureusement. — Des nôtres, se dit-il, suis-je donc devenu si vite un étranger dans cette maison ? Et relevant les yeux, il s'aperçut, — ce qu'il n'avait pas vu tout d'abord, tant sa joie l'absorbait, — qu'il y avait un changement dans les arrangements ordinaires : Maurice occupait la place de M. de Tréfléan et Martel la sienne. Alors regardant celui-ci et répondant à ses paroles qui déjà étaient presque oubliées :

— Est-ce que je vous dérange ?

Martel resta stupéfait ; mais le docteur intervenant :

— Comment dérangerais-tu quelqu'un ici ? N'es-tu pas de la famille ?

— De quelle famille ? de l'ancienne ou de la nouvelle !

— Que veux-tu dire ?

— Mon Dieu ! on cesse si vite d'être d'une famille, on est si vite remplacé ! et le lendemain du jour où l'on a quitté une maison, quelquefois on y retrouve des visages nouveaux qui sont plus de la famille que vous.

— Si tu le prends comme ça, interrompit le docteur, fais-moi le plaisir de te taire ; c'est ce que le chef de la famille te demande.

Audren se tut et se plongea dans son assiette ; mais, tout en mangeant, il reportait les torts de Maurice et les siens propres sur Armande ; car, si cette querelle avait eu plus que de la vivacité, c'était à cause d'elle, parce qu'elle était en jeu, parce qu'elle était présente ; c'était donc à elle, avec la déraison logique de la passion, qu'il en voulait, et en proie à une sourde colère, il cherchait comment il lui ferait sentir tout le déplaisir qu'elle lui avait causé.

Au dessert, cette occasion se présenta.

Un rien suffit quand tout le monde est mal disposé ; or, tout le monde, même Martel, était mal disposé pour Audren ; Armande seule voulait lui ménager un moyen de se montrer aimable en lui donnant elle-même une marque de sympathie.

Il y avait dans le buffet de certaines confitures qu'elle avait faites et qu'elle avait si bien réussies, que le docteur les avait surnommées par excellence « les confitures d'Armande. » Aussi les ménageait-on.

Elle se leva et les atteignit, puis plaçant le petit pot en verre devant elle, elle dit coquettement :

— Voici mes confitures, qui m'aime en prenne.

Et la première personne à qui elle en offrit, ce fut Audren.

Celui-ci resta un instant indécis, trouvant là l'occasion qu'il cherchait, mais comme il tenait son assiette à la main :

— Merci, mon garçon, lui dit le docteur qui s'y trompa.

Armande pâlit imperceptiblement, mais croyant à un malentendu ou à une distraction, elle lui offrit encore la seconde assiette.

Cette fois il la passa résolument à Martel.

Elle comprit et le regarda ; et d'une voix brève :

— Vous n'en voulez pas ? dit-elle.

Et elle tendit l'assiette à Maurice.

— Eh bien, tu n'es pas à moitié dégoûté, mon sauvage, dit le docteur, il fait bon t'inviter à dîner.

Le reste du dîner s'acheva sous cette impression, et le soir, lorsque Audren fut parti, Martel ne fit que traduire le sentiment général en disant :

— Je ne sais pas s'il est dégoûté, ce beau garçon-là ; dans tous les cas, il n'est guère aimable.

— Non, certes, il n'est point aimable, se répétait Maurice, mais pourquoi est-il ainsi ? que lui ai-je donc fait ? car c'est bien évidemment à moi qu'il en voulait. Et il cherchait à se remémorer les sujets de plainte, les griefs qu'il avait donnés à Audren, et avec la meilleure volonté du monde, ceux qu'il rencontrait étaient si minimes, qu'ils ne pouvaient ni légitimer ni expliquer cette mauvaise humeur. Un seul point demeurait obscur au fond de son âme, et ce point, il n'osait y porter la lumière. Une rivalité d'amour, une commune prétention au cœur d'Armande pouvait être, devait être, il le sentait, le véritable mot de cette énigme; mais il ne voulait pas que ce pressentiment devînt certitude, il faisait taire sa raison, il se refusait à l'évidence, et préférait une obscurité pleine de trouble et d'inquiétude à une clarté éblouissante et douloureuse. Pour arriver au fin fond de son cœur, il n'avait plus qu'un degré à descendre, mais, comme un enfant peureux, il s'y tenait assis et cramponné, n'osant aller plus loin.

VI

Il fallut en venir là, mais ce ne fut pas sans humiliation qu'il s'avoua à lui-même ce qu'il ne pouvait plus méconnaître : il aimait Armande. Plus d'une fois, il rougit de sa défaite; plus d'une fois, il se méprisa de ressentir un nouvel amour, après avoir cru son malheur si grand qu'il en devait mourir; plus d'une fois, il se jugea faible, inconstant et lâche, mais toujours il fut ramené à la vérité, et cette vérité c'était que, sans pouvoir oublier Marguerite, il aimait, il adorait Armande.

Cependant telle est l'hypocrite habileté de l'orgueil, qu'il sut bientôt trouver des excuses pour justifier cet aveu.

Il se dit que c'était duperie à lui de s'enterrer dans sa douleur, sans essayer de s'en guérir, et que la vengeance la plus cruelle à tirer de Marguerite, ce n'était pas de mourir en lui laissant des remords plus ou moins terribles, mais de vivre en se consolant et en se réjouissant dans un nouvel amour.

Dès lors, il s'y consola et s'y réjouit ; presque sans transition, il passa de la contrainte à l'abandon ; et toutes ces petites joies si séduisantes lorsqu'on aime, ces innocents plaisirs que, par un mélange de délicatesse et de fausse honte, il s'était toujours refusés, il les accueillit et les rechercha ; il aimait, il se l'avouait, il s'en réjouissait ; il fit, sans scrupules, toutes les charmantes niaiseries qui rendent les amants si heureux.

Devant le regard d'Armande, il ne détourna plus les yeux ; au piano, il ne les ferma plus pour ne point la voir ; au lieu de s'éloigner d'elle, il s'en approcha, saisissant toutes les occasions de frôler sa robe ou d'effleurer ses mains ; à table, il inventa mille ruses pour ne prendre que ce qu'elle avait touché ; et, pour rencontrer ses doigts sous une assiette, il risqua de ridicules hardiesses qui lui donnaient des battements de cœur. Partagé entre un amour naissant et ce qu'il considérait comme un devoir, il avait toujours redouté les promenades au bord de la plage, où le hasard amène si souvent des tête-à-tête, où tout parle d'amour et de poésie, et le bruit de la vague, et le calme de la mer, et le bleu du ciel et l'infini de l'horizon ; — ce fut lui le premier qui, désormais, les proposa. Le matin, longtemps avant qu'elle descendît, armé d'un livre, il alla se poster sur un banc du jardin, juste en face de sa chambre ; l'endroit était triste et nu, il y en avait cent autres plus ombreux ; mais c'était de là seulement qu'il pouvait bien l'apercevoir lorsque, s'éveillant et à moitié vêtue, elle poussait ses jalousies, s'accoudait sur l'appui de la fenêtre, ouvrait ses yeux encore lourds à la lumière du soleil levant : ainsi placé, il était le premier à lui envoyer, de la main, une affectueuse caresse, et c'était sur lui qu'elle laissait tomber son premier regard et son premier sourire. Le soir, il prit l'habitude de revenir sur ce même banc ; aux ombres indécises qui couraient sur les rideaux, il put, à travers les vitres, la deviner dans sa chambre, la voir allant et venant jusqu'au moment où s'éteignait la lumière ; lorsqu'il traversait les corridors, au lieu d'étouffer le bruit de ses pas, il le rendait plus fort et plus distinct : en lui-même, il rougissait de cet enfantillage, mais il y avait dans sa honte trop de bonheur pour qu'il y renonçât : « Elle m'entend, se dit-il, elle pense à moi. »

Ces enfantillages étaient les grands bonheurs de sa nouvelle vie ; mais tout n'était point enfantillage dans ce bonheur ; depuis qu'il aimait Armande, il se faisait en lui des changements qui le remplissaient d'espoir. Sa passion pour Marguerite l'avait rendu impatient, susceptible, égoïste, brutal dans ses pensées, cynique dans ses convoitises, inquiet et tourmenté même dans ses plaisirs ; sa trahison lui avait fait tout prendre en dégoût et en haine ; il était tombé, pour ce qui l'entourait, dans une morne indifférence, et pour lui-même dans un implacable mépris. Insensiblement, ce mépris et cette indifférence avaient disparu devant son amour naissant ; il était redevenu jeune, passionné, dévoué à ceux qui l'aimaient, compatissant à ceux qui souffraient ; il avait espéré, il avait cru en lui, il était parvenu à s'aimer et à s'estimer encore, et, maintenant, en son âme, il s'enorgueillissait d'un amour qui, en l'épurant, le grandissait à ses yeux.

C'était surtout le sentiment de pureté de cet amour qui l'enthousiasmait et lorsqu'il le compara aux ardeurs, aux entraînements, à l'érotisme qu'il avait naguère ressenti près de Marguerite, il mesura pour la première fois la distance qui sépare la jeune fille de la femme, l'innocence du savoir, la jeunesse de la beauté. Dans Armande, dans sa chair comme dans son esprit, tout avait le charme indicible des choses qui commencent, le charme de l'enfant, celui de la fleur qui s'entr'ouvre, celui de la belle et chaude matinée qui, la première annonce le printemps. Marguerite l'avait entraîné par sa splendide beauté, par ses riches toilettes, par ses savantes poses, par ses hautaines manières, par son élégante originalité, par son esprit; Armande le ravissait par sa gentillesse spontanée et naïve, par sa fraîcheur, par sa grâce, par sa franchise, par sa simplicité, par la pudeur qui se trahissait dans chacun de ses gestes, dans chacun de ses regards, et même dans ses attitudes de repos. Marguerite, au temps de leurs folies et au milieu des splendeurs du luxe, traînant après elle une longue robe lamée d'argent, les épaules nues, les seins découverts, la chevelure constellée de diamants, les bras entourés de pierreries, les lèvres rouges, la bouche provocante, les narines gonflées, les yeux étincelants, venant à lui, l'enlaçant de deux ses bras et s'abattant contre sa poitrine, le pâmait de désirs : Armande pour le pénétrer d'une joie ineffable, n'avait qu'à paraître vêtue d'une petite robe de toile chastement montante, et pleine de grâce dans sa simplicité, si elle le regardait en souriant, pour la journée entière il gardait une indicible émotion. Près de Marguerite il avait toujours été fiévreux et tourmenté; près d'Armande, il était toujours calme dans sa joie, doucement et pleinement heureux dans son bonheur; et si parfois en étant seul avec elle il avait encore d'irritantes pensées, les coupables étaient ses souvenirs et les leçons de Marguerite; car, sans ces leçons, il n'eût jamais regardé si chaudement cette jeune fille; sans ses souvenirs de volupté, il n'eût jamais recherché des furtifs serrements de mains qui, malgré lui, l'enflammaient, et des contemplations qui lui troublaient la tête et lui brûlaient les veines.

A mesure que son amour grandit, ce fut à éteindre ces désirs, dont il rougissait pour Armande, qu'il appliqua ses efforts. Rassasié de jouissances et de volupté matérielles, il voulut connaître enfin les chastes délices d'un amour idéal, faire de la poésie en action, et jouer sérieusement, au milieu de nos mœurs positives et de nos habitudes de satisfaction immédiate, le rôle d'amant désintéressé. D'ailleurs cet amour n'était-il pas le seul qui lui fût permis ? Armande, lors même qu'il le voudrait, l'aimerait-elle jamais ? Ne serait-ce point à lui la plus basse des lâchetés que de séduire cette enfant, la joie et l'orgueil d'un vieillard qui, pour lui, avait été un père ? Tout lui ordonnait, son cœur et son devoir, de dégager sa passion d'espérances irréalisables, d'aimer Armande sans lui laisser comprendre qu'il l'aimait, et quand serait venu le jour de la séparation, de partir sans avoir trahi son secret, emportant dans son âme un pur souvenir qui le soutînt dans la vie, et lui rappelât qu'il y avait en ce monde autre chose que mensonge, hypocrisie et corruption.

VII

Sans la rivalité qui s'était engagée entre Audren et lui, il eût peut-être obéi à ce devoir. Mais s'éloigner, n'était-ce pas paraître reculer devant ses dédains, et aussi s'amoindrir dans l'esprit d'Armande ?

S'il n'y avait pas là un motif pour le retenir à Plaurach, il y avait au moins un prétexte.

Il voulait bien sacrifier son amour naissant à l'honneur et au devoir, il ne lui convenait pas de sacrifier son orgueil et sa dignité à un grossier paysan : la passion a de spécieuses raisons au service de ses hypocrisies : déterminé à partir, il devait, avant de fixer ce départ, donner une bonne leçon à Audren.

Il le devait et pour sa jalousie et pour sa vanité, car la lutte sourde qui, dès son arrivée, s'était engagée entre eux, se renouvelait maintenant chaque jour à propos de tout.

Battu dans les choses de l'esprit, humilié dans sa timidité, atteint jusqu'au vif dans son ignorance, Audren s'en était vengé en faisant naître des incidents où il pouvait l'emporter à son tour et montrer sa supériorité, et ces incidents, grâce au genre de vie qu'on menait, se présentaient très souvent.

Presque tous les jours, on faisait des promenades le long des falaises, et chacun emportait un fusil pour abattre les fraos et les goélands qui, sur ces côtes rocheuses, se rencontrent par troupes : comme on va au tir pour montrer sa sûreté de coup d'œil et son habileté de main, ils allaient à la chasse des oiseaux de mer. Entre le docteur et M. de Trèfléan il n'y avait qu'une assez tiède rivalité, entre Maurice et Audren il en était autrement; c'était à qui tirerait le premier, ou bien Audren, étant devancé, attendait que Maurice eût manqué une pièce, et quand la distance était devenue assez grande, quand on s'était bien assuré que l'oiseau n'avait point été atteint, il épaulait son fusil, et rapidement, sûr de lui-même, comme un maître donnant une leçon, il pressait la détente, et ordinairement la pauvre bête bondissait aussitôt, vacillait quelques secondes et tombait à la mer; les ailes étendues elle flottait sur la lame, et autour d'elle, ses camarades venaient tournoyer en criant. Audren ne savait pas cacher sa joie, et il priait Armande, chargée de marquer les coups, de ne pas oublier cette victoire à son compte.

Souvent aussi on se réunissait pour prendre des bains tous ensemble. Quand la mer était calme, l'infériorité de Maurice n'éclatait point trop, et s'il le cédait en légèreté, en force et en rapidité, il l'emportait dans ces drôleries qui font l'admiration des écoles parisiennes et que dédaignent les nageurs habitués aux colères de l'Océan;

mais lorsque le vent soufflait du nord, lorsque la vague arrivait menaçante et rapide, lorsque avant de se briser sur la plage elle se creusait, haute et écumeuse, et s'abattait avec fracas sur les galets qu'elle attirait et rejetait avec elle, Audren triomphait de toute la puissance que donne la témérité unie à une longue habitude.

Avec une jeunesse inconnue de ses vieux amis, Maurice eût tout simplement avoué son ignorance; mais quand tout le monde savait que ces exercices lui étaient familiers, et qu'autrefois même il y mettait une certaine prétention, il ne pouvait reculer; forcé d'accepter le combat, il souffrait d'être vaincu devant Armande.

Pour échapper à ces luttes qui l'humiliaient, il proposa à celle-ci de consacrer plus de temps aux leçons de piano : la fête de M. Michon approchait; en travaillant bien, on pourrait lui faire une surprise : pour le travail, il n'y avait qu'à doubler les heures qu'elle lui donnait; pour la surprise, il n'y avait qu'à s'enfermer et à n'admettre personne qui pût révéler ses progrès.

Elle accepta avec joie, inquiète seulement de trouver un moyen pour éloigner Audren qui presque toujours s'arrangeait pour assister à ces leçons.

La première fois, elle l'envoya au village, sous le prétexte d'une commission à faire; mais le lendemain, lorsqu'elle le vit, à l'heure de la leçon, s'installer dans le salon, elle demeura embarrassée; comment lui dire d'une manière convenable : « Allez-vous-en, vous me gênez? »

Il avait pris un livre, et, sans lever les yeux, il tournait les feuillets toujours régulièrement.

Cependant approchait le moment où Maurice allait venir; elle le savait, elle le sentait, elle ne trouvait rien.

Enfin, comme s'il eût assez joui de cet embarras, il ferma son livre :

— Pourquoi donc, dit-il, n'êtes-vous pas franche avec moi?

Elle fit un geste d'étonnement.

— Pourquoi n'avez-vous pas le courage de me dire de m'en aller, puisque vous en avez le désir ? — Vous attendez M. Berthauld, et je vous gêne.

— Ce n'est pas parce que j'attends M. Berthauld, répliqua-t-elle assez sèchement, que vous me gênez, c'est parce que j'ai à travailler.

— Est-ce donc aussi parce que vous avez à travailler que vous me fuyez, et que vous ne me parlez plus ?

— Que voulez-vous dire ?

— Je veux dire que, depuis que ce monsieur est ici, je n'y suis plus rien, moi.

— Ce n'est pas votre cœur qui parle, c'est l'envie.

— Peut-être... Mais si l'envie, chez ceux qui ont toujours été heureux, ne mérite que la haine, elle devrait bien, à moi, ne me mériter que la pitié; cependant, vous êtes sans pitié pour moi. Ah ! Armande, vous êtes bien changée !

Il releva les yeux sur elle; elle ne le regardait pas, elle regardait la pendule.

— Ah ! s'écria-t-il, vous ne m'écoutez même pas.

Et il courut vers la porte : au même instant, Maurice la poussait pour entrer; ils se trouvèrent en face l'un de l'autre.

Audren s'arrêta, quelques secondes immobile, barrant le passage. Puis, tout à coup, se reculant :

— Ah ! ah ! dit-il, vous êtes bien exact, on voit que vous avez couru le cachet.

Armande s'élança vers Maurice.

— M. Berthauld ! dit-elle.

Maurice, l'ayant regardée, alla au piano et l'ouvrit ; elle vint s'asseoir près de lui.

Audren les enveloppa d'un regard terrible, resta indécis un moment; puis, faisant un geste désespéré, il sortit.

Sans dire un mot, ils se mirent au travail, et ce jour-là,

il n'y eut entre eux ni rires, ni contemplations, ni distractions.

Pour Audren, ce mois de travail fut un mois de tortures ; en voyant les craintes qu'il avait conçues se réaliser si promptement, en voyant surtout ce mystère qui annonçait une complicité qu'il ne croyait que trop bien comprendre, il tomba dans une tristesse morne ; et après avoir plusieurs fois, mais toujours inutilement, tenté de rompre ces éternels tête-à-tête, il cessa de venir ; on ne le vit plus que les soirs, plus triste et plus sombre qu'il ne l'avait jamais été.

Pour Maurice, ce mois de travail fut un mois de bonheur : délivré d'Audren, oubliant Marguerite, il voyait Armande ! Il ne lui parlait pas d'amour, mais il la regardait, et, dans son cœur, il sentait descendre la joie et le ravissement ; il croyait sa passion sans espoir ; mais en écoutant cette voix adorée, en rencontrant ce regard chaste et tendre, il était si pleinement heureux qu'il ne voulait rien au delà, et qu'il prenait en mépris ses plaisirs d'autrefois. Le travail avait créé entre eux une douce intimité, le mystère avait aussi créé une sorte d'entente involontaire, et d'un mot, d'un geste, d'un regard, ils se comprenaient comme deux coupables : leurs cœurs avaient trouvé une langue, leurs yeux savaient se parler.

VIII

La fête arriva. On déploya au château une activité inaccoutumée ; il y eut quelques jours avant de mystérieuses confidences : on cueillit des fleurs en se cachant, et dans la cuisine, Marie Ange, Louise et Jeannette coururent çà et là avec un empressement qui, chez des Bretonnes, en disait plus que de longues explications : les fourneaux rougissaient sans cesse, et dans les buffets on entassa des crèmes et des pièces froides montées et moulées à l'avance. Au milieu de ces préparatifs, le docteur allait et venait, avec un air qu'il tâchait de rendre innocent, et faisait tous ses efforts pour paraître n'avoir rien deviné.

La veille, on dîna comme à l'ordinaire, et à peine était-on au dessert que les amis commencèrent à arriver ; l'abbé avait endossé sa belle soutane, et M. de Trefléan portait, à sa boutonnière, sa brochette de décorations.

A sept heures, tout le monde était réuni dans la salle à manger ; et, par les fenêtres ouvertes, on apercevait sur la mer le soleil qui descendait à l'horizon. On causa quelques instants avec assez d'embarras, puis, quand le soleil ne fut plus qu'un globe sans rayons, immergeant déjà dans les flots, M. de Trefléan et l'abbé se levèrent, et s'approchant du docteur, qui s'efforçait de garder encore son air narquois :

— Mon vieil ami, dit l'abbé, nous vous souhaitons une bonne fête.

Puis ce fut le tour d'Audren, puis celui de Martel.

Comme le docteur, assez étonné de ne pas voir Armande, la cherchait des yeux, on entendit le piano résonner dans le salon, et une voix s'éleva, une voix douce, émue et un peu tremblante, qui chantait :

> Robert disait à Claire :
> Je t'aime avec ardeur.

Aux premières mesures de cet air, qui lui rappelait tant de souvenirs, le vieillard fut pris d'un tremblement nerveux, puis les larmes commencèrent à couler le long de ses joues, et quand la voix eut répété le refrain, ne pouvant plus se contenir, et sans attendre le second couplet :

— Armande ! s'écria-t-il.

Elle accourut et se jeta dans ses bras; il la tint long-temps serrée; puis, tendant la main à Maurice, il l'attira aussi sur sa poitrine, et, les réunissant dans une même étreinte, il les embrassa tous deux.

— Oh! mes enfants! disait-il, que vous êtes bons pour votre vieux père et quelle joie vous lui donnez!

Il les remercia encore et les embrassa tendrement; leurs joues étaient baignées de ses larmes.

Quand ce premier moment de joie fut un peu calmé, M. de Tréfléan proposa de sortir; car lui aussi avait préparé son coup de théâtre. On vit bientôt des flammes de bengale qui s'allumèrent dans tout le jardin et l'emplirent de lueurs rouges et vertes qui éblouissaient les yeux; c'était sa surprise.

La soirée était splendide : la lune ne se montrait pas encore, mais le ciel, sans nuages, laissait tomber une clarté bleuâtre et transparente, la mer battait doucement au pied des falaises et la faible brise qui soufflait de la plaine apportait une nourrissante odeur de blé mûri.

Par les allées du jardin on se mit à se promener, et lorsqu'on fut arrivé dans le bois où des pièces d'artifice brûlaient encore, Armande resta de quelques pas en arrière, auprès de Maurice; elle voulait aussi le remercier et lui dire sa reconnaissance.

Demeurée seule avec lui, elle ne put trouver une parole; l'émotion lui gonflait le cœur, et comme Maurice, non moins ému qu'elle, n'osait rien dire de peur d'en trop dire, ils marchèrent quelques instants côte à côte et en silence; puis, comme s'ils eussent tous deux en même temps compris les dangers d'un tête-à-tête dans l'état d'exaltation où ils étaient, ils se mirent à courir pour rejoindre le groupe des promeneurs.

Aux dernières clartés des flammes de bengale agonisant dans les massifs ils allaient rapidement; tout à coup celle de ces flammes qui les éclairait s'étant brusquement éteinte, Armande, qui courait la première, disparut aux yeux de Maurice.

Il entendit un cri et la chute d'un corps dans l'eau : elle venait de tomber dans un bassin creusé à fleur de terre, et où le docteur cultivait une collection de plantes aquatiques.

Aussitôt s'élançant après elle, il la chercha un peu à tâtons, car il avait les yeux éblouis. Comme le bassin n'avait que deux ou trois pieds de profondeur, il la trouva facilement ; et, la déposant sur le bord, sortant lui-même de l'eau tant bien que mal, il la prit dans ses bras et se dirigea vers la maison.

A toutes ses paroles, elle restait sans répondre. Cependant, la tenant serrée contre sa poitrine, il lui sentait le cœur qui battait faiblement.

Il arriva à la maison. Dès avant la porte, il appela ; personne ne répondit ; les domestiques étaient à regarder le feu d'artifice : alors, s'approchant d'une lampe qui brûlait dans le vestibule, il mit la tête d'Armande sous le foyer de la lumière ; elle était pâle, ses yeux étaient fermés, ses lèvres à demi ouvertes, ses cheveux ruisselaient.

Il lui mit la main sur le cœur, il battait un peu plus fortement ; il s'approcha de sa bouche, et il sentit le souffle de la respiration.

Ne sachant que faire, et la tenant toujours sur ses bras, il résolut de la porter dans sa chambre.

Avec précaution pour ne pas lui heurter la tête, il monta l'escalier ; en tâtonnant, il trouva la porte ; et, guidé par la blancheur des rideaux, il aperçut le lit.

Mais, prêt à la déposer sur ce lit, il s'arrêta, ce corps qu'il avait serré sur sa poitrine, sa course haletante, ses émotions de la journée, sa jeunesse, ses désirs, son amour, lui avaient enflammé le sang ; penché sur elle, sentant son haleine qui lui caressait le visage, il appuya ses lèvres brulantes sur les lèvres glacées de la jeune fille et il la laissa aller sur le lit.

Alors, ces lèvres qu'il croyait inanimées, s'ouvrirent aussi, et faiblement elles murmurèrent :

— Oh ! Maurice... Maurice !...

En entendant cette voix qui prononçait son nom, plutôt avec amour qu'avec colère, il hésita ; il était seul, personne ne viendrait, il l'aimait ; il fit quelques pas en avant, mais, prêt à la reprendre dans ses bras, il se releva et fermant brusquement les rideaux, il sortit de la chambre en courant.

Au bas de l'escalier, il trouva Audren qui les cherchait.

— Où est M. Michon ? cria-t-il, Armande est tombée dans le bassin.

Audren le regarda un instant, mais ce n'était pas le moment d'une explication, il fallait trouver le docteur.

Trois minutes après, il arriva. Pour qu'il pût monter l'escalier, M. de Tréfléan fut obligé de le soutenir.

Mais, bientôt, il redescendit un peu plus calme, et il annonça aux amis effrayés qu'il n'y avait aucun danger, que l'eau avait amorti la chute, que la défaillance était passée et que la circulation se rétablissait.

CHAPITRE X

AU BORD DE LA MER

I

Maurice ne songea guère à se coucher, les événements de la soirée lui avaient donné à réfléchir, il avait besoin de retrouver sa raison.

Mais il était bien peu calme pour se rappeler ces événements et froidement les juger; son baiser le brûlait toujours, et les paroles d'Armande lui emplissaient toujours la tête et lui étreignaient le cœur.

Les lèvres d'Armande s'étaient-elles ouvertes ou fermées lorsqu'il lui avait donné ce baiser? et ses paroles avaient-elles été des paroles de prière ou d'amour, de résistance ou d'abandon?

Était-il aimé, ne l'était-il pas? Armande, seule, pouvait le lui dire, et c'était avec impatience qu'il attendait le matin; le premier regard de leur rencontre déciderait leur vie à tous deux.

Une partie de la nuit se passa dans ces perplexités, et

il dormait depuis quelques heures seulement, quand le docteur entra dans sa chambre.

— Armande ? s'écria-t-il en ouvrant les yeux.

— Elle va bien ; mais toi-même, mon garçon, comment te trouves-tu ?

— Moi, ce n'est rien, mais elle ?

— Elle va bien ; cependant nous ne la verrons point ce matin, car il reste encore un peu de fièvre ; mais elle m'a promis de venir dîner avec nous, j'espère qu'alors il n'y paraîtra plus.

L'heure du dîner arriva, et, quand tout le monde fut réuni, Armande parut.

Elle était encore très pâle, ses paupières étaient bordées d'un large cercle bistré, et une nonchalance générale abattait son corps ; cependant, par convenance pour ce jour de fête, elle s'était mise en toilette, mais l'éclat même de cette coquetterie rendait sa langueur plus apparente.

Qu'allait dire son premier regard ?

Quoiqu'il cherchât ce regard, il ne le rencontra pas. Elle s'avança les yeux baissés, et, embrassant M. de Tréfléan et l'abbé, faisant aux trois jeunes gens une simple inclinaison de tête, elle prit place à côté de son grand-père.

L'accident de la veille défraya presque tout le dîner ; mais ce fut en vain que Maurice essaya d'attirer l'attention d'Armande : elle évita constamment ses yeux, et, quand le dessert fut servi, elle quitta la table.

Que devait-il penser de ce silence ? devait-il craindre ? devait-il espérer ? Était-ce mépris ? était-ce pudeur ? Dans tous les cas, il était bien certain qu'elle l'évitait, et que, s'il ne la surprenait pas, ce parti pris pouvait durer longtemps.

Le lendemain, au déjeuner, où Armande ne parut pas, il annonça devant le docteur et devant les domestiques l'intention de faire une longue promenade, et au lieu de sortir comme il l'avait dit, il alla se mettre en sentinelle dans le jardin.

Il s'était placé derrière un large laurier-tin qui trempait ses branches dans le bassin où Armande était tombée; c'était assez loin de la maison pour qu'on ne le vît pas, et point assez, cependant, pour que quelqu'un pût en sortir sans qu'il l'aperçût; pensant qu'Armande voudrait assurément revoir ce fameux bassin, il attendit.

Il attendit trois heures; puis, ce qu'il avait prévu se réalisa; Armande parut sur le perron, et après avoir tourné autour de la pelouse, elle se dirigea de son côté.

Elle marchait lentement, la tête inclinée vers la terre, éclairée en plein par le soleil, et laissant flotter au vent les brides de son chapeau de paille qui se détachaient sur le fond blanchâtre de sa robe lilas. Bientôt elle arriva près de lui; mais il ne quitta pas encore son abri, car elle n'aurait eu qu'à faire un pas en arrière pour lui échapper et il voulait la laisser s'engager dans le bois. Elle s'y engagea, et allant s'asseoir sur un banc, elle ouvrit un livre qu'elle portait à la main, puis elle le referma, et parut se perdre dans une profonde méditation.

Il sortit de derrière son arbre, et avec précaution il s'avança. Lorsqu'elle entendit le bruit de ses pas et qu'elle voulut regarder qui venait ainsi, il était devant elle.

Elle se leva brusquement, son front se couvrit de rougeur, et ses mains commencèrent à trembler. Non moins ému, Maurice demeura immobile; quoique bien ferme dans sa résolution, il tremblait aussi.

Ils restèrent longtemps la tête baissée, ne disant rien, ne voyant rien; puis en même temps ils relevèrent la tête, leurs yeux se rencontrèrent, et fixes, béants, gonflés, ils s'arrêtèrent l'un sur l'autre. Quelques secondes s'écoulèrent dans cette muette contemplation; leurs âmes étaient passées dans leurs regards, et par de rapides éclairs elles s'attiraient et se confondaient.

— Armande! s'écria Maurice.

— Maurice! dit-elle faiblement, et elle cacha son visage entre ses mains.

Il se fit un long silence; puis Maurice, d'une voix suppliante :

— Ah! vous m'aimiez, n'est-ce pas? vous m'aimiez, dites, Armande?

Elle ne répondit pas encore; mais écartant ses doigts, elle le regarda, et dans ce regard plein de franchise et de candeur, il y avait un aveu plus doux et plus éloquent que toutes les paroles.

Il saisit la main qu'elle avait laissé tomber, la prit dans les siennes, et la couvrit de baisers. Des mots sans suite s'échappaient de ses lèvres.

Effrayée de cet emportement, elle voulut dégager sa main.

— Si j'ai pu avoir un moment d'oubli, c'est que ma tête était perdue; aujourd'hui j'ai toute ma raison : je sais qui vous êtes, Armande, et je vous adore à genoux. Depuis deux mois que je vous aime, je n'ai jamais dit un mot, je n'ai jamais fait un geste pour vous apprendre mon amour. Ce que j'ai toujours été, je le suis encore; seulement, au lieu du doute et de l'incertitude qui me torturaient, vos douces paroles de l'autre soir et votre regard de tout à l'heure ont mis dans mon âme une joie qui me transporte.

Il lui pressa la main; leurs doigts s'enlacèrent, et une fois encore leurs regards s'unirent.

Elle était honteuse de se sentir ainsi regardée, elle était confuse d'entendre ces brûlantes paroles, mais elle en était heureuse en même temps : l'émotion était plus forte que sa volonté, et tout ce qu'elle savait dire, c'était de répéter faiblement :

— Oh ! c'est mal !... Maurice, je vous en prie...

Elle le regardait au travers de ses larmes ; mais dans sa voix et dans ses yeux il y avait plus de joie que de tristesse, plus d'amour que de reproches.

Avec des paroles que la passion rendait persuasives, il s'efforçait de la rassurer. Moins chaste, moins ingénue, elle eût été moins confiante, mais son esprit candide n'avait jamais soupçonné le mal ; il était près d'elle, il lui tenait la main, et la brûlait de son regard, il était jeune, beau, éloquent, il parlait d'amour : elle écoutait de toute son âme.

Il disait ses espoirs, combien le docteur était bon, combien il les aimait tous deux, combien il serait facile de le décider au mariage ; il se démontrait à lui-même, et il démontrait à Armande qu'ils ne rencontreraient pas d'obstacle, qu'ils n'avaient rien à craindre ; que, pour être pleinement heureux, ils n'avaient qu'à attendre un jour où, comme le soir de sa fête, le docteur n'aurait rien à leur refuser ; qu'il n'y avait qu'à faire naître une occasion, et que jusqu'à ce moment ils devaient s'abandonner à leur joie, et s'aimer de tout cœur.

Il trouvait des gestes, des accents, des ardeurs, des transports, des enthousiasmes qui fascinaient Armande ; suspendue à ses lèvres, les yeux dans ses yeux, elle avait tout oublié et n'était plus qu'amour.

Ils avaient abandonné les bords du bassin, et par la grande allée, ils marchaient lentement, côte à côte. De temps en temps ils s'arrêtaient, ils se tournaient l'un vers l'autre, ils se regardaient dans une longue extase, puis ils se remettaient en marche.

Les grands arbres laissaient tomber sur leurs têtes l'ombre et la fraîcheur, et par des percées ouvertes çà et là on voyait la mer d'un beau bleu d'azur sous un soleil de feu.

Il fallut se séparer. Déjà bien des fois ils étaient venus

jusqu'au bassin, et toujours ils étaient retournés sur leurs pas, en se disant : « Encore une minute, rien qu'une minute. »

II

Lorsqu'il rentra, elle était assise près de son grand-père.

— Eh bien, dit le docteur, ta promenade ?
— Superbe.
— Tu ne t'ennuies pas trop avec nous ?
— Mon plus grand bonheur, je vous le jure, serait d'y passer ma vie.
— Mon garçon, reste tout le temps que tu voudras ; tu sais que je t'aimais déjà comme un fils ; mais après ce que tu as fait pour Armande et pour moi, c'est un nouveau lien que tu as formé entre nous, plus solide encore ; je suis ton obligé, tu verras que je ne suis pas un ingrat.

Armande et Maurice s'interrogèrent mutuellement du regard ; celui-ci s'avança comme pour parler, prit la main du docteur, et hésita quelques secondes.

Pendant qu'il réfléchissait et se gourmandait, Marie-Ange vint annoncer que le dîner était servi : l'occasion était perdue.

Ils se retrouvèrent le lendemain à l'endroit où ils s'étaient quittés la veille ; mais, pendant la nuit et à leur insu, de grands changements s'étaient accomplis en eux.

Pour Armande, cet entretien de la journée avait été la révélation de la vie et du bonheur, et, comme la première pluie chaude du printemps tombant sur une branche y fait éclore les boutons gonflés de sève, la parole de Maurice avait fait éclore en son âme un monde de poésie d'enthousiasme et d'amour.

Pour Maurice, cet entretien avait été aussi la révélation d'une vie nouvelle qui allait commencer et où tout serait oubli pour le passé, certitude pour le présent, espérance pour l'avenir. Il prononçait le nom d'Armande, il pensait à elle, et il retrouvait sa jeunesse; il serait heureux, il serait fort, il serait grand.

Ils s'abordèrent, les joues pâles d'émotion, les yeux brillants de plaisir.

— J'ai rêvé de vous, chère Armande, et vingt fois je vous ai dit en dormant combien je vous aimais; mais l'autre nuit, quand je craignais de vous avoir offensée, quand je me demandais si vous voudriez me revoir, si nous aurions encore nos entretiens, notre travail, nos promenades, combien j'ai souffert!

— Et moi! interrompit-elle.

— Vous?

— Je m'accusais moi-même.

— Et de quoi?

— Je vous en prie, ne m'interrogez pas et ne me forcez point à rougir devant vous; je ne suis qu'une enfant qui vous aime et ne saurait vous résister; ayez pitié de ma faiblesse et de mon ignorance.

Il insista en la pressant.

— Eh bien, reprit-elle alors en baissant les paupières, lorsque grand-père fut sorti de ma chambre, je me mis à pleurer; je me rappelais les paroles qui m'étaient échappées, et j'avais honte de moi. Il me semblait que je n'oserais pas vous revoir, il me semblait que vous deviez me mépriser et me juger bien faible.

Maurice, que les confessions de cette âme naïve et franche remplissaient de joie et d'orgueil, loin de vouloir les arrêter, voulut les prolonger; et, docile à son inspiration, se défendant, rougissant, s'arrêtant, ne reprenant qu'après de douces prières, elle dit comment elle l'avait aimé; comment le voyant près de sa mère malade, elle avait été prise de sympathie et de compassion ; comment, lorsqu'il était revenu, elle avait été elle-même affligée de sa douleur. Elle dit encore comme elle avait été heureuse lorsqu'il avait parlé de leçons. Puis, coquettement et en souriant finement, elle rappela les distractions qui avaient accompagné ces leçons, et qui, bien des fois, l'avaient laissée libre de passer plus de la moitié du morceau : elle rappela ces refrains chantés à mi-voix, en passant devant sa chambre ; les longues promenades qu'on faisait devant ses fenêtres dès le petit matin : mais, avec sincérité, elle avoua que souvent aussi elle-même avait été matineuse, et que, cachée derrière sa jalousie, elle l'avait maintes fois regardé, tandis que, se croyant bien seul, il se dépitait de ne point la voir paraître.

Et, dans la grande allée où ils marchaient l'un près de l'autre, c'étaient des rires, des contemplations, des silences, des explosions de reconnaissance pour le passé, d'espérance pour l'avenir, qui les transportaient de joie, et les ravissaient à eux-mêmes.

Mais cette allée ombreuse, entourée de bois sombres, et où des sentiers débouchaient à chaque pas, offrait bien des chances de surprise et bien des dangers pour un pareil entretien. Maurice proposa de gagner la campagne.

Ils sortirent, et par un chemin encaissé entre deux berges argileuses, bordées d'argousiers au feuillage argenté, ils montèrent vers la falaise ; bientôt les argousiers furent plus maigres, le chemin moins creux, le sentier battu moins large, le vent de la mer souffla frais et salé, ils arrivèrent dans la lande.

Une steppe s'étalait à perte de vue ; çà et là, le gazon avait été enlevé par larges plaques, et on l'avait mis sécher en petits tas pour s'en chauffer quand l'hiver serait venu : le chemin s'en allait en zigzag, coupant les espaces couverts d'ajoncs : ni le mouglement d'une vache, ni le bêlement d'un mouton, ni le cri d'un oiseau ne venait troubler le morne silence de ce paysage désolé.

Essoufflés de leur ascension, ils s'assirent sur l'herbe, les yeux tournés vers la mer.

— Quelle tristesse, dit Armande, et quelle solitude ?

— Quel contraste, dit Maurice, avec la joie de notre cœur, et comme on est bien seuls, ici !

— Nous y reviendrons tous les jours.

— Tous les jours, jusqu'à notre départ pour Paris.

Ces simples mots, départ et Paris, prononcés sans intention bien précise, les émurent tous deux ; il y eut un moment de silence rêveur et recueilli.

Puis Maurice reprenant :

— Que la pensée de quitter ce pays ne vous effraye pas, chère Armande, nous n'y épuiserons point notre bonheur, et nous en aurons encore pour Paris, je vous le promets.

— C'est ici que nous nous sommes aimés, nous y reviendrons.

— Tous les étés,

— Ce pauvre grand-père qui va rester isolé, il faudra bien venir le revoir.

— Nous tâcherons de le décider à passer chaque année quelques mois avec nous.

— Comment cela sera-t-il chez nous ?

— Ce sera petit et simple ; vous le savez, je ne suis pas riche.

— Oh ! qu'importe ?

— Je travaillerai.

— Donc, cela sera petit ?

— Tout petit, et même à un étage un peu élevé.

— Aussi élevé que vous le voudrez, je ne vous demande que du soleil ; dans une rue sombre, il me semble que je mourrais.

— Nous habiterons une rue large, et nous aurons du soleil.

— Et une terrasse ?

— Une terrasse.

— Pas bien grande, mais assez cependant pour y mettre des caisses avec de la terre.

— Moi, je planterai.

— Moi, j'arroserai.

— Nous aurons des vignes vierges et des volubilis.

— Quand nous serons riches, nous prendrons la moitié de notre terrasse pour en faire une petite serre.

— On y mettra des oiseaux ?

— Et un bassin avec des rocailles. Il y aura un jet d'eau avec des menthes et des nymphæas bleus, et en le voyant, on se souviendra d'un autre bassin plus large et plus profond, et on s'embrassera.

— Nos meubles seront en bois blanc, du bouleau ou du merisier verni.

— Ils seront recouverts en perse.

— Quand nous serons riches, nous remplacerons la perse par de la soie.

— Nous ne verrons personne, n'est-ce pas ?

— Personne... excepté Martel, toutefois.

— Vous l'aimez, je l'aime.

— Nous passerons tout notre temps ensemble : le matin, je me lèverai de bonne heure pour travailler, nous déjeunerons, je travaillerai encore un peu, pendant que vous vous habillerez, puis nous sortirons tous les deux pour nous promener.

— Vous me ferez connaître Paris ?

Sur leurs têtes, le ciel était radieux, et le soleil versait à flots une lumière vivifiante. Au loin, des navires aux blanches voiles se découpaient sur le bleu de l'horizon, et paraissaient immobiles au milieu de la mer. L'air était calme, et le silence était partout ; seulement, de temps en temps, dans l'herbe où ils étaient assis, ils entendaient le bourdonnement d'un insecte qui voletait d'une bruyère à une soldanelle, d'une pâquerette à un ajonc ; de temps en temps, un souffle arrivait du large, qui courbait, en les balançant, les tiges écourtées des flouves et des fougères.

Pour eux, en ce calme et en ce silence, tout était amour ; et quand leur parole restait muette, c'est que leurs cœurs savaient se parler et s'entendre.

Assis près d'elle, serrant sa main qui tremblait dans les siennes, subissant les influences de la solitude et les langueurs d'une tiède atmosphère, il sentait ses artères gonflées battre avec violence, le sang lui montait à la tête, ses yeux se troublaient ; et, parfois, il était prêt à saisir Armande dans ses bras.

Il se leva, et prenant Armande par la main, il la fit lever aussi ; alors, par les chemins gazonnés, il l'entraîna ; comme deux poulains échappés, comme deux enfants, ils se mirent à galoper. Ils allaient, franchissant les buissons, roulant sur les cailloux, glissant sur l'herbe sèche, se soutenant l'un l'autre, riant, causant, s'excitant ; une sorte de délire joyeux les avait saisis, leur passion contenue s'échappait en une gaieté nerveuse.

III

Ils revinrent presque tous les jours dans la lande ; ils aimaient cette solitude où ils pouvaient se parler librement, se contempler sans témoins. Mais ces promenades délicieuses pour leur amour n'avançaient en rien leurs affaires ; l'occasion de s'ouvrir à M. Michon ne se présentait pas.

Et pendant ce temps les journées s'écoulaient ; Audren devenait de plus en plus gênant par sa jalousie et sa surveillance, tandis que Martel lui-même compliquait la situation d'un nouvel embarras. Chaque fois qu'il revenait d'une excursion dans les environs, — car autant par discrétion que par besoin de travail il restait peu à Plaurach, — il parlait en riant de départ, et demandait quand on fixerait le jour. Las de ne recevoir que des réponses évasives, il s'en expliqua plus sérieusement.

— Or çà, dit-il un soir, est-ce que nous allons rester ici, et attendrons-nous madame Baudistel toute notre vie ?

— Madame Baudistel ne viendra pas, je ne l'attends plus.

— Elle viendra, au contraire, on m'a même assuré qu'elle arrivait prochainement.

— Que nous importe ?

— Il m'importe peu à moi, cependant je crois que c'est le moment de nous en aller.

— A quoi bon ? je ne la verrai pas.

— Alors, à quoi bon rester ? il y a assez longtemps que nous sommes ici.

— Ah ! chez des amis.

— Chez *tes amis*. Ils t'ont élevé, tu es leur enfant, c'est bien ; moi, je ne suis l'enfant de personne ici, et je commence à en avoir assez de mes voyages dans le Finistère ; or, je te propose, ou de nous remettre tous deux en route, ou de m'y remettre tout seul ; que veux-tu ?

— Rester encore ici, et que tu y restes toi-même.

— A piquer les assiettes, merci.

— Non, mais en payant ton hospitalité.

— Faut-il que je donne des leçons de peinture ?

— Il faut que tu fasses un tableau pour le docteur.

— A quoi bon un tableau, quand on a tous les jours sous les yeux le soleil, la mer et des arbres, et qu'on sait les voir ?

— Si tu lui faisais un coucher du soleil en pleine mer?

— Me prends-tu pour un membre de l'Institut?

— Veux-tu me rendre le service de peindre un coucher de soleil? Tu sais combien le docteur a été heureux de ma vieille romance qui lui a rappelé sa jeunesse; ce que je te demande, c'est précisément un tableau qui la lui rappelle aussi : un jeune homme et une jeune femme assis l'un près de l'autre, se tenant par la main et regardant le soleil se coucher dans la mer. Il y a ici un portrait de madame Michon; tu feras tes personnages tout petits, la ressemblance ne sera pas bien difficile.

— S'il faut que je te brosse ça dans le genre de ta romance, je ne pourrai jamais.

— Fais à ta manière; le docteur sera content de toi.

— Tu me flattes, misérable; tu as donc bien envie de ton tableau?

— Franchement, oui.

— Je le ferai; mais aussi franchement que tu viens de me dire oui, dis-moi quel est ton but!

— Tu as vu la joie du docteur, je veux que nous lui en donnions encore une semblable, et comme j'ai une demande à lui faire, je profiterai de ce moment.

— Une demande!

— Une demande que je t'expliquerai plus tard. Quand penses-tu commencer?

— Déjà!

— Ça presse, mon bon, ça presse.

— Alors demain; mais c'est à une condition : tu comprends qu'avec la mer et le soleil pour fond, j'ai besoin d'un premier plan très soigné, et comme il y a dans l'Ile-aux-Moines un éboulement qui m'a séduit, tu demanderas à M. de Trefléan la permission de prendre son grand canot, et tu m'y conduiras.

Quand Maurice parla de ce projet à Armande, elle en

fut attristée, la pensée d'un voyage en mer, de deux ou trois heures au moins tous les jours, et la certitude qu'il lui faudrait, en restant seule, accepter une explication avec Audren, l'émurent et l'effrayèrent; mais lorsqu'elle eut compris que, par ce moyen, leur bonheur serait bientôt assuré, elle se résigna, et ce fut même presque avec un sentiment de joie qu'elle les vit s'embarquer sur l'*Albatros* et mettre à la voile.

IV

L'Ile-aux-Moines, la plus grande d'un petit archipel que les flots ont divisé et déchiqueté, est à deux lieues de Plaurach, et, du haut des falaises, on la voit au large, noire et ardue, au milieu d'une mer blanchissante. Pour être plus longtemps avec Maurice, Armande, le jour de leur départ, alla s'asseoir dans la lande, à la place même où ils avaient si souvent parlé d'amour, et elle put encore voir leur canot qui, poussé par une bonne brise, doublait la passe de l'est, tournait l'île qui est à l'entrée de Plaurach, revenait vers la passe de l'ouest et gagnait la pleine mer.

Il y avait déjà de longues heures qu'elle rêvait, lorsque, tournant les yeux vers le village, elle aperçut Audren qui s'avançait vers elle. Son premier mouvement fut de s'enfuir; mais une nouvelle fuite ne décidait rien, et, dans les conditions présentes, elle était impossible : il fallait affronter l'entretien.

Audren s'approcha lentement; il était encore plus pâle qu'à l'ordinaire, et ses yeux avaient un éclat brûlant.

Arrivé devant elle, il la regarda quelques secondes en silence, puis, sans lui tendre la main, sans même lui faire un signe de tête, avec un accent plein de tristesse et d'amertume :

— Eh bien, dit-il, vous ne me fuyez donc pas, aujourd'hui ?

— Pourquoi vous fuirais-je ? interrompit-elle faiblement.

— Parlez-vous sérieusement, Armande ! et faut-il que je vous réponde ? ou bien voulez-vous dire que vous ne me fuyez pas.

Elle ne répondit pas, car elle ne pouvait le faire sans avouer la vérité, ou sans recourir au mensonge ; la loyauté lui défendait une tromperie, la crainte un aveu ; une femme se serait sauvée en déplaçant habilement la question ; elle n'était qu'une jeune fille, elle se tut.

— Oui, reprit-il, dites clairement que vous ne me fuyez pas, dites que depuis l'arrivée de M. Berthauld à Plaurach, vous êtes encore pour moi ce que vous étiez autrefois.

— Je ne suis point changée à votre égard, et j'ai toujours pour vous l'amitié la plus sincère.

— Vous l'affirmez ?

— Je le jure ?

Ce fut au tour d'Audren de rester silencieux, mais presque aussitôt reprenant :

— Affirmez-vous aussi que vous ne me fuyez pas ?... Vous ne me répondez pas ?... Tenez, je vous en supplie, expliquons-nous. Je suis malhabile aux choses de l'esprit, il ne vous serait pas bien difficile de m'embarrasser avec d'adroites paroles, mais vous ne le voudriez point, n'est-ce pas ? Répondez donc franchement à ce que je vais vous demander franchement, et je croirai que vous avez encore un peu d'amitié pour votre pauvre Audren.

— En vérité je ne vous comprends pas.

— De quel droit, n'est-ce pas ? pourquoi je vous parle ainsi ? — De quel droit ? Du droit de l'amitié ! — Pourquoi? Pour mon repos et pour mon bonheur. Car, depuis trois mois, je ne vis plus, j'ai une fièvre qui me brûle, et vous le savez bien, Armande je l'ai souvent lu dans vos regards qui, peut-être, m'auraient rendu heureux, s'il y avait eu moins de pitié; mais cette pitié, qui me blessait il y a encore quelques semaines, aujourd'hui je l'implore : au nom de cette pitié, au nom de votre bon cœur, au nom de ce qui peut vous toucher, Armande, répondez-moi : aimez-vous M. Berthauld ?

Et comme elle s'était levée.

— Ah ! restez, c'est pour ma vie que je parle, avec franchise, répondez-moi : aimez-vous M. Berthauld ? Ah ! n'ayez pas honte, ne cherchez pas à me tromper, pas de phrases, pas de détours : l'aimez-vous?

La question ainsi posée était des plus graves, elle le comprenait. — Ne pas se contenter des raisons invoquées par Audren et demander de quel droit il interrogeait ainsi, c'était provoquer une déclaration qui devenait inévitable, et que cependant il fallait éviter. — Ne rien dire et s'échapper, c'était tout dire, c'était exaspérer Audren. — Répondre qu'elle n'aimait pas, c'était tromper un homme qui avait été son frère, lorsqu'il venait à elle brutalement peut-être, mais à coup sûr loyalement; c'était le tromper avec la certitude que sa fourbe serait bientôt découverte; c'était s'exposer au mépris, à la haine, à la vengeance de cet homme, et y exposer aussi Maurice. — Répondre qu'elle aimait, c'était manquer à sa promesse, c'était désespérer Audren, le pousser peut-être à quelque extrémité, à une provocation, à une dénonciation, et puis c'était encore pour elle se résigner à l'aveu le plus pénible, c'était déflorer son amour, le confesser à celui-là qui, le dernier, aurait dû l'apprendre.

Cependant elle s'y résigna; la pensée que c'était elle seule qui braverait le premier danger, la décida :

— Eh bien ! oui, dit-elle faiblement.

Et, le regardant, elle ajouta presque avec résolution :
— Oui... je l'aime.

Il pâlit, et, quoiqu'il s'attendît presque à cette réponse, son cœur cessa de battre, et, haletant, éperdu, hébété, il la regarda sans trouver un seul mot.

Le voyant ainsi et touchée de pitié, elle se leva et lui prit la main ; longtemps, sans rien dire, ils se regardèrent ; puis, Audren, détournant ses yeux où roulaient des larmes contenues :

— C'est donc plus fort que vous ! dit-il.

Comme, sans répondre, elle lui avait abandonné la main :

— Oh ! je n'ai pas voulu vous faire de la peine, ajouta-t-il, craignant de l'avoir blessée, je vous ai dit cela parce que je le sens ; je sais que vous êtes bonne et que, si vous pouviez faire autrement, vous le feriez.

Comme elle ne répondait point encore :

— Mais que vous a-t-il donc fait pour que vous l'aimiez? s'écria-t-il avec explosion.

A ces mots, elle eut peur que cette colère, qui se dominait à peine, n'éclatât et ne tombât sur Maurice, et sentant que ce qui toucherait son amant la blesserait plus que ce qui la toucherait elle-même, comprenant aussi qu'Audren l'aimait assez pour ne pas la frapper sans pitié, elle voulut détourner les coups et les attirer sur elle seule.

— Audren, dit-elle, que votre chagrin ne vous rende ni injuste ni blessant ! S'il y a une faute, elle n'est pas à lui, elle est toute à moi.

Furieux de cette générosité, et ne voulant pas que son idole s'outrageât elle-même :

— A vous ! reprit-il, c'est votre faute s'il est venu et revenu ici ! c'est votre faute si, pour se distraire, il vous a regardée ! c'est votre faute s'il vous a séduite !

Armande, les joues empourprées, se leva sans dire un

seul mot, et déjà elle avait fait quelques pas pour s'enfuir, lorsque Audren, la saisissant par le bras :

— Oui, reprit-il d'une voix brève, séduite... ensorcelée; je vous dis qu'il doit être sorcier pour vous avoir fait oublier vos amis et cette maison où vous avez grandi; car enfin vous ne pouvez être heureuse qu'ici. Que ferez-vous dans cette vie d'artiste? Quand même cet homme aurait toutes les qualités que vous lui attribuez et que je ne lui reconnais pas, moi, — mais, enfin, la haine peut m'aveugler, — quand cela serait, vous ne vivrez pas un an de cette vie, vous n'êtes pas faite pour y vivre; plante de ce pays, vous êtes faite pour y fleurir, vous vous fanerez ailleurs! Armande, rappelez-vous votre mère! Il vous a donc fait aussi oublier votre mère? Oui, c'est votre mauvais génie, et si vous partez, je le sens, vous êtes perdue.

— Qui parle de partir? interrompit-elle. Pourquoi me parlez-vous de Paris? Que savez-vous? que voulez-vous dire?

— Ah! pas de ruse, Armande.

— Je vous aime comme un frère, je ne puis pas vous aimer autrement; pourquoi voulez-vous m'en faire dire plus, puisque vous savez la vérité? pourquoi m'attaquez-vous dans mon amour? pourquoi voulez-vous que je vous blesse, et que je me blesse moi-même? C'est vous qui êtes cruel, c'est vous qui êtes imprudent.

— Vous avez raison, Armande, nous sommes fous tous les deux; mais moi, de plus, je suis horriblement malheureux; je sens que ma vie était attachée à la vôtre, que vous vous perdez, et que je me perds avec vous; je souffre moins de mon malheur que du vôtre. J'ai commencé cette conversation comme un amoureux, je la finis comme un frère! Il ne s'agit plus de moi, Armande, oubliez-moi; je suis mort, mais je ne veux pas que vous mouriez; je peux parler de moi comme en parleraient mes amis, si j'en avais. J'étais votre amant, Armande...

A ce mot, Armande, jusque-là foudroyée, eut un léger tressaillement ; Audren le vit, et tendant la main comme pour la rassurer :

— J'aurais été votre mari, reprit-il. Regardez-moi ; vous n'aurez peut-être pas, désormais, l'occasion de me voir, et il faut que vous vous souveniez de moi ; regardez-moi : j'étais le bonheur, j'étais l'honneur, et lui...

Sa figure prit une expression sauvage, en se tournant vers l'île aux Moines :

— Lui...

Elle fit encore un geste ; mais Audren, cette fois, d'autorité et comme la repoussant :

— Je ne l'insulte pas, je le maudis. Lui! c'est la paresse, c'est l'amour frivole, c'est l'abandon, c'est le malheur, c'est la honte ! Je sais que vous allez me haïr après de telles paroles, mais j'ai tout dit, je dirai tout, le bien comme le mal, l'amour comme la haine ; retenez bien une chose, Armande, vous vous la répéterez plus tard à vous-même : vous n'avez été aimée, vraiment aimée, que pendant un jour, pendant une heure, par un homme ; ce jour, c'était aujourd'hui ; cette heure, c'était celle où nous sommes ; cet homme, c'était moi. — L'amour ! vous le cherchiez là-bas, il est ici.

A ces paroles, il eut peur de lui-même, il eut peur de s'attendrir, et il ne le voulait pas ; toutes les pensées lui traversèrent tumultueusement l'esprit : se jeter aux genoux d'Armande, lui demander pardon, lui demander merci, ou bien la saisir dans ses bras, et se lancer avec elle du haut de la falaise. Il la regardait fixement avec des yeux terribles, mais il ne la voyait plus ; elle était auprès de lui, il la cherchait. C'est qu'il la voyait plus loin ; il la voyait dans l'avenir, il la voyait dans sa maison, malgré tous ses pronostics de malheur, amante adorée, femme heureuse, mère chérie.

Aussi put-elle croire réellement que son esprit était égaré, quand elle lui entendit proférer ces paroles :

— Ah ! ils seront bien beaux vos enfants, Armande, et ils vous aimeront bien. Je vais vous demander une dernière grâce, ne me la refusez pas : quand ils seront déjà un peu grands, et que le soir vous leur ferez faire leur prière, quand vous leur aurez dit : « Prie pour ta mère, prie...

Ici il eut comme un étranglement.

— Prie pour ton père, — vous leur direz : — Prie pour ton ami Audren, que tu n'a pas connu, et qui m'aimait bien ; il en a bien besoin, va, car il a cruellement souffert en ce monde, et Dieu sait s'il ne souffre pas encore plus dans l'autre.

En disant ces mots, il s'enfuit en pleurant, en hurlant.

Elle éprouva un sentiment de délivrance en le voyant s'éloigner : au moral comme au physique, elle était affaissée ; la rapidité avec laquelle les paroles d'Audren s'étaient succédées, ne lui avait laissé que le temps de recevoir les coups sans songer à les parer ; quoiqu'il se fût rapidement éloigné, et que déjà on ne le vît plus, elle n'osait lever les yeux, elle frissonnait, elle se sentait en quelque sorte encore enveloppée de cette colère et de ce désespoir ; et il lui fallut presque un effort de volonté, pour évoquer ce nom si aimé de Maurice. Mais, ayant jeté les yeux sur l'Île-aux-Moines, cette vue lui fut un cordial : elle se leva tout allégée, et reprit lentement le chemin de la maison. Il lui semblait qu'elle avait fait une grande maladie, son cœur battait avec violence, elle sentait des plaques de rouge sur les joues, ses jambes ne la portaient plus ; plusieurs fois elle fut obligée de s'arrêter ; mais elle ne voulut point s'asseoir, il lui semblait qu'elle ne pourrait plus se relever. Les sinistres prédictions d'Audren lui revenaient à la mémoire, elle en était assiégée. « Si c'était vrai tout ce qu'il m'a dit, si cela devait m'arriver ainsi ? » Puis, elle éprouvait une violente commotion dans la tête, son esprit s'engourdissait et devenait trouble, et machinalement elle répétait : « Si cela était ainsi ? Alors apercevant les arbres qui entouraient la maison, elle voulut chasser cette idée. Dans son égoïsme naïf, elle n'avait songé tout d'abord qu'à elle et au présage de malheur jeté sur Maurice, mais le fond de sa nature c'était la bonté : dès qu'elle cessa de se voir elle-même et celui qu'elle aimait, la figure pâle et désespérée d'Audren lui apparut, elle souffrit de le voir tant fait souffrir, se reprocha de ne pas l'aimer, et en arriva à se poser cette question terrible : « Est-il donc vrai qu'on ne peut faire le bonheur de l'un sans faire le malheur de l'autre ? » Cette première idée en apportait avec elle une seconde, qu'elle ne se formulait pas avec précision, mais que son amour lui présentait avec persistance : « Pourquoi nous plutôt que lui ? — De là à se dire que la douleur d'Audren était peut-être moins profonde qu'il ne le croyait, plus guérissable, qu'il était jeune, qu'il était fort, qu'il ne se dégoûterait pas de la vie parce qu'elle ne lui avait point tenu ses promesses ; de cette première pensée complaisante à ces dernières pensées lâches il n'y avait pas loin : à mesure qu'elle s'approcha de la maison, le bruit que faisaient dans son âme les paroles d'Audren alla s'atténuant, et de ses yeux son image alla s'effaçant ; ce fut le souvenir de Maurice qui rentra en triomphateur dans cette âme d'où il avait été un instant expulsé, ce fut Maurice qu'elle entendit et qu'elle vit désormais, et ce fut lui, à coup sûr, qui, lorsqu'elle mit le pied sur le seuil, se pencha vers elle, et lui répéta ce mot que ses lèvres répétèrent docilement, sans que son esprit s'y prêtât, sans que son cœur y consentît : — Il se consolera ?

V

Le lendemain, elle ne remonta pas sur la falaise pour assister au départ de Maurice, car l'aspect de ce lieu était désormais pour elle inséparable de la scène qu'elle y avait eue avec Audren ; son image attristée lui défendait d'y entrer, — et il lui semblait qu'elle n'y remonterait jamais.

Cependant, vers le milieu de la journée, la chaleur étant devenue étouffante, de gros nuages s'amoncelant à l'horizon, les feuilles frissonnant toutes seules dans les buissons, les vaches meuglant plaintivement dans la prairie, elle se décida à y aller, elle voulait se rassurer sur Maurice ; son amour fut plus puissant que ses craintes et que ses remords.

En chemin elle rencontra M. de Tréfléan.

— Sais-tu à quelle heure ils doivent rentrer ? demanda celui-ci.

— Pas avant ce soir, je pense.

— Le temps se charge ; il y a dans le ciel des tons jaunes et verts qui n'annoncent rien de bon, les nuages s'entassent, ils courent contre le vent, si le vent tourne nous aurons un orage.

— Montons sur la falaise, peut-être le verrons-nous venir.

— Monte devant, je vais aller chercher une longue-vue, je te rejoins.

Armande arriva rapidement sur la falaise. Ce fut en vain qu'elle interrogea l'horizon, on ne voyait au loin que les îles noires au milieu de la mer calme. L'air était lourd. De temps en temps soufflait de la terre une rafale chaude, et presque aussitôt tout redevenait immobile, même les herbes les plus flexibles.

— Eh bien? dit M. de Tréfléan, qui arrivait suivi d'Audren.

— Je ne les vois pas, répondit Armande, sans oser tourner les yeux vers Audren, qui lui-même regardait la mer.

— A quoi pensent-ils donc? continua M. de Tréfléan, les oiseaux devraient leur dire qu'il faut rentrer.

Des mouettes et des pétrels arrivaient du large en bandes nombreuses pour se blottir dans les trous de la falaise; le ciel devenait de plus en plus noir, les nuages s'amoncelaient en masses compactes et confuses.

— Regardez? dit tout à coup Audren.

De derrière l'île on vit sortir le canot toutes voiles dehors; sur l'horizon noirâtre, sa silhouette blanche se détacha vivement.

Presque en même temps, la mer, qui jusqu'alors avait été sans une ride, frémit comme sous une pluie battante, elle se souleva en deux ou trois sillons qui, prolongeant leur mouvement onduleux, vinrent s'abattre sur le rivage; de petites vagues courtes et clapoteuses s'agitèrent en se choquant, leurs crêtes verdies se couvrirent d'écume.

Le vent avait fait une saute, et s'était mis avec l'orage; les nuages commencèrent à courir, dans le lointain on entendit le roulement du tonnerre.

Le canot aussi commença à courir, bientôt on le vit plus grand et plus distinct. Avec la longue-vue on les aperçut sans peine : Maurice était au gouvernail, Martel tenait l'écoute de la voile.

— Eh bien! reprit Armande, ne croyez-vous pas qu'avant une heure ils seront ici?

— Ils y seraient bien avant une heure, répondit M. de Tréfléan, s'ils pouvaient venir en ligne droite; comme il faut qu'ils aillent doubler l'île Goë, ils vont remonter vers l'est, bientôt nous ne les verrons plus.

Deux routes s'offraient pour rentrer à Plaurach, l'une par la passe de l'est, l'autre par la passe de l'ouest. La passe de l'est est large, ouverte, bordée d'une côte plate et d'un rivage sablonneux ; c'est celle par laquelle entrent les navires ; la passe de l'ouest, ayant la forme d'un entonnoir dont le petit bout serait tourné vers le village, et bordée d'un côté par l'île de Goë et de l'autre par la falaise ; son fond est parsemé d'énormes quartiers de roc, son rivage à pic est couvert de galets, les vents du nord et de l'ouest qui s'y abattent librement, y rendent les vagues terribles. Quand le petit détroit tortueux séparant l'île de la terre, et qu'à marée basse on peut traverser à pied sec, commence à s'emplir d'eau, le courant de la mer montante s'y engouffre avec un bruit et une rapidité si formidable, que les pêcheurs l'ont baptisé l'Enfer de Goë. C'était en face de cet entonnoir que courait *l'Albatros*.

— Ils sentent déjà la marée, dit Audren, au lieu de remonter ils dérivent vers nous.

— Crois-tu ? s'écria M. de Trefléan.

— Voyez.

— Le vent fraîchit toujours, il va les soutenir. Maurice connaît trop bien le danger pour s'y laisser acculer ; il n'y aura pas d'eau avant deux heures dans l'Enfer, il faudrait un autre marin que lui pour s'en tirer.

— La marée augmente de force, et s'ils ne mettent pas le cap au nord, ils ne la refouleront jamais.

Ils regardèrent pleins de crainte et d'émotion.

Sous le vent, de plus en plus fort, *l'Albatros* se couchait sur la vague, et son entrave s'enfonçant dans l'écume laissait sur son passage une longue traînée blanche. Il allait, rapide, bondissant devant la tempête.

Mais celle-ci s'avançait encore plus rapide ; de minute

en minute les roulements du tonnerre se rapprochaient, les éclairs se succédaient sans interruption, les rafales s'abattaient sur la côte plus violentes, les lames s'élançaient les unes par-dessus les autres; elles se brisaient avec fracas sur la grève, et les galets, agités en de puissants tourbillons, faisaient entendre des bruits rauques. Dans la lande, les ajoncs sifflaient et craquaient; les fleurs arrachées de leurs tiges passaient dans l'air, emportées par le vent.

L'Albatros fuyait toujours, tellement incliné sur la vague, qu'on pouvait croire à chaque instant qu'il allait chavirer; mais plus il se rapprochait, plus il devenait évident, même pour l'œil le moins exercé, qu'il déviait de la ligne droite, et qu'au lieu de s'avancer vers la pointe de l'île, il dérivait vers la passe où le poussait la marée montante.

— Ils dérivent toujours, dit Audren.

— S'il ne court pas une bordée dans le nord, continua M. de Tréfléan, ils ne doubleront jamais la pointe.

Le canot, que jusqu'à ce moment on avait toujours vu par le travers, n'apparut plus que comme un petit point, il piquait droit sur la pleine mer et ne se présentait plus qu'en longueur, rudement secoué par le tangage; mais il ne garda pas longtemps cette direction : bientôt il reprit sa première allure et gouverna vers l'extrémité de l'île.

— Ils pouvaient se sauver, ils se perdent, s'écria M. de Tréfléan.

— Ils auront eu peur des vagues qui embarquent, dit Audren.

— *L'Albatros* est insubmersible, mais il n'est pas de fer, s'ils sont acculés contre les récifs, il sera brisé comme une paille.

— Les voilà maintenant qui mettent le cap sur terre.

— Descendons! ils auront perdu la tête.

En courant, ils descendirent le sentier de la falaise. L'angoisse étouffait Armande.

Quand ils arrivèrent sur la grève, l'orage avait redoublé d'intensité, et les vagues accouraient en roulant et déferlaient avec fracas sur le sable, le vent soufflait sans relâche, les roulements de la foudre avaient été remplacés par des déchirements et des claquements aigus et précipités.

Le canot n'avait plus qu'une faible distance à parcourir, mais tout autour de lui s'élevait une infranchissable barrière de récifs qu'on devinait à des pics noirâtres qui, sortant de la vague et la déchirant sans cesse, faisaient à toute la plage une blanche ceinture d'écume. Il n'y avait pas un seul passage pour gagner la terre, et la marée, qui, deux heures plus tard, devait donner six ou huit mètres d'eau dans la passe, avait pour le moment rendu le danger encore plus terrible, en permettant aux lames d'atteindre les bas-fonds et de s'y briser avec fureur.

La situation était des plus critiques, ceux du canot la comprenaient, et ceux du rivage étaient dans l'impossibilité de leur porter secours; ils auraient voulu leur crier de tenir tête à la mer, mais la bourrasque sifflait si fortement, que c'était à peine si, l'un contre l'autre, ils s'entendaient parler; ils ne pouvaient que des bras leur faire des signaux pour les repousser au loin. Soit que ces signaux fussent compris, soit que Maurice ne sût comment trouver sa route au milieu du dédale de rochers qui lui fermaient le passage, tout à coup les deux voiles glissèrent le long du mât et de la draille, l'ancre fut mouillée, et *l'Albatros*, trouvant un point d'appui, vira sur lui-même et s'arrêta brusquement.

Armande, qui jusqu'à ce moment était restée les yeux sur le canot, attendant, à chaque minute, à le voir se jeter contre les rochers et s'y ouvrir en pièces, laissa échapper un soupir.

Le bruit s'étant répandu au village qu'une embarcation s'était laissé affaler au milieu de la passe de l'Enfer, chacun était descendu sur la grève et M. Michon, plein d'inquiétude, arrivait aussi vite que lui permettaient ses soixante-dix années.

Du premier coup d'œil il vit le danger : la proue tournée vers la pleine mer, à cent cinquante mètres à peine du rivage, l'*Albatros* recevait en plein toutes les lames, et il y faisait d'effroyables plongeons ; s'il n'eût pas été, au raz du plat bord, recouvert d'un pont qui se creusait seulement au centre pour permettre aux passagers de s'asseoir, il n'eût pas tardé à couler bas ; Martel et Maurice écopaient, sans se reposer, l'eau qui embarquait à chaque instant.

— Eh quoi ! s'écria le docteur, n'y a-t-il rien à faire !

Personne ne répondit.

Quoiqu'il ne fût pas encore cinq heures, il faisait déjà presque nuit, tant les nuages étaient sombres ; mais quand l'éclair déchirait ces nuages, le ciel paraissait s'ouvrir : on ne voyait que des lueurs sinistres et des flammes éblouissantes. La vague, qui s'abattait sur la grève, lançait des galets, des flots d'écume que le vent balayait, et d'énormes paquets de varechs et de goémons.

Dans les groupes on se communiquait ses craintes et ses impressions : « Faut que le câble de l'ancre soit fameusement bon. — Il ne tiendra pas toujours ; jamais il ne sera assez solide pour résister à un pareil tirage. — Si le canot s'élevait sur la lame, ça serait possible ; mais il se coiffe, il sera arraché dans un plongeon. — Si on allait chercher des cordes, des planches, des barriques ? — Ah ! des planches et des barriques, elles n'arriveraient jamais jusqu'à eux, le vent et la marée les rejetteraient tout de suite dans l'Enfer. — Savent-ils nager ? — Le Parisien, je ne crois pas. — Nager de ce temps-là, ils seraient brisés sur les roches ! — Chacun se taisait, et quand un coup de tonnerre éclatait, on se signait dévotement, on secouait la tête et l'on regardait la mer.

Armande, M. Michon et Audren faisaient un groupe à part. Personne n'osait les approcher. M. de Tréfléan arpentait le sable à grands pas, examinait le ciel, la mer et l'horizon; le docteur s'était laissé tomber sur un quartier de granit; Audren, sombre et immobile, suivait des yeux Armande, pâle, oppressée, se levant en sursaut, regardant la mer, regardant la barque, regardant tout le monde comme pour implorer du secours, se rasseyant, se levant encore, allant de l'un à l'autre, joignant les mains, ne pensant même plus à cacher ses pleurs.

A chaque instant le péril augmentait; par moments la proue de l'*Albatros* disparaissait entièrement, et sa poupe, soulevée par la vague, laissait voir en retombant sa carène luisante et plus de la moitié de la quille.

Enfin, M. de Tréfléan, qui depuis longtemps déjà ne répondait plus aux questions que lui adressaient Armande et le docteur, revint vers eux, et ayant fait un signe à trois ou quatre marins, un petit cercle se forma autour de lui.

— Le moment est arrivé, dit-il d'une voix brève, l'ancre ne tiendra pas longtemps, la mer grossit, l'ouragan redouble, ils vont être jetés à la côte.

— C'est vrai, dirent les marins.

— Il n'y a qu'un moyen de les sauver, maintenant qu'il y a de l'eau sur les récifs, c'est qu'un de nous se jette à la mer, gagne le canot et courre quelques bordées; dans une demi-heure, il y aura vingt pieds de fond dans l'Enfer. Ne tenterons-nous rien pour les sauver?

Les marins s'examinèrent en silence, il y eut un moment d'hésitation.

— Mais, s'écria Armande, la distance est si petite!

— Ce n'est pas la distance, brave demoiselle, dit un des marins, c'est les rochers qui nous effrayent.

Ce qu'elle avait dans l'âme de dévouement et d'amour passant dans ses yeux, elle regarda tour à tour les marins, M. de Tréfléan, Audren.

Celui-ci était plein d'incertitudes ; s'il ne s'élançait pas à leur secours, ce n'était point la peur qui le retenait, mais la pensée qu'un de ces hommes était son rival, son ennemi, et que, lui mort, Armande était libre.

Sous le regard désespéré de la jeune fille, sous ce regard qui l'implorait après l'avoir si cruellement blessé, il baissa les paupières, rougissant de lui, mais presque aussitôt il les releva, et fit un pas en avant.

— J'y vais, s'écria-t-il.
— Vous ! fit Armande.
— Qui vient avec moi ?
— Moi, dit un marin.
— Ma foi, tant pis, dit un autre, moi aussi.
— C'est assez de deux, interrompit M. de Tréfléan ; merci, Lecornec ; venez, Gloaguen, vous n'avez pas d'enfants.

S'adressant à son frère :
— Arrivé dans le canot, tu hisseras le petit foc et tu courras des bordées d'est en ouest et d'ouest en est, en tâchant de t'élever dans le vent ; tu feras parer le grand foc pour remplacer le petit, si la bourrasque vous l'enlève ; si vous ne pouvez pas doubler la pointe de l'île, nous vous tirerons des coups de fusil aussitôt qu'il y aura assez d'eau dans la passe ; si vous ne nous entendez pas, vous verrez la lumière. Embrasse-nous, que Dieu soit avec toi !

— Embrasse-moi aussi, mon garçon, — s'écria le docteur.

Il allait passer devant Armande.
— Sauvez-les, dit-elle, sauvez-le.

Il s'avança sur le sable ; Gloaguen y était déjà tout nu.
En une minute Audren se débarrassa de ses vêtements jusqu'à la ceinture.

Et, tous deux, ils restèrent immobiles, attentifs, prêts à saisir le moment où se briserait une vague plus faible que les autres.

Ce moment venu, ils firent un signe de croix, et s'élancèrent.

Les respirations s'arrêtèrent dans les poitrines ; on les suivait du regard.

Ils nageaient vigoureusement, tantôt sur la vague, tantôt dans une véritable vallée, tantôt plongeant la tête en avant, sous une crête écumeuse. Ils avaient franchi les premières lames sans se faire rouler, mais entre eux et l'*Albatros* se dressait encore le plus sérieux obstacle ; c'était la ceinture de rochers; la mer y accourait menaçante, s'y brisait avec force, retombait moitié du côté du large, moitié du côté de la falaise, faisait un tourbillon d'herbe, de sable et d'écume, et laissait à sec des aiguilles verdâtres qui, deux secondes après, disparaissaient sous vingt pieds d'eau.

Ils arrivèrent au pied de ces récifs : longtemps ils luttèrent pour s'en approcher, et ce ne fut qu'en profitant habilement d'un intervalle de repos qu'ils purent y monter. A peine étaient-ils là qu'une vague les enveloppa et les engloutit : quand elle s'abaissa, Gloaguen avait disparu ; Audren, toujours sur sa roche, à moitié caché dans l'écume et dans les goémons, se cramponnait à une pointe de granit; il se dégagea vivement, courut à un autre rocher, et l'embrassant de ses bras et de ses jambes, il attendit... La vague passa sur lui, et, comme la première fois elle le submergea ; puis, quand elle se fut séparée en deux, on le vit solide comme le rocher lui-même. Il fit un signe de tête à ceux du rivage, rejeta ses longs cheveux en arrière, et quand la troisième vague eut passé et se fut retirée, on ne le vit plus. Il y eut un moment d'anxiété. Bientôt il reparut au large, tandis que du côté du rivage, Gloaguen reparaissait aussi, pâle, défait, s'agitant en désespéré. Deux hommes s'élancèrent à son secours, et le ramenèrent sur la plage ; les récifs lui avaient déchiré la poitrine et les mains, il était couvert de sang.

Audren nageait toujours, mais il avançait peu ; il y avait des instants où on ne le voyait plus du tout, d'autres où il semblait revenir en arrière.

Enfin, il approcha du canot, et à l'aide des cordages que Maurice et Martel lui lancèrent, il y grimpa.

L'angoisse avait été si poignante, qu'Audren sur l'*Albatros*, ou les crut sauvés.

Ils ne l'étaient pas, car, loin de se calmer, la tempête suivait une marche ascendante.

A peine à bord, Audren, aidé de Maurice et de Martel, hissa le foc, l'ancre fut filée, et la barque, si rudement secouée tout à l'heure, recommença à bondir sur les vagues. Avec sa petite voile triangulaire, elle allait comme une flèche ; quelquefois elle disparaissait, corps et voilure, entre deux vagues, quelquefois aussi, soulevée brusquement, elle montrait toute sa carène.

« Ah ! mon Dieu ! disait la foule, ils vont chavirer. — Les voilà qui se rapprochent. — Non, ils viennent prendre le vent pour courir dans l'ouest. — Ah ! quelle lame ! — S'ils faisaient bien, ils promettraient un cierge à saint Jouan. — Et un aussi à la bonne Vierge. — Ah ! quel éclair ! » — Et les moins braves couraient se mettre à l'abri dans les anfractuosités de la roche.

Les lames étaient devenues des masses tumultueuses qui s'écroulaient avec un épouvantable fracas et jetaient sur la plage des cailloux, des fucus et des débris de toute sorte. Le ciel et la mer se confondaient dans un étroit horizon, qui, déchiré sans cesse par les éclairs, lançait des lueurs rapides et blafardes. Le tonnerre éclatait sans relâche, et le vent soufflait tantôt avec un bruit sourd, tantôt avec de sinistres sifflements.

Tout le village était arrivé sur la grève, et l'abbé Hercoêt, ayant appris qu'une barque était en danger, et que cette barque portait Maurice et Martel, était venu rejoindre ses amis. Mais c'était en vain qu'il cherchait à entraîner Armande ; mouillée par les paquets de mer et par les rafales d'écume qui lui soufflaient à la figure, elle ne voulait pas quitter la plage ; les yeux sur la mer, elle n'abandonnait pas l'*Albatros* une seule minute, parfois son regard se troublait et elle sentait les forces qui lui manquaient, mais alors elle s'asseyait sur le sable et regardait toujours.

La lutte dura longtemps ; pendant plus d'une demi-heure, l'*Albatros* résista à la tempête, au milieu d'une mer furieuse, où les lames, repoussées par les rochers, revenaient les unes sur les autres, se heurtaient et s'éparpillaient en une blanche poussière que les rafales emportaient au loin ; ni la sombre horreur du ciel, ni la violence des vagues, ni l'impétuosité des grains, ni les éclats du tonnerre ne paraissaient émouvoir celui qui tenait le gouvernail. Mais, enfin, tout espoir de franchir la pointe de l'île étant perdu, on les vit une nouvelle fois virer de bord et se diriger vers la terre.

« Y a-t-il de l'eau dans la passe ? cria M. de Trefléan d'une voix de commandement qui saisit tout le monde au cœur.

— Oui, capitaine, répondit un pêcheur.

— Alors, feu ! »

Les douaniers, les uns après les autres déchargèrent leurs carabines, et on se mit à courir vers la passe. Armande n'avançait point aussi vite qu'elle l'eût voulu, car elle regardait toujours la mer et ses pieds s'embarrassaient dans le varech : sans M. de Trefléan, qui la soutenait, elle serait tombée à chaque pas.

L'*Albatros* allait d'une rapidité effrayante ; mais avec le terrible courant qui l'entraînait, il gouvernait assez mal : souvent son arrière ne plongeait pas dans l'eau, et alors, sans direction, porté par la vague, il s'abattait, tantôt à droite, tantôt à gauche, souvent on eût dit que la poupe allait passer devant la proue. Et cependant approchait le moment critique où il fallait qu'il obéît docilement à la main qui le conduisait : ils arrivaient dans la passe.

Personne ne parlait plus, tout le monde regardait. Sans en avoir conscience, Armande enfonçait ses doigts dans le bras de M. de Tréfléan.

Entre deux lignes blanches d'écume courait tortueusement une petite bande d'eau noire, large à peine de quelques mètres ; c'était le sentier qu'ils devaient parcourir : une déviation d'un côté ou de l'autre, un faux coup de barre, une embardée imprévue, c'en était fait d'eux, ils se brisaient sur les rochers.

Lorsque le beaupré parut entre les brisants, il y eut une horrible anxiété, même chez ces marins habitués à la mort ; l'on n'entendit plus que les hurlements de la mer et de la bourrasque.

Le canot passa au milieu des premières aiguilles, courut en droite ligne, obliqua d'un côté, revint d'un autre, rasa un énorme quartier de roc qui obstruait presque tout le chenal et, tournant à droite, il vint s'élonger sur une plage de sable, où la mer, après l'avoir soulevé deux ou trois fois, le déposa sur la grève.

Ils étaient sauvés.

Cinq ou six pêcheurs s'élancèrent dans l'eau jusqu'aux épaules, et apportèrent en triomphe Audren et Maurice, et dans leurs bras Martel, qui, pris du mal de mer, se serait laissé noyer sans faire un mouvement.

Sur le rivage se tenaient les amis groupés ; Armande, la tête troublée par l'angoisse, oublia où elle était et ceux qui pouvaient la voir, courut au-devant de Maurice, et sans dire un seul mot, se jeta dans ses bras.

« Armande ! murmura Maurice à son oreille, que faites-vous ? »

Elle comprit, revint à elle, et, se relevant, elle chercha Audren des yeux ; elle ne le trouva pas : ayant vu que le premier regard n'avait point été pour lui, il s'était enfui suffoqué ; déjà on pouvait l'apercevoir qui gravissait la falaise sans se retourner.

VI

On revint tous ensemble au château ; prêt à entrer, M. Michon s'approcha de Maurice :

« Va changer de vêtements, lui dit-il, et viens me rejoindre dans la bibliothèque, j'ai à te parler. »

Maurice, plus ému qu'il ne l'avait été pendant l'orage, revint promptement.

Le docteur se promenait à grands pas dans la bibliothèque. Quand Maurice fut entré, il alla pousser le verrou :

« Assieds-toi, lui dit-il, et réponds-moi. Pourquoi Armande s'est-elle jetée dans tes bras ? »

Il y eut un moment de silence ; Maurice tremblait.

« Nous nous aimons, dit-il.

— Je croyais que tu aimais une grande dame parisienne.

— Mais...

— Réponds.

— Je ne l'aime plus.

— Et tu aimes Armande ?

— De toute mon âme.

— Allons, raconte-moi comment cet amour a remplacé l'autre, et si tu as quelque respect pour ma vieille amitié, dis la vérité : parle. »

Maurice raconta en quelques mots ses amours avec Marguerite. Il dit son abandon, sa souffrance, sa maladie ; puis il dit comment il était arrivé désespéré, comment Armande l'avait consolé, comment ils s'étaient aimés, comment ils s'étaient avoué leur amour.

Le docteur, de temps en temps, le regardait dans les yeux, puis il lui faisait signe de continuer.

« Eh bien ! fit-il quand Maurice fut arrivé à la fin, quelle était ton intention ?

— De vous la demander pour femme.

— Pourquoi n'as-tu point parlé plus tôt ?

— J'avais peur que vous ne me crussiez quelque pensée d'intérêt.

— Écoute-moi bien, je vais te répondre aussi avec franchise : tu me l'aurais demandée il y a deux mois, probablement que je te l'aurais refusée, non à cause de toi, mais parce que tu n'as pas de position ; aujourd'hui les conditions ne sont plus les mêmes : tu es toujours sans position, c'est vrai, mais tu t'es fait aimer d'Armande, je t'aime moi-même, je te crois bon, sincère ; tu as eu une passion, c'est vrai, mais comme tu es sanguin, ton chagrin se sera envolé et tu auras gardé l'expérience ; je ne veux point faire votre malheur à tous deux... je te la donne. »

Ils redescendirent. Auprès d'un grand feu, M. de Tréfléan, l'abbé et Armande étaient assis pour se sécher ; Armande voulait faire bonne contenance, mais elle ne savait trop ce qu'elle disait et se sentait défaillir.

— Mes amis, dit le docteur en entrant, je vous présente mon gendre.

Armande se leva, resta quelques instants immobile comme pour s'assurer qu'elle avait bien entendu, puis elle poussa un cri et sauta dans les bras de son grand-père.

M. de Tréfléan et l'abbé embrassèrent Maurice.

— Mon cher enfant, dit l'abbé, j'ai une demande à te faire, et je me flatte que ton bonheur va te rendre généreux. Pendant que tu étais à la mer, le curé de Lannilis est venu ; il y a, de mardi en huit, grand *pardon* à la chapelle de Saint-Guin ; le comte de Lannilis vient de lui donner un bel orgue, et le curé te prie de le toucher. Il y aura une cérémonie superbe : Monseigneur y sera, le comte et la comtesse quêteront eux-mêmes, le produit sera pour les pauvres incendiés. J'ai promis en ton nom, ai-je bien fait ?

Maurice hésita avant de répondre ; le souvenir de Marguerite, rappelé en ce moment, lui avait serré le cœur, la pensée de la revoir l'effrayait ; mais en regardant Armande, en songeant à son bonheur et à son amour, il se crut invulnérable.

— Je vous remercie d'avoir promis pour moi, dit-il.

CHAPITRE XI

ARMANDE? — MARGUERITE?

I

La tempête souffla pendant toute la nuit; les nuages avaient crevé et la pluie s'était mise à tomber à flots, parfois un coup de tonnerre paraissait arrêter ces torrents d'eau, durant quelques secondes on n'entendait plus que les déchirements et les roulements de la foudre, puis les ondées, presque aussitôt, reprenaient plus fortes, plus précipitées, plus battantes; les girouettes criaient sur leurs tiges de fer; des branches et des feuilles, arrachées des arbres, venaient frapper contre les volets; la vieille maison, secouée par la bourrasque qui se ruait sur elle, tremblait jusque dans ses fondations, et fenêtres, cheminées et portes craquaient avec des bruits sinistres; entré dans les corridors, le vent les parcourait dans tous les sens, sifflant dans les fentes, hurlant dans les chambranles, glissant le long des murailles, rampant sur les dalles, se heurtant au plafond, s'engouffrant dans les escaliers, courant, serpentant, tourbillonnant; au loin, sans interruption et pardessus tous les autres, on entendait le grand bruit de la mer.

Cependant Maurice, couché dans son lit, éprouvait un calme plein de douceur, et bercé par la tempête, il pensait à Armande; parfois s'endormant à demi, il se retrouvait au milieu de la passe de Goë, il entendait les rafales, il sentait le tangage, il voyait les récifs, puis, réveillé en sursaut par un coup de tonnerre, il revenait à la réalité.

Quelques heures avant que le soleil parût, le vent se calma, et quand une lueur blanche commença à glisser à travers les fenêtres, la pluie, qui n'était déjà plus qu'une légère bruine, cessa tout à fait.

Alors, Maurice, qu'agitaient cette fièvre et cette impatience que donne une trop grande joie, se leva, et quoiqu'il fît à peine jour, il passa dans la chambre de Martel.

— Qu'est-ce qu'il y a? fit celui-ci en entendant ouvrir sa porte, nous chavirons?

— C'est moi qui viens voir comment tu vas, répondit Maurice en riant.

— Pas trop mal; seulement, tout en dormant, il me semblait que mon lit roulait, et quand j'ouvrais les yeux, que le plafond se haussait et se baissait au-dessus de ma tête. Est-ce que tu viens me chercher?

— Non, mon ami.

— A la bonne heure, car je te préviens que je n'y retourne pas; si tu tiens toujours à ton coucher de soleil, nous verrons sur la terre ferme.

— Je te remercie, je n'y tiens plus.

— Tu renonces à ton projet?

— Au contraire, mais j'ai réussi sans tableau.

— Alors, laisse-moi dormir. Adieu.

— Tu dois comprendre que je ne suis pas venu t'éveiller à quatre heures du matin pour le plaisir de troubler ton sommeil; j'ai à te parler.

— Tout de suite?

— Tout de suite.

— Je t'écoute, parle.

— Eh bien! mon ami, continua Maurice avec un certain embarras, tu te souviens peut-être que j'avais une demande à faire au docteur?

— Parfaitement.

— Cette demande est faite.

— Tant mieux.

Il y eut un moment de silence, Martel ne voulait point interroger directement, et Maurice n'osait se livrer; enfin, il reprit :

— Et comme je suis le plus heureux homme de la terre, je veux que tu sois le premier à qui j'annoncerai mon bonheur. J'épouse Armande.

— Et Marguerite?

— Je ne l'aime plus, il y a longtemps.

— Ah!

Il fallut que Maurice se contentât de ces félicitations un peu courtes, Martel ne paraissait pas être dans une heure d'expansion.

— Tu as sommeil, dit-il, je te laisse.

— C'est bien au sommeil que je pense, c'est à toi, c'est à cette charmante enfant qui va être ta femme. Sais-tu ce que je ferais, si j'étais toi? Une fois marié, je dirais adieu à la gloire, et, au lieu de retourner à Paris, je resterais ici avec mes amis, au fond de ce pays superbe, dans cette maison où tout est réuni pour le bonheur. Il y a en toi assez d'activité intérieure pour que tu ne t'ennuies pas, et il y a en elle assez de simplicité et de bon sens pour qu'elle ne désire pas d'autre plaisir que celui de t'aimer et d'élever vos enfants. Est-il au monde rien de plus beau, quand le sort y consent, que deux époux qui s'aiment et qui passent leur vie dans la paix? Tu n'aurais pas connu les passions, que je ne parlerais pas ainsi; mais madame Baudistel a dû te donner de l'expérience.

Que viendras-tu faire à Paris? Conquérir une réputation. Tu l'obtiendrais, je le veux bien, mais à quel prix?

Comme Maurice fit un geste de surprise, Martel continua avec vivacité :

— L'art et l'amour, vois-tu, sont deux maîtres qu'on ne peut servir à la fois : les poursuivre l'un et l'autre, c'est brûler sa vie par les deux bouts. Qu'un épicier soit ensemble et bon épicier et bon époux, je le veux bien, son idéal de passion sera à la hauteur de son idéal de commerce; mais qu'un artiste soit poète et amant, non; un des deux l'emportera, et l'autre en souffrira; si c'est le poète qui triomphe, il fera le malheur de sa femme; si c'est l'amant, il fera son propre malheur.

— Je te remercie de ces conseils, par malheur ils viennent un peu tard.

— Voyons, soyons francs. Tu es bon, honnête et loyal, c'est vrai; mais il est vrai, aussi, que tu es faible et changeant. Armande est jeune, jolie; elle t'aime et tu l'aimes; mais dans deux ans, dans trois ans...

— Ah! oublier Armande.

— Ah! oublier Marguerite, me disais-tu aussi avec la même conviction, il y a trois mois à peine; cependant, tu l'as oubliée. Eh bien, cette mobilité de sentiments me fait peur. Reste ici, tu n'auras pas d'occasions d'y regretter ta liberté; tu ne seras pas exposé à des séductions qui t'émeuvent trop facilement, et tu n'y exposeras pas non plus Armande. Qui sait quelles douleurs une trahison de toi pourrait causer dans cette âme si confiante? Reste ici à chasser, à pêcher, à te promener, à cultiver ton jardin : et, si tu veux, à toute force travailler, prends ta femme pour public et pour juge : une caresse vaut bien un bravo.

— A t'entendre parler, on croirait que je n'ai qu'à vouloir. Le docteur me donne sa fille, mais rien n'est décidé sur notre position de fortune.

— Eh bien, alors, tant mieux, tu n'en auras que plus de facilité à la décider dans ce sens; il sera enchanté de vous garder auprès de lui. A quand la noce ?

— A bientôt; mais avant j'ai à subir une épreuve qui me contrarie : je dois revoir Marguerite.

— Es-tu fou ?

— Elle doit se trouver au *pardon* de Saint-Guin, où j'ai promis de tenir l'orgue.

— Pourquoi as-tu promis !

— Vraiment, dit Maurice piqué, tu me prends pour un enfant : tout à l'heure tu me parlais d'inconstance à propos d'Armande, maintenant tu as l'air de me parler de constance à propos de Marguerite, tu n'es pas logique. Que crains-tu ?

— Je crains tout d'une ancienne maîtresse; je sais quelles sont les irrésistibles séductions d'une femme qu'on a aimée : Pascaline m'avait trompé, je la méprisais, cependant je l'ai reprise.

— Tu n'aimais point une femme plus jeune.

II

Matineux comme à l'ordinaire, le docteur descendit peu de temps après Maurice, et aussitôt il le fit appeler dans sa bibliothèque.

— Mon cher enfant, lui dit-il, hier, quand tu nous a eu quittés, nous avons parlé de toi, et M. de Trefléan, comme un ami loyal qu'il est, a cru devoir m'avertir que tu avais eu une grande passion, je lui ai dit que tu me l'avais avoué, et que tu m'avais, en même temps, donné ta parole d'honneur que tu en étais guéri; mais le souvenir de ces paroles m'a tourmenté toute la nuit, car je sais ce que c'est qu'une passion, quels désordres elle apporte, quels germes elle laisse dans le cœur ; je n'ai pas été impunément médecin pendant quarante années ; aussi parle-moi franchement, il en est temps encore : hier, j'ai été peut-être un peu vite ; j'étais si heureux de faire votre bonheur, que j'ai agi comme un jeune homme ; cependant, si ce que j'ai cru n'avoir été qu'un simple amour avait été une de ces passions qui brisent la vie et épuisent l'âme, dis-le loyalement, ne fais pas le malheur d'Armande et le tien ; rien n'est encore décidé, tu peux te retirer. Vous en souffririez tous les deux, je le sais ; mais, enfin, nous pourrions bien trouver des distractions, je me ferais jeune, je la promènerais, et, dans tous les cas, mieux vaut une souffrance, quelque grande qu'elle soit, pendant qu'on est jeune, qu'une existence entière perdue et désespérée. Tu me comprends, n'est-ce pas ? tu vois quelle est mon inquiétude, quel est aussi mon amour pour elle et pour toi, parle, quelle que soit ta réponse, tu auras toujours en moi un ami et un père.

— Ce que je vous ai dit hier, je vous le répète aujourd'hui, répondit Maurice : la femme que j'ai aimée, je ne l'aime plus ; j'aime Armande, et il y a en moi assez de tendresse pour faire le bonheur de sa vie.

— Réfléchis à tes paroles, vois bien si un regret ou un retour n'est pas possible.

— J'ai réfléchi : j aime Armande.

— Songe à l'engagement que tu prends.

— Je suis certain de le tenir.

— Alors, Armande est à toi. Je devais tenter cette dernière épreuve, je suis heureux qu'elle ait réussi ; mais rappelle-toi toujours que tu tiens entre tes mains notre vie à tous deux, et surtout qu'Armande doit ignorer que tu en as aimé une autre avant elle ; ne fais point la sottise de la prendre pour confidente de tes bonheurs et de tes chagrins de jeunesse ; on souffre toujours de ces confessions qui blessent et outragent ; la femme qui console n'est plus la femme qui aime ; elle tourne trop à la garde-malade et à la sœur de charité : moi, je suis pour l'amour dans le mariage. Tu me le promets ?

— Je vous en donne ma parole.

— Je compte sur toi. Maintenant, parlons d'affaires ; et, d'abord, dis-moi si tu as autre chose que ce que t'a laissé ta mère ?

— Presque rien.

— C'est peu pour entrer en ménage.

— Je travaillerai.

— Le travail des artistes, je connais ça... Voilà donc ce que je te propose. Je ne te donne pas de dot, toujours parce que tu es artiste, et que je n'ai pas une confiance fort grande dans ton habileté financière, mais, comme donner après sa mort n'est vraiment point donner, sur les douze mille francs de rente que j'ai, je prends l'obligation de vous en servir trois mille, de plus, je ferai tous les ans un cadeau de mille francs à Armande pour sa toilette.

Maurice voulut interrompre.

— Ne me remercie pas encore, poursuivit M. Michon, tu ne sais pas ce que je vais te demander en échange. Tu comprends, n'est-ce pas ? que ce ne sera point sans souffrir que je me séparerai d'Armande ; je suis vieux, je n'ai plus qu'elle et j'avais presque espéré pouvoir la garder près de moi, mais enfin je sais qu'il ne faut pas aimer les enfants pour soi-même, je la laisserai donc partir, seulement c'est à la condition que vous viendrez passer tous les ans cinq mois à Plaurach, du 1er juin au 1er novembre. Le reste de l'année, vous vivrez à Paris, où je vous servirai votre rente. Cela te va-t-il ?

— Je n'avais pas espéré un tel bonheur.

— Tu es content ! tant mieux ; mais songe bien, n'est-ce pas ? que c'est une obligation formelle que tu prends et que je n'admettrai point d'excuses ni pour Armande ni pour toi, car je t'aime aussi, mon garçon, et je veux vous avoir ici tous les deux pour me rajeunir un peu et me faire vivre. Voilà nos petites affaires arrangées, n'est-ce pas ? Il faut maintenant nous occuper de la principale. Jusqu'à présent, j'ai parlé comme si j'étais le seul maître d'Armande; il nous faut cependant le consentement de son père.

— Oh ! présenté par vous.

— Justement cela ne signifie rien du tout; peut-être vaudrait-il même mieux que tu lui fusses présenté par un autre, car tu ne connais pas mon gendre, et s'il croit pouvoir m'être désagréable en refusant, il refusera; si je voulais te dire toutes les infamies qu'il m'a faites, ce serait trop long. Crois-tu que ce brigand-là, quand il a eu tué ma pauvre fille, a retiré Armande d'une petite pension de Gonesse où on l'élevait pour trois cents francs, — je ne t'ai jamais parlé de ça, mais maintenant, que tu es de la famille, il faut que tu le saches; — qu'il l'a prise chez lui, lui a donné pour toute maîtresse une ouvrière en fleurs, et lorsque la malheureuse enfant, qui n'avait point encore onze ans, a su un peu travailler, il l'a tenue enfermée dans un mauvais grenier du boulevard Saint-Denis ? Il fallait qu'elle lui livrât tous les soirs une certaine quantité de sureau, de lilas, je ne sais pas trop, enfin de ces fleurs communes dont il faut faire des milliers pour gagner trente sous. Pendant dix-huit mois, elle n'a pas mis le pied dans la rue; elle se levait à sept heures, se couchait à minuit, faisait le ménage de son père, travaillait toute la journée sans feu, se chauffant seulement au petit réchaud qui servait à ses fers, et n'avait pour toute distraction, quand elle se savait seule, que de se mettre à la fenêtre ; comme cette fenêtre était une sorte de tabatière, il fallait qu'elle se laissât glisser à demi sur le toit; alors, appuyant ses deux mains sur la gouttière, elle avançait le menton et regardait la foule passer sur le boulevard. Voilà ce qu'elle connaît de Paris, voilà quels ont été les plaisirs de son enfance. Il a fallu qu'en ma qualité de subrogé tuteur je commençasse un procès, pour la faire remettre entre mes mains. Tu comprends qu'avec un tel homme on ne peut rien prévoir, et cependant ç'a été bien élevé, ça porte un des bons noms de la Bretagne, ç'a été chef de bataillon, aujourd'hui c'est peut-être l'âme la plus vile de tout Paris. Enfin, nous allons tous les trois lui écrire chacun une lettre et essayer les moyens de réconciliation. Je vais faire appeler Armande, puis nous nous mettrons à l'œuvre.

Armande descendit bientôt, et, suivant son habitude, elle alla embrasser son grand-père sur les deux joues, puis, s'avançant vers Maurice, elle s'arrêta interdite, n'osant ni lui parler, ni lui tendre la main, et baissant les yeux.

Alors le docteur souriant.

— Allons, mes enfants, leur dit-il, embrassez-vous comme si je n'étais point là ; mais, quand je n'y serai pas, embrassez-vous comme si j'y étais.

La réponse de Paris ne se fit pas longtemps attendre.

Un matin, tout le monde étant réuni pour le déjeuner, on apporta une lettre, et, comme le docteur tendait la main pour la prendre :

— C'est pour M. Maurice, dit le facteur.

— De qui ? s'écrièrent à la fois M. Michon et Armande.

— De M. de Keïrgomar.

Le facteur sortit, Martel voulut se retirer, mais le docteur l'arrêtant :

— Restez, vous êtes le frère de Maurice.

Puis se tournant vers celui-ci :

— Allons, lis vite, vite.

— C'est que... — balbutia Maurice qui, d'un coup

d'œil, avait parcouru la première page, — je ne sais trop si...

Et il regarda Armande.

— Eh bien ! quoi ? fit le docteur, quelle que soit cette réponse, Armande doit la connaître, lis.

« En même temps que je recevais votre lettre, monsieur,
» j'en recevais encore deux : une de ma fille, l'autre de
» M. Michon, mon beau-père ; comme toutes les trois
» avaient un même objet, je n'y fais qu'une seule et même
» réponse, et c'est à vous que je l'adresse.

» J'ai l'habitude de traiter les affaires franchement et en
» peu de mots ; or, comme ce dont vous m'entretenez ne
» peut être, malgré les sentiments dont vous l'enve-
» loppez, qu'une simple affaire entre deux hommes qui
» ne se connaissent pas et ne se sont jamais vus, j'y
» réponds comme à mon ordinaire.

» Vous me demandez mon consentement pour épouser
» ma fille, je ne vous l'accorde pas ; ou, dans tous les
» cas, je ne vous l'accorderai que si vous acceptez mes
» conditions.

— Ses conditions ? interrompit le docteur.

» Vous déposerez chez un notaire de Paris une somme
» de vingt mille francs, et, en échange du consentement
» que je signerai chez ce même notaire, on me remettra
» cette somme.

» Ce n'est pas un chantage que je veux pratiquer sur
» vous, c'est une simple précaution que je veux prendre.

» Je ne suis plus jeune, monsieur, bientôt peut-être
» j'en serai réduit à demander une pension alimentaire :
» pourriez-vous me faire cette pension ? Je ne sais si
» vous avez de la fortune, mais par votre lettre, je vois
» que vous êtes artiste ; et, vous en conviendrez, c'est
» une mauvaise recommandation pour le présent, une
» mauvaise assurance pour l'avenir.

» Voilà pourquoi je vous demande ces vingt mille francs ; c'est un capital qui, bien placé, me fournira le strict nécessaire et nous dispensera, une fois payé, vous de me servir une pension, moi de vous tendre la main.

» Considérez encore qu'en exigeant cette somme, je
» ne fais pas une spéculation ; car M. Michon, à l'âge
» auquel il est arrivé, peut mourir d'un jour à l'autre,
» et...

— Voyez-vous ce coquin ! s'écria le docteur.

» Et dans ce cas je serais l'administrateur de la fortune
» de ma fille, au moins jusqu'à sa majorité ; cela, vous le
» comprenez facilement, me vaudrait bien ces vingt mille
» francs.

» J'espère que vous ne verrez dans cette lettre que ce
» qu'il y a réellement, une mesure de sagesse, et que, si
» vous aimez ma fille, vous n'hésiterez pas, soit à prendre
» sur votre fortune personnelle, soit à emprunter sur sa
» dot, pour obtenir mon consentement en satisfaisant mes
» justes précautions.

» Agréez, monsieur, l'assurance de ma considération.

» Donan de Keirgomar. »

Après cette lecture personne n'osait se regarder.

Enfin le docteur s'adressant à Maurice :

— Tu m'accusais d'exagération, n'est-ce pas ? Eh bien ! maintenant, tu vois.

— Si j'avais ces vingt mille francs, dit Maurice, je les donnerais tout de suite...

Sans achever, il regarda Armande ; celle-ci, confuse, fixait ses yeux à terre, elle se serrait les lèvres entre les dents, et de grosses larmes perlaient au bout de ses cils.

Le docteur, appuyé sur la table, demeurait silencieux, mais bientôt :

— Allons, dit-il, ne vous désespérez pas ; je vous ai

promis de vous marier, je vous marierai : comme le dit très justement mon cher gendre, ce n'est qu'une affaire et les affaires ça me regarde... Je me charge de payer ces vingt mille francs.

— Ah ! mon bon père !

III

Ce n'était pas sans effroi que Maurice voyait arriver le jour où il se trouverait en face de Marguerite, et si, près d'Armande, en la regardant, en l'écoutant parler, il chassait facilement ce souci, loin d'elle il en était inquiété.

Il se demandait s'il n'avait pas eu tort de promettre : les paroles de Martel lui revenaient, et quoiqu'il rejetât bien loin la pensée d'un retour à Marguerite, l'idée de la revoir le troublait. Comment le regarderait-elle ? Comment lui-même la regarderait-il ? Que se diraient leurs lèvres s'ils se trouvaient en présence ? Ah ! si d'un coup d'œil il pouvait lui jeter au visage tout ce qu'il se sentait maintenant pour elle de mépris ! S'il pouvait se venger et lui faire payer en un jour toutes les souffrances qu'il avait endurées ! Et alors il se promettait de redoubler auprès d'Armande de soins et de tendresse afin que son amour éclatât bien à tous les yeux, et allât blesser et humilier Marguerite, en lui montrant combien sa rivale l'emportait sur elle en grâce, en jeunesse, en beauté. Il l'eût voulue, pour cette journée, encore plus ravissante et plus parfaite ; aussi lui parlait-il sans cesse de sa toilette. Elle ne comprenait guère le véritable motif de cette insistance, mais elle était heureuse, car elle y voyait une preuve d'amour, et elle promettait ce que son amant demandait.

Le jour du *pardon* arriva, et quand Armande, prête à

partir, parut au bas de l'escalier, Maurice put être content : elle avait une beauté si éclatante et en même temps si suave qu'elle réjouissait les yeux. Heureuse de faire plaisir à Maurice et de le voir pour la première fois dans sa gloire, — car elle se disait naïvement qu'il serait avec l'évêque le héros de la fête, — son visage s'était transfiguré, son regard, reflétant la joie de son âme, avait pris un rayonnement qui lui faisait au front comme une auréole ; sa toilette aussi venait ajouter à sa séduction : elle avait une robe de mousseline blanche tout unie, un mantelet de même étoffe à volants légèrement ruchés, des bottines d'une soie grise, souple et lustrée, et un petit chapeau de paille de riz, avec de larges brides d'un bleu pâle ; ces brides, après avoir encadré le bas de la figure, s'étalaient sur le corsage serré à la taille par un large ruban de même couleur.

Elle vit dans les yeux de Maurice le plaisir qu'elle lui donnait ; pour la première fois elle se crut jolie et fut orgueilleuse de sa beauté.

On monta en char à bancs : M. Michon, l'abbé Hercoët et Martel se placèrent sur le premier banc, et pour ne point défraîchir la toilette d'Armande, on lui permit de se mettre sur le dernier, seule avec Maurice.

— Tout le monde est en place, n'est-ce pas? cria le docteur le fouet à la main ; en route !

Sur le chemin s'allongeaient des bandes de paysans endimanchés qui se rendaient à la fête. Ils allaient par groupe : les uns entassés dans des charrettes, assis sur des gerbes ou debout, le dos contre les ridelles ; les autres à deux sur un bidet qui trottait dur ; le plus grand nombre à pied, frappant la terre de leurs penbas ; les hommes portaient des braies blanches retenues par une large ceinture de laine, la veste à poche, le grand gilet et le chapeau aux larges bords entouré d'une double ganse d'argent ou de chenille bigarrée ; les femmes, pour cette cérémonie, avaient revêtu le corsage orné de velours noir, les jupes courtes qui s'échelonnent les unes sur les autres, les bas de coton rouge ou bleu et la petite coiffe relevée de chaque côté de la tête. C'était un long cordon qui ondulait dans la plaine et la faisait bruyante et bariolée.

M. Michon dépassait facilement carrioles et marcheurs ; les paysans le saluaient ; il leur répondait en les appelant par leur nom, et, sans se laisser distraire, il expliquait à Martel comment M. de Lannilis, qui s'était engraissé de la fortune de M. Baudistel, pour se rendre populaire dans le pays employait tous les moyens, la loterie en faveur des incendiés, l'orgue donné à Saint-Guin, et même la présence de l'évêque, qu'il avait invité pour qu'il laissât au château un peu de son influence et de sa bonne réputation.

Dans le fond de la voiture on n'écoutait guère ; on se tenait la main, on se regardait ; de temps en temps Armande, toute fière, montrait à Maurice des paysans qui le désignaient du doigt en ayant l'air de se dire entre eux : « Voilà le musicien de Paris. »

Ainsi ils allaient traversant les groupes et courant au milieu de la campagne couverte de javelles et de gerbes de blé mises en bizeau ; des bouffées de vent, passant par-dessus la falaise, apportaient un air plus frais et soulevaient sur la route des flots de poussière qui tourbillonnaient en montant pour aller se disperser au loin.

En une demi-heure on arriva. Maurice n'avait pas pensé à Marguerite et à leur entrevue.

On descendit au presbytère, et pendant que l'abbé se rendait à l'église, d'où devait partir le cortège, on se dirigea vers le lieu du *pardon*.

Le pardon de Saint-Guin se célèbre tous les ans le 19 août, autour d'une chapelle vouée à ce bienheureux saint et bâtie au milieu de la lande de Lannilis, sur une pointe de falaise qui baigne son pied dans la mer. Quand on sort du village et en allant vers l'est, on la voit, au haut d'une montée assez douce, se détacher sur le bleu du ciel, à l'extérieur elle est peinte en blanc pour servir d'*amers* aux marins, à l'intérieur elle est remplie de petits bateaux, suspendus aux voûtes, et de plaques de marbre, incrustées dans la muraille, naïfs ex-voto qui sont là pour dire la puissance et la miraculeuse intercession du saint.

Le jour du pardon, la plate-forme où s'élève la chapelle est ornée de deux ou trois baraques en toile, où l'on vend des pains d'épice, des bâtons à poignée de cuir, des croix et des boucles d'oreilles en or, des bagues en argent, des casseroles et des tasses peintes en couleurs éclatantes; dédaignant tout luxe, un cabaretier ouvre sa boutique en plein vent, un tonneau lui sert de table, et dans sa charrette, en équilibre sur deux chambrières, il met en perce une barrique de Saint-Malo et un fût d'eau-de-vie; pour les estomacs plus difficiles, il y a une tente avec des bancs et des tables, où l'on trouve à manger des harengs saurs, du poisson frit; les quartiers de porc frais, étagés les uns au-dessus des autres, cuisent en plein air devant un brasier qui, recevant d'aplomb le soleil, fume toujours sans jamais flamber; en face de la tente, et de l'autre côté du chemin, est un espace bien nettoyé de broussailles, deux tonneaux sont placés à l'extrémité : c'est la salle de danse. Sur le chemin qui conduit du village à la chapelle, se tiennent les entrepreneurs de loteries et les chanteurs.

Ce fut par ce chemin que montèrent M. Michon, Armande, Maurice et Martel; déjà la foule arrivait.

— Vous voyez, disait le docteur, montrant cette foule à Martel, chez nous, tout est renversé, et le proverbe qui dit qu'il vaut mieux avoir affaire au bon Dieu qu'à ses saints, en Bretagne n'est plus vrai; ici, on aime mieux les saints que le bon Dieu.

Sur la plate-forme, ils trouvèrent M. de Tréfléan.

— Où donc est Audren ? demanda le docteur surpris de ne pas le voir.

— Il n'est pas revenu de Brest, répondit M. de Tréfléan, et j'en suis un peu tourmenté.

Les cloches de l'église commencèrent à sonner à toute volée, c'était la procession qui se mettait en marche. Aussitôt, la cloche de la chapelle leur répondit joyeusement.

Bientôt on entendit les sons de l'ophicléide et du serpent, puis des versets de psaumes chantés par deux ou trois cents voix.

La foule s'écarta de chaque côté du chemin, on aperçut la procession : c'était, au loin, un gracieux ensemble de bannières, de banderoles et de voiles blancs qui flottaient au vent.

A mesure que la procession gravit la montée, on distingua mieux sa pompe et son ordre.

En avant marchait le garde champêtre, le sabre à la main, puis venaient les gendarmes du chef-lieu de canton et les douaniers ;

Ensuite, s'avançait, à quelques pas d'intervalle, le suisse, qui, se balançant avec une nonchalance superbe, appuyait sa hallebarde sur son épaule et tenait à la main sa longue canne à pomme d'argent ;

Puis venaient les croix de chaque paroisse au bout de leurs hampes, le bedeau et les enfants de chœur avec les chandeliers et les encensoirs ;

Puis les jeunes filles en blanc qui portaient la bannière de la Vierge, et l'assuraient contre le vent avec de longues banderoles qu'elles raidissaient tantôt en avant, tantôt en arrière ;

Puis les jeunes garçons qui, sur une sorte de brancard posé sur leurs épaules, portaient la statue de saint Guin ;

Puis les serpents et les chantres en surplis bien plissés ;

Puis huit ou dix curés des environs ;

Puis le secrétaire particulier de Monseigneur ;

Puis enfin, sous un dais en velours orné de panaches blancs, l'évêque lui-même, qui s'appuyait d'une main sur sa crosse et de l'autre donnait sa bénédiction à la foule qui se prosternait.

Immédiatement derrière marchaient le comte et la comtesse de Lannilis, suivis de toute l'assistance.

Les chantres chantaient à pleine voix, les serpents soufflaient, les enfants de chœur criaient, les croix se balançaient, les bannières voltigeaient, et sur le passage du cortège tout le monde se courbait religieusement.

— La voilà, dit tout bas Maurice à Martel.

Lorsque Marguerite s'approcha, Maurice baissa malgré lui les yeux vers la terre ; lorsqu'il les releva, le suisse arrivait à la chapelle.

La procession commença à disparaître sous le porche, et ceux qui avaient des places réservées la suivirent. Le docteur et ses amis étant au nombre de ces privilégiés, ils entrèrent aussi. Le curé de Lannilis, qui faisait l'office de maître des cérémonies, courait de l'un à l'autre pour tâcher de mettre un peu d'ordre. Apercevant Maurice, il alla vers lui et le pria de monter aux orgues ; celui-ci fit à Armande un signe amical, échangea un coup d'œil avec Martel pour lui montrer qu'il était ferme, et suivit le prêtre qui frayait le passage.

Presque aussitôt la messe commença.

L'église n'avait pas reçu la vingtième partie des fidèles, mais ceux qui n'avaient point pu entrer ne s'étaient pas découragés : ils s'étaient étagés dans la lande, et par les portes grandes ouvertes, on les apercevait accroupis sur leurs talons ; — les longs cheveux noirs des hommes se mélangeaient aux coiffes blanches qu'agitait le vent ; çà et là quelques crânes dénudés miroitaient sous les rayons du soleil.

C'était l'évêque lui-même qui pontifiait, avec l'abbé Hercoët pour archidiacre, et pour assistant son secrétaire.

Du haut des orgues, Maurice dominait l'assemblée, et au premier rang de la nef il apercevait Armande, placée entre son grand-père et M. de Tréfléan, puis dans le chœur, au banc seigneurial, Marguerite à côté de M. de Lannilis ; elle était de profil, et il la voyait assez mal.

Cependant, quoique leurs regards ne se fussent pas encore rencontrés, il se sentait une oppression gênante.

Après l'évangile, le secrétaire particulier de l'évêque descendit pour prêcher, et tous ceux qui étaient du côté du chœur se retournèrent vers la chaire.

Maurice comprit que le moment décisif était arrivé ; mais avant et comme pour s'assurer contre lui-même, il contempla quelques minutes Armande, qui était toute à l'office ; puis, se sentant réconforté, il regarda Marguerite.

Par un étrange hasard, elle avait la même toilette qu'Armande, mais avec ces différences qui séparent la femme de la jeune fille, l'élégance de la simplicité : sa robe était aussi en mousseline blanche, mais à trois volants chargés de broderies qui se drapaient sur une large jupe en moire d'un bleu clair ; le mantelet aussi était blanc et léger, mais il était en une admirable dentelle, et il l'enveloppait presque jusqu'aux pieds ; le chapeau aussi était en paille, mais splendidement orné par la plus habile faiseuse à la mode. Ainsi parée, renversée à demi dans son fauteuil, la tête éclairée en plein par un rayon de soleil qui se réchauffait encore dans les vitraux, elle était vraiment belle.

De sa place, Maurice pouvait la voir sans qu'elle-même le vît : elle paraissait écouter le prédicateur, mais de temps en temps ses yeux glissaient jusqu'au porche ; remontaient à l'orgue, s'y arrêtaient en cherchant, puis, ils revenaient à la chaire : il la regarda longtemps, perdu

16.

dans un monde de souvenirs, tantôt colère, tantôt attendri, tantôt haineux, mais ému, bouleversé.

Et pendant ce temps, du haut de sa tribune, le jeune prêtre d'une voix douce, et avec un geste élégant, disait les inénarrables consolations de la charité; il disait comment cette vertu, si éloquemment prêchée par le divin Maître, ne laissait jamais les malheureux dans la détresse et l'abandon, — et se tournant vers le prélat, — il disait comment les ministres des autels étaient les premiers à obéir à sa voix; — puis, se tournant vers le comte et la comtesse, — il disait encore comment les grands du monde étaient aussi touchés par elle, comment, sous sa pieuse inspiration, ils ne considéraient la fortune qu'ils avaient reçue du ciel que comme un dépôt destiné à secourir, aider et consoler ceux qui, frappés sur la terre, pleuraient et gémissaient en implorant le Seigneur.

Sans bien comprendre ces allusions, et sans comprendre surtout que l'incendie de leur village était une preuve de la bonté de Dieu, les paysans écoutaient immobiles, bouche béante, émerveillés de la rapidité avec laquelle coulaient ces paroles fleuries, pompeuses et rythmées, mais Maurice, lui, n'écoutait point, et son regard allait d'Armande à Marguerite, de Marguerite à Armande; enfin, faisant un effort pour chasser les pensées qui, malgré lui, l'entraînaient dans le passé, il l'arrêta impérieusement sur celle-ci, et jusqu'à la fin du discours, il ne détourna plus les yeux de dessus elle.

Au *Credo*, Marguerite se leva, et précédée du comte, elle commença à parcourir les rangs une bourse à la main, arrivée au bas de la chapelle, elle n'alla pas plus loin, elle laissa le comte achever la quête auprès de ceux qui étaient restés dehors, et elle revint à sa place, ramenée par le suisse et par le curé.

On chantait l'*Agnus Dei*, c'était le moment où Maurice devait jouer un morceau de quelque étendue; ému et tremblant comme il l'était, il avait peu de liberté d'esprit pour accomplir cette tâche : il le comprit et il comprit en même temps qu'il succomberait s'il essayait de vaincre l'homme par l'artiste, et que le seul moyen de sortir vainqueur de cette lutte, c'était d'en faire une chose humaine et personnelle.

Alors reprenant le troisième verset de l'*Agnus*, il entonna presque aussitôt un motif doux et tendre, c'étaient les *Adieux*, et le répétant sans l'abandonner, il l'étendit en des modulations pleines de tristesse dans leur monotonie ; puis, le thème devint progressivement plus sombre, plus lugubre, plus déchirant, — il pensait à sa trahison, à son désespoir ; puis, dans une série d'accords, presque toujours les mêmes, l'orgue gémit et pleura longtemps, — c'étaient les jours de l'abandon et de la douleur ; — puis la mélodie se fit moins plaintive, moins heurtée, — c'étaient les jours de consolation ; — puis elle fut plus douce, plus calme, plus joyeuse, — c'étaient les jours d'espérance ; — puis, par une transition habile, la phrase de *Robert disait à Claire* fut amenée, et alors éclata un hymne de triomphe et de joie ; les voûtes de la chapelle furent ébranlées, les vitraux frémirent ; l'orgue lançait à flots, en notes bruyantes, un chant d'allégresse où toujours revenait, rapidement rappelée, la phrase du début, — c'étaint les jours de bonheur, les rêves d'avenir, le *Te Deum* de l'amour.

La messe finie, le cortège se remit en ordre pour regagner l'église en procession ; mais en ce moment, le curé de Lannilis s'avança vers Maurice, et le pria de lui faire l'honneur de venir jusqu'au presbytère, où Monseigneur voulait le remercier.

Maurice se serait dispensé de ce triomphe, mais comme le docteur s'empressa d'accepter, il ne put que se résigner.

La procession en ordre de marche, croix et bannières en tête, redescendit au village.

M. Michon, M. de Tréfléan, Armande, Maurice et Martel, n'ayant rien à faire à l'église, arrivèrent les premiers au presbytère; bientôt ils virent paraître l'évêque, accompagné du comte, de la comtesse et de tous les curés.

Tout le monde entra au salon, et quand on se fut un peu reconnu et salué, l'abbé Hercoët vint prendre Maurice par la main et l'amena devant l'évêque.

— Monsieur, dit le prélat d'une voix gracieuse, permettez-moi de vous féliciter; vous avez joué comme si sainte Cécile vous eût inspiré: en vous écoutant, j'ai cru entendre des anges chanter.

Puis, se tournant vers Marguerite :

— N'est-il pas vrai, madame, que c'était merveilleux ?

— Oh ! Monseigneur, répondit Marguerite sans se troubler, il y a longtemps que j'ai pu apprécier le talent de M. Berthauld; moi aussi, en l'écoutant aujourd'hui, j'ai cru retrouver mes plus délicieux plaisirs de Paris.

Elle souligna des yeux ces paroles d'une façon si précise qu'il en fut stupéfait; mais il n'eut pas le temps de ressaisir son calme, car l'abbé Hercoët, ayant pris Armande par la main, s'approchait de nouveau de l'évêque.

— Que Monseigneur me permette de lui présenter mademoiselle de Keïrgomar, disait-il, elle est aussi mon élève, et, grâce à elle, nous pourrons avoir quelquefois M. Berthauld, qui va devenir mon paroissien.

Marguerite comprit : elle tressaillit; ce fut à son tour de demeurer surprise; elle enveloppait Maurice et Armande d'un regard interrogateur: puis, elle alla vers un prêtre qui était dans un des coins opposés, et parut s'engager avec lui dans une vive conversation.

Heureusement pour elle et pour Maurice, le curé de Lannilis les secourut à propos; il avait préparé une collation dans le jardin et il priait qu'on voulût bien y faire honneur.

L'évêque donna le signal, et Marguerite, se retournant vers Maurice, lui prit le bras, au moment même où il s'approchait d'Armande.

— Mademoiselle, dit-elle, laissez-moi vous prendre votre fiancé, car maintenant j'ai à le féliciter doublement.

Pendant qu'Armande, confuse, ne savait que répondre, elle passa devant elle avec assurance et s'engagea sur les pas de l'évêque.

Puis, au moment où il y avait un peu de distance entre elle et ceux qui la suivaient, elle serra le bras de Maurice, qui tremblait, et s'approchant de son oreille :

— Ne te marie pas sans me voir, dit-elle d'une voix basse ; demain soir, je serai seule au château.

La collation se fit sans incident : l'évêque fut parfait d'affabilité pour le docteur et pour Armande, qu'il appela plusieurs fois « ma belle enfant ! » Marguerite s'entretint gaiement avec tout le monde, et Maurice, assis près d'Armande, fit tous ses efforts pour paraître calme ; il ne leva pas les yeux sur Marguerite.

On se sépara bientôt ; l'évêque, le comte, la comtesse et les curés, pour se rendre au château ; M. Michon et ses amis, pour revenir à Plaurach.

La route ne fut point au retour ce qu'elle avait été le matin ; quoi qu'il tentât, Maurice ne pouvait chasser la pensée de Marguerite et le souvenir de ses paroles. Armande était instinctivement inquiète ; Martel, tourmenté, aurait voulu interroger Maurice ; seul, le docteur avait gardé sa bonhomie.

— Savez-vous, disait-il à Martel, que madame de Lannilis est superbe ? Puis à Maurice : — Tu la connaissais donc, toi ?

— Oh ! répondit Maurice, je l'ai vue deux ou trois fois.

— C'est une de ces femmes, interrompit Martel pour

faire une diversion, qui sont familières avec les artistes, par orgueil et par vanité.

— Comment ça ? dit le docteur.

— C'est bien simple : par orgueil, en traitant sans gêne ceux qu'elles paraissent élever jusqu'à elles; par vanité, en affectant aux yeux du public une communauté d'idées avec des hommes qui, à un titre quelconque, passent pour supérieurs.

Armande ne disait rien; la préoccupation qu'elle voyait dans les yeux de Maurice l'effrayait.

— Eh bien ? dit Martel, quand il se trouva seul avec Maurice.

— Eh bien, tout s'est assez bien passé; décidément, je suis bien guéri : cette expérience en est une bonne preuve.

— Elle ne t'a rien dit ?

— Elle m'a félicité de mon mariage.

— Ainsi, tu ne crains rien ?

— Rien ; j'aime Armande et l'aimerai toujours.

IV

Il était sincère, car il se promettait bien de ne point aller au rendez-vous de Marguerite ; et s'il ne parlait pas à son ami de ce rendez-vous, c'était par une sorte de pudeur pour celle qu'il avait aimée, puis aussi, pour ne point avouer que Martel avait eu raison ; mais, quant au danger, il le croyait passé, et il se sentait encore troublé, son amour pour Armande n'en était ni moins grand ni moins exclusif.

Toute la nuit et toute la matinée du lendemain, il se répéta : « Non, non, je n'irai pas; la pensée même de ce rendez-vous révoltait son amour; mais quand le docteur lui proposa pour le soir une promenade en mer, il refusa sans trop savoir pourquoi, et prétexta le besoin d'écrire des lettres.

Cependant plus le moment approchait, moins il se sentait résolu. « Après tout, se disait-il, qu'ai-je à craindre ? est-ce que je n'aime pas Armande ? et pourquoi ne me vengerais-je pas en le répétant moi-même à Marguerite, et en lui faisant endurer quelques-unes des souffrances qu'elle m'a causées ? »

Après le dîner, Maurice, bien décidé à écrire ses lettres, laissa partir l'*Albatros*; mais, quand il se trouva seul dans sa chambre, il ne put pas rester en place, il voulut sortir pour se calmer, il fit quelques tours dans le jardin, revint dans sa chambre, s'assit devant sa table, trempa dix fois sa plume dans son encrier, n'écrivit pas une seule ligne, et enfin n'y tenant plus, il se mit en route pour Lannilis, se répétant encore : « Il faut voir ».

Le chemin, par la lande, abrège la distance des deux tiers, il le prit et marcha rapidement; mais, en approchant, il ralentit le pas, même il se demanda s'il ne reviendrait point en arrière. Cependant il continua, et bientôt il arriva au parc qui, abrité par la colline, étale ses bois jusqu'au fond de la vallée; tout au haut de cette colline s'élève le château avec ses pignons élancés et ses deux ailes flanquées de tours.

Maurice, enfant, était souvent venu jouer dans ce parc, alors abandonné, et qu'il retrouva bien entretenu, coupé de larges chemins sablés.

Le château aussi, qui datait de deux ou trois siècles différents, François Ier, Henri IV et Louis XIII, avait été repris en sous-œuvre, gratté et réparé.

Maurice, la tête haute, monta les marches du perron et entra dans un large vestibule. Quand il se fut nommé et eut demandé la comtesse, le valet de service hésita quelques secondes, puis il sonna le valet de chambre, et bientôt celui-ci arriva :

— Je ne crois pas que madame puisse recevoir, dit-il, car elle garde la chambre ; cependant, si monsieur le désire, je vais aller m'en informer.

Resté seul, Maurice retomba dans ses irrésolutions et regretta d'être venu ; tout à coup, il se sentit lécher les mains, c'étaient deux grands lévriers qu'il avait souvent flattés à Paris, et qui s'étaient levés de la natte où ils étaient couchés pour venir le flairer. Ce souvenir du passé l'attendrit ; mais, comme il leur faisait fête et les flattait, il remarqua qu'ils portaient, estampillée sur la cuisse, une large couronne de comte : le nom qu'il lui avait fallu prononcer, en entrant, lui avait déchiré les lèvres, cette remarque le blessa ; il sentit la colère le gagner, et il désira presque n'être pas reçu.

Le valet rentra, lui fit un signe respectueux pour l'engager à le suivre, et, lui ayant fait monter l'escalier, traverser trois ou quatre longues pièces, il ouvrit une porte.

La chambre dans laquelle Maurice entra était sombre, et, de plus, encombrée de ces mille choses qui sont le luxe et le goût modernes ; aussi fut-il quelques secondes sans bien savoir où il était ; grâce à de larges fenêtres qui ouvraient sur la mer, il se reconnut bientôt, et, au fond de l'appartement, étendue sur un canapé, au milieu d'un amas de coussins, à moitié cachée par les bouffements d'une robe blanche, il aperçut Marguerite.

— Eh quoi, s'écria-t-il en s'avançant, êtes-vous souffrante ?

Elle ne répondit pas, mais, presque souriante, elle le regarda en face hardiment, durant quelques secondes ; puis, d'une voix caressante :

— Ai-je donc l'air souffrant ? dit-elle en se soulevant à demi, comme pour lui présenter son visage, et le regarder encore plus hardiment.

Il la retrouvait telle qu'il l'avait vue autrefois, audacieuse, provoquante ; il retrouva ses émotions d'autrefois.

Alors Marguerite, lisant clairement dans cette âme qu'elle avait si souvent éprouvée :

— Je ne suis pas souffrante, dit-elle.

Elle l'enveloppa d'un regard chaud et fascinant.

— Ma maladie n'était qu'une ruse, pour me retrouver seule et libre... avec toi.

Elle lui souffla ces derniers mots à l'oreille, et, avant qu'il pût s'en défendre, elle l'attira et le fit asseoir près d'elle.

— Ce n'est point ainsi que nous devons nous revoir, que nous devons nous parler.

— Oui, toi peut-être; tu dois être dur et froid, car tu peux m'en vouloir : mais moi ?

Elle n'acheva pas, mais elle releva sur lui ses yeux, où une larme paraissait arrêtée entre les paupières.

— N'oublions pas, vous, qui vous êtes maintenant, moi, ce que je serai demain.

— Mariés ! s'écria-t-elle; ah! je ne l'oublie pas, et c'est justement pour cela que j'ai voulu te voir... Écoute-moi, et tu comprendras que je ne l'oublie point; mais, avant laisse-moi te remercier d'être venu.

Elle se pencha sur lui, lui prit la main, et l'embrassa à pleines lèvres.

Il voulait dire qu'il n'était point venu pour écouter, mais pour parler, pour accuser lui-même ; cette caresse le confondit.

— Ah! tu veux te marier, grand enfant; eh bien! écoute. Moi aussi, j'ai voulu me marier ; ma mère me pressait, ce nom exécré de Baudistel me faisait honte, nos voyages avaient compromis ma réputation, et je sentais que le mariage seul pouvait me permettre de rentrer dans le monde, la tête haute. Je te trompai et me mariai. Je te dirais aujourd'hui qu'en agissant ainsi je voulais assurer notre amour, que tu ne me croirais peut-être pas ; cependant, rien ne me serait plus facile que de te le prouver.

17

— Oh! s'écria Maurice.

— Oui, facile... mais c'est pour t'éclairer et non pour me disculper que je t'ai donné ce rendez-vous. Je me mariai donc; mon châtiment ne se fit pas longtemps attendre. Quand, au milieu de mon bal, je te vis apparaître, je payai ma faute; mais je me sentais si coupable, je me faisais tellement horreur à moi-même, que je n'osai rien t'avouer et te laissai partir en te trompant encore.

— Lâchement.

— Oui, lâchement; jamais tes injures, jamais tes colères n'égaleront les miennes, car, depuis, mon existence n'a été qu'une expiation. Partout j'ai porté ton souvenir, partout je t'ai demandé, regretté, désiré, car tu es ma joie, mon bonheur, ma vie; un amour comme celui que nous avons connu envahit le cœur tout entier et n'y laisse plus de place; voilà pourquoi j'ai voulu te voir avant que tu te maries; que mon exemple te serve; ne te perds pas comme je me suis perdue.

— Vous n'aimiez pas, quand vous vous êtes mariée, moi, j'aime.

Lorsqu'elle entendit cet aveu brutal, elle laissa tomber la main de Maurice. Jusqu'à ce moment, ses paroles n'avaient guère été qu'une leçon préparée et habilement récitée, qui devait lui livrer Maurice sans qu'il pût se reconnaître; en recevant cette blessure, son orgueil bondit, le sarcasme et l'injure lui vinrent aux lèvres; cependant elle eut la puissance de se contenir et de se rappeler son but : ce ne serait point par l'emportement, mais par l'habileté et la douceur qu'elle l'amènerait à ses pieds, car c'était là ce qu'elle voulait; il lui était nécessaire, ses sens se souvenaient, maintenant qu'elle était mariée, elle n'aurait plus de luttes à subir; enfin, elle ressentait ce sentiment raffiné qu'éprouve le Don Juan de Molière, à la vue d'une fiancée conduite par celui même qu'elle doit épouser, qui fait qu'il en est ému et que, ne pouvant souffrir de les voir si bien ensemble, il se figure un plaisir extrême à troubler leur intelligence et rompre un attachement dont la délicatesse de son cœur se tient offensée.

Pour elle, c'était une question d'amour et une question d'amour-propre ; elle fit taire son émotion, et après s'être si bien immolée elle-même tout d'abord, que Maurice ne pouvait rien lui reprocher dont elle ne se fût accusée, elle changea de terrain, et s'adressa au vrai nœud de la difficulté, c'est-à-dire à Armande, qu'il fallait frapper de telle sorte que Maurice ne pût ni la défendre, ni la sauver

— Ah ! tu aimes, dit-elle, tu aimes..., mais, c'est moi..., c'est moi que tu aimes ; ce que tu ressens pour cette jeune fille, et que tu crois amour, c'est vengeance ; tu ne l'aimes point, tu ne peux pas l'aimer, car tu es à moi, à moi seule.

— Je vous répète que je l'aime.

— Tu crois l'aimer ; mais près d'elle, tu n'auras pas une joie, pas une sensation sans penser à moi ; tous les plaisirs nous les avons connus ensemble, plus complets et plus grands que tu ne les retrouveras jamais ; tu n'iras pas avec elle dans un bois sans te rappeler Montmorency et Fontainebleau ; tu n'iras pas au théâtre sans te rappeler que nous y sommes allés ensemble ; elle ne criera pas une parole d'amour qui ne m'ait échappé ; elle ne te fera pas une caresse que je ne t'aie faite ; tout cela, je puis te le dire, car je l'éprouve ; depuis que je t'ai abandonné, Maurice, je n'ai plus eu ni joies, ni plaisirs ; partout tu m'as manqué, partout j'ai pensé à toi et je t'ai appelé : ton avenir sera pareil au mien.

— Non, s'écria-t-il en faisant un effort pour échapper à cette parole qui l'attirait et l'enveloppait, car ce que vous prédisez je l'ai déjà essayé ; me promenant ici, dans votre parc, ce n'est pas à vous que j'ai pensé, mais à celle que j'aime.

— C'était dépit, tu ne savais pas que toujours je t'aimais ; d'ailleurs, qu'a-t-elle pour te retenir, cette jeune fille ?

Et comme Maurice faisait un geste de confiance :

— Elle est jolie, je le veux bien ; mais elle est gauche, elle est maladroite, elle est rousse, elle est maigre. Voyons ! a-t-elle mes cheveux ? — et elle enfonça ses mains blanches dans ses beaux cheveux noirs ; — a-t-elle mes yeux ? — et elle lui darda un regard passionné ; — a-t-elle mes bras ? — et relevant son peignoir de batiste, elle montra ses bras fermes et blancs.

Il avait jusqu'alors assez bien résisté ; ces paroles l'avaient ému, elles ne l'avaient point vaincu ; mais l'éloquence d'une femme n'est pas dans ce qu'elle dit, elle est dans la manière dont elle le dit ; ce qui entraîne, c'est un mouvement de lèvres ; ce qui touche, c'est la blancheur des dents ; ce qui persuade, c'est l'accent de la voix, c'est le feu de l'œil, c'est la fraîcheur de la chair, c'est la grâce des attitudes ; quand c'est un ancien amant qui écoute, ce qui le dompte, c'est le souvenir : en la regardant, il se rappelait que ce mouvement de tête, elle l'avait eu dans un certain jour de bonheur, que ce pli de lèvres annonçait autrefois une caresse, que ce coup d'œil précédait un élan d'amour.

Elle vit l'avantage qu'elle obtenait, et se hâta de poursuivre.

— Et quand elle serait, dit-elle vivement, plus belle que moi, a-t-elle mon expérience ? Ah ! Maurice, ce n'est pas de dire une fois « j'aime ! » qui est difficile, c'est de le répéter tous les jours sans se répéter jamais. Et puis, soyons francs : lorsqu'elle me serait supérieure par ces côtés, — et elle se souleva pour lui jeter d'une voix basse ces mots dans l'oreille, — a-t-elle eu notre passé, a-t-elle notre corruption ?

Il la regarda en face, mais elle sans baisser les yeux :

— Ah! ne gardons pas d'hypocrites ménagements; nous avons fait une assez cruelle épreuve de la vie pour qu'elle nous serve, et nous sommes descendus assez bas dans la réalité pour ne plus remonter sur les sommets éthérés. Elle est innocente, n'est-ce pas? ta jeune fille : la façonneras-tu à ton image, ou bien redeviendras-tu ce qu'elle est elle-même? Nous nous appartenons bien, va, et demander le bonheur à d'autres qu'à nous-mêmes est niaiserie et témérité; ne fais pas le malheur de cette jeune fille, si tu l'aimes; n'essaie pas du mariage pour me revenir dans un an, comme moi-même je suis revenue à toi.

Il était haletant sous cette parole brûlante, sous ces regards passionnés; il voulait se défendre, les paroles se pressaient dans sa tête; il était venu pour accuser, pour humilier, pour se venger, il en avait plein le cœur à jeter à la figure de Marguerite, il sentait qu'elle le trompait, il rougissait de sa faiblesse, il cherchait à défendre Armande, cependant il ne pouvait placer un seul mot; il voulait ne point écouter, ne point regarder; mais il voyait trouble, et Marguerite lui murmurait à l'oreille :

— Ah! tu crois à mes remords, n'est-ce pas? à mon repentir, à ma douleur, à mon amour, cher Maurice? Vois comme je t'aime.

Dans ses mains elle lui prit les mains.

— Vois comme je tremble.

Elle se serra contre lui.

— Vois comme mon cœur bat.

Elle le pressa contre sa poitrine qui se soulevait.

Il oublia sa vengeance, son amour, son mariage, Armande; il ne vit plus que Marguerite.

— Nous sommes fous, dit-il faiblement.

Habituée à juger par l'accent de Maurice des vraies dispositions de son âme, elle devina. Aussi ne fut-elle ni surprise ni troublée de se trouver sur sa poitrine au moment même où il lui disait : « Nous sommes fous. »

Autour d'eux, la nuit se faisait, ils étaient seuls, ils étaient dans les bras l'un de l'autre.

Quelle influence efficace pourrait désormais arracher Maurice à cette séduction victorieuse? qui pourrait désormais l'arracher à Marguerite? Mais nul secours, nul auxiliaire! Tout à coup, s'éleva sur la mer une voix qui chantait :

> Robert disait à Claire :
> Je t'aime avec ardeur.

Maurice se dégagea.

— Qu'as-tu? s'écria Marguerite.

> Fais-moi, je t'en supplie,
> Par tes douces vertus...

— Parle, reprit-elle, tu me fais peur... Ne me crois-tu pas quand je te dis que je t'aime et que je t'ai toujours aimé! Quels serments veux-tu? Puis tout à coup en souriant comme si elle eût compris : « Ah! je devine, mon mari : mais il a pris ma fortune, moi j'ai pris son nom, voilà tout, grand enfant. »

Il restait toujours immobile; elle lui passa les bras autour du cou, et d'une voix pleine de câlinerie :

— Tu m'aimes, n'est-ce pas? demanda-t-elle.

Il la regarda avec des yeux terribles. Elle se haussa jusqu'à lui et chercha ses lèvres. Mais il la repoussa brusquement et l'éloignant au bout de son bras :

— Celle que j'aime, s'écria-t-il, ce n'est pas toi, c'est celle qui chante là-bas, c'est Armande!

Et, la repoussant, il s'enfuit.

En quelques secondes, il fut dans le jardin, et laissant le parc sur sa gauche, il alla vers la lande; bientôt il y arriva et il aperçut à une courte distance, éclairé en plein par la lune qui se levait, *l'Albatros*, immobile, sur la mer calme et argentée.

Il s'approcha à la limite extrême de la falaise, et il

chanta le second couplet de la romance qu'avait chantée Armande :

> Robert, aux pieds de Claire,
> Lui dit : Reçois ma foi.

Quand il fut arrivé sur la grève, l'*Albatros* s'était rapproché, et l'on apercevait distinctement le groupe des amis.

— Reste là, dit le docteur, on va te prendre.

V

On revint lentement à la rame sur une mer unie comme un miroir, sous un ciel constellé d'étoiles ; Martel fit tous les frais de l'entretien.

— Monsieur, dit Marie-Ange quand on fut rentré, il y a une lettre pour vous.

— De Paris ! s'écria le docteur l'ayant prise. — De M° Blanchet.

Il ouvrit une feuille de papier timbré pliée en quatre, et lut fort joyeusement :

« Par devant M° Blanchet et son collègue, notaires à Paris,

« A comparu :

« M. Pierre Donan de Keïrgomar, ancien chef de bataillon, demeurant à Paris, cité Fénelon,

« Lequel a, par ces présentes, déclaré consentir au mariage que se propose de contracter

« Mademoiselle Charlotte-Armande de Keïrgomar, sa fille, demeurant à Plaurach, chez son grand-père,

« Avec

« M. Maurice Berthauld, compositeur, demeurant à Paris. »

Puis se tournant vers Maurice et Armande :

— C'est aujourd'hui mercredi ; il faut deux dimanches pour les publications, la noce se fera dans trois semaines. Embrassez-vous, mes enfants.

— Martel, dit Maurice, tu me feras l'amitié d'être mon garçon d'honneur.

— Quand Audren sera revenu, poursuivit M. Michon, j'irai l'inviter à être celui d'Armande.

CHAPITRE XII

LE DÉSESPOIR D'UN HOMME DE CŒUR

I

Les trois semaines fixées par le docteur étaient suffisantes pour les formalités légales à Paris et à Plaurach, mais elles ne l'étaient guère pour tous les préparatifs de toilette, de trousseau et de cérémonie.

Dès le lendemain, on s'occupa de ces préparatifs.

Au petit jour, le docteur envoya éveiller Armande et Maurice; le soleil n'était pas levé depuis deux heures qu'on était en route pour Morlaix.

— Allons déjeuner, dit le docteur en arrivant, après nous commencerons nos achats : l'œil est plus clair et le jugement plus solide quand l'estomac est plein.

On se mit à visiter les magasins. Le docteur avait pris le bras d'Armande; entre elle et Maurice, il marchait empressé; de temps en temps il s'arrêtait pour les regarder tous deux, puis serrant tendrement la main de sa petite-fille :

— Je n'ai pas vingt-cinq ans, disait-il ; quel fameux médecin que la joie !

Avant d'entrer dans le premier magasin :

— Ah çà, tu sais, mon garçon, dit-il à Maurice, que toute marque d'approbation ou d'improbation est sévèrement interdite : c'est Armande qui choisit, nous ne parlerons qu'après elle.

Malgré cette recommandation, il fut lui-même le premier à parler.

— Madame, disait-il à la marchande, qu'est-ce que c'est que ça ? voulez-vous l'essayer à mademoiselle ? Je le prends.

— Mais, grand-père, voulait-elle interrompre.

— Ça ne te plaît pas ?

— Si... mais je n'en ai pas besoin.

— Alors c'est un cadeau que je te fais.

Il lui semblait que plus il serait généreux, plus il prouverait son amour.

— Comme ça doit être triste pour un pauvre vieux, disait-il, de n'avoir pas d'argent !

On parcourut ainsi les boutiques de la ville : quand on rentra le soir à l'hôtel, on vit arriver, les unes après les autres, des commis chargés de ballots et de cartons ; cependant, on n'avait acheté que les choses indispensables ; à Paris seul il appartenait de fournir les bijoux et les robes de ville.

Ce fut dans la vieille maison, un désordre général : les repasseuses s'étaient emparées du vestibule, les couturières du salon ; dans la salle à manger les ouvrières ourlaient des serviettes, brodaient les mouchoirs, montaient les cols, piquaient les chemises.

Au milieu de ce bouleversement, les deux amants ne pouvaient guère être seuls ensemble ; et Maurice, pour se trouver plus longtemps avec Armande, passait presque tout son temps à l'atelier. Souvent le docteur venait les y rejoindre. Il prenait plaisir à faire causer et rire cette bande de jeunes filles, il les agaçait, et alors elles s'en donnaient à cœur-joie, remuant les doigts moins vite que la langue. Souvent aussi, il interrompait ces conversations et se précipitant sur une couturière qui, de son sein, faisait une pelotte à aiguilles, il leur racontait quelque épouvantable histoire chirurgicale, où il avait fallu abattre un sein pour une aiguille ainsi imprudemment fichée.

II

Un soir le docteur annonça qu'Audren étant revenu de Brest, il se proposait d'aller lui-même, dès le lendemain, l'inviter, comme cela était convenu.

Armande et Maurice furent également frappés en entendant cette communication, quoiqu'ils dussent s'y attendre.

— Il ne faut pas que ce soit votre grand-père qui aille inviter Audren, dit Maurice.

— Pourquoi donc ?

— Parce que l'invitation venant de M. Michon, Audren refusera.

— Alors ?

— Alors le monde croira qu'il a eu de trop bonnes raisons pour refuser ; on affectera de dire, et peut-être ne sera-t-on pas beaucoup dans l'erreur, qu'Audren vous aime, et que le désespoir d'être témoin de notre union peut seul le pousser à une telle impolitesse.

— Si grand-père n'y va pas, qui donc ira ?

— Vous.

— Cela le fera trop souffrir.

— Les souffrances de M. Audren m'importent moins

que votre réputation. Il faut donc que vous y alliez et que vous le décidiez.

Ces paroles la blessèrent sans la convaincre : elle ne pouvait se rendre aux raisons de Maurice ; pour la première fois, elle voyait en lui de la dureté. Aussi, elle ne céda point d'abord ; elle espérait le ramener par ses raisonnements et sa résistance. Soutenu par son amour-propre, Maurice fut inflexible, il fallut que, vaincue et navrée, elle se résignât.

Dans la tâche qui lui était imposée, il y avait à la fois pour elle, ennui et douleur : ennui, à prévenir son grand-père qu'elle prenait l'initiative de cette démarche ; douleur, à venir torturer de nouveau celui qu'elle avait déjà fait tant souffrir.

Elle s'adressa d'abord à M. Michon, qui ne lui fit aucune objection sérieuse et se rendit très volontiers à son désir dès qu'il le lui entendit exprimer.

Le lendemain, comme on finissait de déjeuner dans la bibliothèque, la seule pièce où il n'y eût point d'ouvrières Audren arriva :

— C'est moi qui t'ai fait prier de venir, dit le docteur, mais c'est Armande qui a besoin de te parler, nous vous laissons. Viens-tu, Maurice ? venez-vous, Martel ? nous allons rire un peu et confesser les ouvrières de madame Penazen.

Puis, s'approchant d'Audren :

— Elle a voulu te faire sa demande elle-même, continua-t-il ; quand tu sauras de quoi il est question, j'espère que tu me remercieras de lui avoir cédé mon rôle de chef de famille... Allons, venez-vous ?

Depuis qu'Audren était entré Armande le regardait, et rien qu'à le voir, elle se sentait gagnée par les pleurs : il avait les yeux caves et brûlants, le teint était jaune, les joues creuses, les narines frémissantes, les lèvres amincies ; sur son visage et dans son attitude tout accusait la fièvre.

Ils restèrent quelques secondes sans parler; puis, enfin d'une voix sourde :

— Eh bien ! dit-il, ne vouliez-vous pas me parler ?

— Oui, mais avant je voudrais vous remercier...

— Me remercier !

— Je voudrais vous dire combien je vous suis reconnaissante de vous être exposé à la tempête...

— Aujourd'hui ! s'écria-t-il, en faisant un pas vers la porte.

— Audren !

— Parlez-moi de votre demande, c'est tout ce qui doit nous occuper; le passé est mort, je vous prie de n'y pas revenir. Que voulez-vous ?

En se résignant à inviter Audren elle-même, Armande avait cédé à cette pensée que venant de sa bouche la demande serait moins cruelle, et que, par des marques de reconnaissance et de tendresse, elle saurait adoucir ce qu'elle avait d'horrible; mais alors elle ne l'avait pas encore revu, elle ne connaissait pas les changements qui s'étaient faits en lui, et elle avait été loin de prévoir la tournure que prendrait l'entretien. Cependant il fallait parler : M. Michon et Maurice étaient là qui attendaient, Audren lui-même l'interrogeait du regard.

— Nous sommes victimes tous les deux d'une écrasante fatalité, dit-elle d'une voix tremblante; il faut que je souffre pour vous faire ma demande, il faut que vous souffriez pour me l'accorder, et il faut que je souffre encore si vous ne me l'accordez pas.

— Si je dois être le seul à souffrir, je ne vous refuserai pas; car, maintenant, je ne puis plus souffrir.

— Vous pouvez m'accuser et c'est ce que je ne veux pas.

— Ne craignez rien : je vous aimais pour faire votre bonheur, je vous aime toujours; ce que vous demandez, je le ferai.

— Eh bien, continua-t-elle d'une voix presque inintelligible, vous savez que le jour... de mon mariage... est fixé...

— Oui, je le sais, — et s'approchant d'Armande comme pour lui présenter son visage, — vous voyez bien que je le sais, dit-il... je sais que vous allez être sa femme, eh bien ! après, après, que voulez-vous ?

— On veut que vous soyez... mon garçon d'honneur.

— Moi !

Il se mit à marcher à grands pas, regardant Armande avec désespoir : mais il était de ces âmes qui mettent leur orgueil dans le sacrifice; la surprise l'avait vaincu : peu à peu il ressaisit sa volonté; puis, d'une voix brève et étranglée :

— Qui le veut ? dit-il.

— Grand-père, répondit Armande en tremblant.

— Mais lui ?

Elle baissa les yeux et ne répondit pas.

— Eh bien ! je le serai, dit-il.

Il tomba sur une chaise : longtemps il resta sans rien dire, ses lèvres étaient pâles, ses dents claquaient.

Cependant, relevant bientôt les yeux et regardant Armande :

— Moi qui croyais ne plus pouvoir souffrir ! s'écria-t-il.

Puis, comme elle semblait vouloir se défendre :

— Ah ! je ne vous en veux pas; vous m'aimez autant que vous le pouvez, nous sommes bien malheureux tous les deux; mais vous, au moins, vous avez votre grand-père, vous avez, — et sa voix s'altéra, — vous avez votre mari, je suis seul, et je vais partir.

— Partir ?

— Vous pensez bien, n'est-ce pas, que, vous mariée, je ne resterai pas ici ? Quand mon frère m'a annoncé votre mariage, j'ai voulu me tuer.

— Audren !

— Mon Dieu! qu'est-ce que vous voulez que je fasse ? ce n'est pas la douleur que je crains, c'est l'abandon : je voulais me tuer, j'ai eu peur d'attrister votre joie et j'ai résisté à ma tentation, je suis parti pour Brest, j'ai trouvé une corvette en armement pour les mers du Sud; dans trois mois, je serai au milieu de l'Océanie.

Sur ces derniers mots, le docteur entra, et allant vers Audren :

— Eh bien, es-tu invité ? lui dit-il, avec un affectueux sourire.

III

Grâce au mouvement qui, chaque jour, se faisait autour d'elle, grâce à Maurice, grâce aussi à cet égoïsme de l'amour qui envahit même le cœur le plus charitable, Armande ne pensa pas trop à Audren et à sa douleur. Sur le premier moment, l'annonce de ce départ l'avait bouleversée; en y songeant bien, elle en vint presque à s'en réjouir; elle se dit qu'au retour il serait sans doute consolé, et qu'alors, pouvant se voir librement, ils recommenceraient ensemble une vie d'amitié. Cette idée la rassura, et s'y accoutumant, attendant de l'avenir le calme et l'oubli, elle s'habitua à trouver Audren moins pâle et moins sombre.

Il venait presque chaque jour. Quand elle était avec Maurice, il s'en allait. Quand elle était seule, il s'asseyait près d'elle, lui parlait de leur enfance et lui rappelait leurs jeux et leurs bonheurs d'autrefois.

— Comme c'est loin ! disait-elle en souriant.

— Comme c'est près ! disait-il; c'était hier.

Pour lui, ces jours s'écoulèrent rapidement.

Ils s'écoulèrent plus rapidement encore pour tout le

monde; car plus on avançait, plus il fallait redoubler d'activité; chacun avait sa part de soins et de travail.

Le docteur commençait à ne plus trop savoir où donner de la tête; il s'était réservé l'ordonnance de la fête, et, comme il voulait tout faire par lui-même, il était sans cesse sur pied. A cause du deuil encore récent de Maurice, il avait été décidé qu'on ne danserait pas officiellement, mais qu'on élèverait, dans la cour, une tente où danseraient et se régaleraient les invités du village; et quand il abandonnait ses charpentiers, c'était pour courir à la cuisine, où un pâtissier et un cuisinier confectionnaient le festin.

Ces soins matériels n'étaient pas les seuls qui l'occupassent, et comme il ne croyait pas que tout son devoir serait accompli pour avoir donné une belle noce, il avait encore avec Maurice de fréquents entretiens :

— Mon cher enfant, lui disait-il, de tous les actes de ce monde, le mariage est à mes yeux le plus grave, et je voudrais que tu y arrivasses dignement préparé. Car, il faut bien que je te l'avoue, tu y arriveras tout seul; ce n'est pas une femme que je te donne, c'est un enfant. Et, de ce côté, je m'en accuse, j'ai des reproches à me faire. Je m'étais promis de la préparer, et je n'ai pas osé : un père, un homme, quelque vieux qu'il soit, est mal à l'aise pour parler de ces choses-là; et si avec mes malades j'y allais carrément, avec elle j'ai peur; elle est la maîtresse, vois-tu, et c'est moi qui suis l'élève. Eh bien! mon bon Maurice, ce que je n'ai point eu la force de faire, c'est toi qui le feras. Songe que je te livre une petite fille de dix-sept ans. Elle t'aime et tu l'aimes, c'est vrai, mais enfin elle n'a que dix-sept ans. Gagne tout d'abord son âme, et tu gagneras ta femme pour la vie entière. Moi, je me charge de lui épargner l'embarras de la cérémonie : le mariage civil se fera ici même, le maire me l'a promis; elle n'aura donc pas à rougir devant une foule curieuse en proponçant le oui juridique. A table, j'aurai soin d'empêcher les allusions plus ou moins spirituelles ; et, le lendemain, vous serez seuls, mes enfants. Pour ne pas la rendre confuse, je ne la regarderai même pas lorsqu'elle viendra m'embrasser. Ainsi, tu me comprends, n'est-ce pas ? Je veux que votre mariage soit une chose grande, je veux qu'il soit chaste dans la cérémonie, spontané dans le dernier consentement. Moi, je le ferai chaste, à toi de le faire spontané. Que ton amour, en domptant tes désirs, assure votre amour.

La veille du jour solennel arriva ; et quand le contrat fut lu et signé, quand le docteur, dans une dernière inspection, se fut bien assuré que les préparatifs s'achevaient ; quand on eut constaté, en l'essayant, que la robe de noce allait à merveille ; quand Armande, tremblante, eut embrassé son grand-père non moins tremblant qu'elle ; quand elle eut, en rougissant, tendu la main à Maurice, chacun gagna sa chambre.

Mais, cette nuit-là, chacun n'eut pas un même sommeil également calme et solide.

Maurice, si heureux que tout éveillé il croyait rêver, s'endormit en continuant ses rêves.

Le docteur, l'âme contente, la conscience satisfaite, se serait aussi doucement endormi, s'il eût pu ne pas penser que ce mariage allait lui enlever sa fille, qu'il avait soixante-dix ans, et qu'une vieillesse solitaire était bien chagrine.

Armande, seule dans sa chambre de jeune fille, se sentit inquiète. Elle se dit que c'était pour la dernière fois qu'elle se couchait dans ses rideaux blancs, la tête sur cet oreiller qui avait déjà reçu tant de confidences, et elle fut prise d'une tristesse infinie. Elle aimait Maurice cependant, elle avait appelé et désiré ce moment avec impatience, mais prête à franchir ce seuil derrière lequel tout était inconnu, elle s'arrêtait effrayée ; quoiqu'elle se sentît entraînée par une main chérie, elle tournait la tête et regardait en arrière : elle voyait son grand-père qui restait seul, elle voyait cette maison qu'elle abandonnait, elle voyait Audren... mais en même temps elle voyait Maurice ; elle se voyait elle-même près de lui, échangeant de tendres regards, écoutant de douces paroles et, bercée par cette musique d'amour, son agitation s'apaisait, son souffle devenait plus faible, sa poitrine ne se soulevait plus haletante, et tandis que ses paupières se fermaient, ses lèvres, répétant la dernière pensée de son cœur, murmuraient faiblement : « Maurice, Maurice ! » Elle dormait enfin et rêvait d'amour.

Mais pendant cette nuit, celui qui ne dormit pas du tout, ce fut Audren : à grands pas il marchait dans sa chambre ; quand il se croyait un peu plus calme, il se couchait, s'entortillait dans les draps, se couvrait la tête, et, immobile, sans respirer, il tâchait de s'endormir ; c'était en vain, la douleur et le désespoir ne le lâchaient pas, les larmes qu'il avait amassées devant Armande, lui montaient aux yeux, et coulaient grosses et brûlantes ; pris d'un accès de rage, il se remettait à parcourir sa chambre ; puis quand il avait longtemps marché, il se recouchait, prenait un livre, s'efforçait de lire, et lisait pages sur pages ; mais c'était seulement des yeux, car son esprit ne pouvait point se détacher d'Armande : lui aussi il revenait au passé : il la revoyait telle qu'elle était autrefois, et après un souvenir de bonheur, il lui en revenait un autre ; et ainsi toujours jusqu'au matin.

— Ah çà, diable ! qu'est-ce que j'ai donc ? grommelait Martel en se tournant et se retournant aussi dans son lit ; — je ne me marie pourtant pas demain et j'ai une anxiété de prétendu : je suis sûr que Maurice dort mieux que moi. — Seront-ils heureux ?

Il plongea résolument sa tête dans l'oreiller ; la réflexion ne le laissa pas longtemps tranquille.

— Ah! s'il l'avait épousée avant d'avoir connu Marguerite! — Cela serait tout de même drôle s'il allait lui faire payer les fautes de l'autre ; drôle non, mais cruel et lâche. — Bast! Maurice n'est pas méchant !

Sur cette affirmation, il crut que son insomnie n'avait plus de cause légitime, mais la réflexion tenace ne céda pas encore : elle se mit à lui inspirer toutes sortes d'appréhensions qui se traduisaient à peu près ainsi :

— Il n'est pas trop bon non plus : est-il aveugle pour ne pas voir comme souffre ce pauvre Audren ? — Quelle singulière idée de le prendre pour leur garçon d'honneur! Il le dédaigne et peut-être il ne le vaut pas. — Qui sait si Armande n'eût pas été plus heureuse avec Audren, elle serait au moins restée près de ce pauvre vieux qu'on va laisser seul et triste. Ah! si j'avais été autre que je suis!

IV

La maison s'éveilla bruyante et affairée : dans la cour les charpentiers se hâtaient de cogner leurs dernières chevilles, dans les corridors c'était un cliquetis de vaisselle et de verrerie.

Maurice descendit le premier au jardin, et ayant ramassé des petits cailloux il les jeta contre les persiennes d'Armande. Celle-ci parut, enveloppée dans un châle, les yeux encore ensommeillés, cependant fraîche et rose sous ses blonds cheveux qui s'ébouriffaient autour de la tête. Les deux amants se regardèrent longtemps, en s'envoyant de la main de sonores baisers; puis, Maurice courut cueillir un petit bouquet de verveine et d'héliotrope, le lia avec une tige de volubilis, l'embrassa et le lança au milieu de la fenêtre. Armande le reçut au vol, le pressa aussi contre ses lèvres, comme pour y prendre les baisers qu'il avait reçus.

Vers dix heures, les invités commencèrent à arriver les uns après les autres. D'abord ce fut M. Guillaume des Alleux, juge au tribunal de Ploërmel, oncle de Maurice, qui ne connaissait pas son neveu, mais qui s'était cependant dérangé quand il avait su qu'il s'agissait d'un mariage convenable; puis ce furent les amis et les parents du docteur qui venaient de Lannion, de Morlaix; en tout, trente-deux personnes.

Quand tout le monde fut réuni, M. Michon fit prier Armande de descendre, pour la présentation officielle. Audren était fort pâle; mais ceux qui ne le connaissaient pas pouvaient le croire calme et indifférent : la volonté le soutenait.

La cérémonie civile s'étant accomplie, les portes toutes grandes ouvertes, suivant les prescriptions de la loi, on se mit en route pour l'église.

La distance était si petite que le docteur n'avait pas voulu de voiture; il marchait en tête du cortège, donnant le bras à Armande; il était radieux, et saluait d'un geste reconnaissant ceux qui se rangeaient le long des murailles pour les regarder passer.

On entra dans l'église, qui déjà était pleine de monde, le bedeau, le sourire aux lèvres, — le sourire des jours de baptême et de mariage, — aligna les invités dans le chœur.

Deux prie-Dieu avaient été placés à la limite du sanctuaire : Armande et Maurice s'y agenouillèrent; l'abbé Hercoët, portant l'aube et l'étole, sortit de la sacristie, puis, après avoir salué l'autel, il se couvrit de sa barrette et, se tournant vers les époux, il leur adressa son discours obligé.

Il leur rappela la grandeur du sacrement qu'ils allaient recevoir; il leur parla du mariage du Christ avec son Église, et leur dit comment il s'était livré à elle pour la sanctifier, la purifier, la faire glorieuse, sans tache, sans ride, pure, immaculée.

Puis après ces banalités, thème de toutes ses allocutions, il se sentit attendri en face de ces enfants qu'il avait élevés, et qu'il aimait; il oublia la routine, et s'adressant à eux simplement, sans phrases plus ou moins mystiques :

— Mes chers enfants, dit-il, le voyage que vous allez entreprendre est périlleux; moi le pilote, vous lançant sur cette mer de la vie, je suis ému et effrayé. Quand je ne serai plus près de vous, quand l'âge, les chagrins, les tempêtes, seront arrivés, pensez à cette église où vous êtes si souvent venus dans votre enfance, pensez-y, comme au milieu de l'orage y ont souvent pensé tant de marins agenouillés dans cette foule qui m'écoute : ils étaient désespérés sur une mer en fureur, ils étaient sans force devant la mort, ils ont pensé à l'église de leur village, ils ont tendu leurs mains suppliantes vers ce Dieu miséricordieux dont l'image est là sur nos têtes, et ils ont été consolés, ils ont été réconfortés, ils ont été sauvés. Vous aussi, mes enfants, si vous êtes battus par les orages du monde, pensez à cette église, tendez les mains vers ce Dieu que je vous ai appris à aimer, et vous aussi, vous serez consolés; vous aussi, vous serez réconfortés; vous aussi, vous serez sauvés.

— Vous, monsieur, — mais, emporté par son attendrissement, il se reprit, — toi, Maurice, n'oublie jamais les puissants secours que ta sainte mère a reçus de la religion, que le courage avec lequel elle a supporté ses épreuves te soit un exemple; rappelle-toi combien, à l'heure de la mort, elle était édifiante et résignée. Ah! c'est qu'elle pensait au ciel, d'où maintenant elle te regarde et se réjouit bien heureuse, en voyant la pure et charmante compagne qu'elle-même eût assurément choisie.

— Vous, madame, — vous, ma chère enfant, n'oubliez jamais non plus cette digne femme, rappelez-vous combien elle était bonne, charitable, fervente dans sa simplicité ; soyez pour votre époux ce qu'elle avait été pour le sien ; au milieu du monde, ne vous laissez ni éblouir ni tenter, soyez toute la vie ce que vous avez été jusqu'à ce jour ; gardez votre âme ardente à la prière, votre cœur sensible à la pitié, et, jusqu'à votre mort, les bénédictions du Seigneur descendront sur votre maison.

Le docteur avait des larmes plein les yeux ; mais se penchant vers M. des Alleux, grave comme s'il avait été toujours à l'audience :

— Ces finauds-là ont si bien su mêler leur religion à tous nos sentiments, qu'on ne sait plus trop pourquoi on pleure.

Quand l'abbé, dans une courte prière, se fut un peu remis, il fit joindre les mains aux deux époux, bénit le mariage et remit l'anneau à Maurice, qui le passa au doigt d'Armande.

La messe commença, et commencèrent aussi, en même temps, les conversations à voix basse entre voisins.

Audren, lui, ne parlait pas : il était immobile, les yeux troubles, la tête en feu ; et, malgré lui, il entendait un murmure de paroles étouffées, souvent interrompues.

Il était question de Maurice, d'Armande, de robe, de coiffure. — Je trouve le marié bien jeune, avec ça encore il est artiste. — On dit qu'il a du talent. — Il est sans fortune.

— C'est un mariage d'amour ? — Tout à fait, ils s'adorent.

En écoutant ces propos qui lui déchiraient le cœur, Audren se retourna brusquement et il lança à ses deux voisins un regard si furibond, qu'ils le prirent pour un fou ou un dévot scandalisé : aussi n'osèrent-ils plus échanger leurs observations.

Enfin arriva le moment terrible où devait commencer son office de garçon d'honneur, on était au *Pater*.

Le suisse vint le chercher ; il se leva et le suivit ; il lui semblait que les dalles fuyaient sous ses pas, les murs dansaient.

Cependant il allait la tête haute.

On lui mit entre les mains un voile blanc ; en face de lui Martel tenait l'autre bout.

Sous le voile, Armande et Maurice étaient agenouillés ; l'officiant lisait une oraison dans le missel.

Lui, pour ne point trembler, se tenait raide, les bras serrés contre les côtes.

Mais Armande, en voyant cette douleur, fut prise d'une immense pitié, elle oublia Maurice, elle s'oublia elle-même, ne pensa plus qu'à Audren, et, du plus profond de son cœur, elle lui donna la seule chose qu'elle pût donner, sa prière :

— Mon Dieu, dit-elle, recevez-le, protégez-le ! soyez bon pour lui, consolez son âme, guérissez son corps.

Quand le prêtre eût fait l'aspersion, Audren retourna à sa place, et la cérémonie finit ; mais pour lui ne finit pas son martyre.

Il fallut qu'il assistât au déjeuner, ou plus justement au dîner, qui fut long. Il fallut qu'il vît Armande, et Maurice, placés en face l'un de l'autre, échanger des regards doux comme des caresses, brûlants comme des baisers. Il fallut qu'il écoutât les toasts ; on but au bonheur des nouveaux mariés, à leur santé, à leur avenir, à leurs enfants :

— « Le mariage n'étant institué à nulle autre fin que la famille, dit superbement M. des Alleux, ce serait le profaner que de ne pas en attendre des enfants. Je bois donc à mes petits-neveux, à mes petites-nièces. »

Audren fut dix fois sur le point de se sauver, mais il avait promis, il resta : il y avait là orgueil pour lui-même, défi pour Maurice, dernière preuve d'amour pour Armande. Cependant, parfois son courage l'abandonnait, il n'avait plus conscience de ce qui se passait autour de lui, il était comme dans un atroce cauchemar.

Entre le dîner et la fête du soir, il y eut un moment où on abandonna la table pour se promener dans le jardin, il en profita et s'échappa.

Il courut droit devant lui, et, par le chemin de la falaise, il se trouva bientôt au milieu de la lande. Alors il se jeta sur l'herbe et laissa échapper les pleurs qu'il retenait depuis si longtemps; c'était fini, c'était bien fini, elle était perdue, elle était mariée; autant il avait été ferme, autant il fut lâche; il était seul, il était libre enfin; il se roula sur le gazon, enfonçant ses doigts dans la terre, sanglotant, criant, hurlant. Puis, quand la machine nerveuse se fut un peu détendue, il tomba dans un abattement stupide; son corps et son âme étaient brisés comme sa vie, ce n'était plus de la souffrance, c'était de la prostration; son cœur ne saignait plus, il était mort; il en était de lui comme d'un homme qui, précipité du haut d'un toit, se voit tomber dans le vide, sans pouvoir s'accrocher à rien. Il se sentait aussi dans le vide, dans le néant.

Pendant ce temps la fête commençait. Par la grande porte, ouverte à deux battants, les gens du village arrivaient endimanchés. La tente s'emplissait; elle était partagée en trois compartiments : à l'extrémité, on avait disposé un petit salon parqueté pour les invités à longues robes; au milieu était la salle de danse, à l'entrée un buffet où ceux qui n'avaient pas assisté au dîner trouvaient des viandes froides, une barrique de vin en perce, des gâteaux et des rafraîchissements. Le docteur avait fait les choses grandement; heureux, il voulait que tout le monde fût heureux avec lui.

A huit heures la noce fit son entrée, mais les musiciens n'étaient pas encore à leur place, et comme M. Michon s'en étonnait, on entendit au dehors les sons du biniou, du fifre et du violon.

Le docteur était aimé dans le pays, et pour lui payer les services qu'il avait rendus, il avait été décidé que tout le village prendrait part à la fête, et que le père Gouriou, avec six garçons et six jeunes filles chanterait la complainte du mariage.

C'était la députation qui arrivait, musiciens en tête. On la vit paraître : le père Gouriou marchait le premier ; ce n'était plus le chanteur des foires et des marchés, c'était le *barz*, c'était le poète du pays ; ce n'était plus le vieux mendiant, c'était un grand vieillard superbe dans son antique costume national ; il allait droit et fier, jouant noblement du rebec ; derrière lui venaient les jeunes garçons, les jeunes filles et la députation du village.

Il traversa la salle, et, arrivé devant les mariés, il s'arrêta, déposa son rebec dont il dédaignait le secours, fit signe aux musiciens de l'accompagner doucement, et, d'une voix un peu traînante, mais bien accentuée, il commença la complainte :

> Nous sommes accourus du fond de notre village
> Afin de vous souhaiter bonheur en mariage,
>   A monsieur votre époux
>   Aussi bien comme à vous.
> Vous n'irez plus au bal, madame la mariée,
> Vous n'irez plus aux fêtes ni dans nos assemblées.
>   Vous resterez à la maison
>   Tandis que nous irons.

Alors, s'effaçant sur le côté, il fit place à un jeune garçon qui portait un gâteau et qui se mit à chanter :

> Acceptez ce gâteau que ma main vous présente,
> Il est fait de façon à vous faire comprendre
>   Qu'il faut travailler et souffrir
>   Afin de se nourrir.

Puis le jeune garçon se retira aussi; il fut remplacé par une jeune fille qui tenait un bouquet, et qui chanta :

> Acceptez ce bouquet que ma main vous présente,
> Il est fait de façon à vous faire comprendre,
> Que tous les vains honneurs
> Passent comme ces fleurs.

Elle offrit le bouquet, et tout le monde reprit ensemble :

> Nous sommes accourus du fond de notre village
> Afin de vous souhaiter bonheur en mariage,
> A monsieur votre époux
> Aussi bien comme à vous.

On se mit en place pour le quadrille : M. des Alleux conduisait Armande, M. Michon une jeune fille du village.

La danse devint générale ; seulement, comme beaucoup de Bretons ont encore conservé leur ancienne danse, qui est une sorte de marche rapide et mesurée, l'orchestre alternait : tantôt il jouait un quadrille, tantôt il jouait le pas national.

On ne tarda pas à s'entasser, à se pousser, à se coudoyer, et malgré la légèreté des murailles qui étaient en beaux draps blancs enguirlandés de fleurs, l'air devint bientôt plus lourd et plus chaud. Au milieu de la tente, les jeunes gens dansaient ; sur les côtés, les hommes regardaient ; ils ne remuaient guère, mais ils souriaient avec l'expression du contentement. Pour ces rudes travailleurs habitués à la fatigue, ne rien faire était déjà un plaisir. Au buffet, l'animation était plus vive : là on buvait ferme et l'on criait fort ; huit ou dix buveurs s'étaient emparés des tables, et, ne voulant point *démarrer*, ils causaient tranquillement de leurs affaires comme s'ils eussent été au cabaret.

Lorsque Armande eut dansé cinq ou six contredanses, lorsqu'elle eut fait plusieurs fois, au bras de son grand-père, le jour de la tente, parlant à chacun et recevant de chacun des compliments, M. Michon fit un signe à Maurice, prit le bras d'Armande comme pour une nouvelle promenade, et rentra à la maison.

Invités ainsi que domestiques, tout le monde était sous la tente. Des lampes brûlaient dans le vestibule, M. Michon en prit une, et se dirigea vers une grande chambre habituellement inoccupée qui se trouvait au rez-de-chaussée, au bout de la bibliothèque.

— Mes enfants, leur dit-il, voilà votre chambre: les meubles en sont bien vieux, bien rococo, mais ils ont servi à ma chère femme et à moi, c'est la chambre de notre mariage; soyez-y heureux comme nous y avons été heureux.

Et comme Armande se serrait contre lui :

— Allons, chère mignonne, continua-t-il, ne tremble pas, tu es entre ton père et ton mari, et si je tremble aussi en te parlant, ce n'est pas de crainte, c'est d'émotion : vous me ramenez à mon jour de noce. Voilà le fauteuil où je me suis assis pour la prendre sur mes genoux, tiens, Armande, voilà la chaise basse où ta grand-mère se mettait devant le feu pour sécher et emmailloter ta mère; regarde, ma fille, tout ici conserve des souvenirs de bonheur; tu seras heureuse aussi. Allons, viens, que je t'embrasse.

Il l'attira sur sa poitrine, y attira aussi Maurice, les mit bien étroitement aux bras l'un de l'autre, et les yeux pleins de larmes, presque aussi troublé que sa fille, il sortit sans se retourner.

Il croyait les laisser seuls ; ils ne l'étaient pas.

V

Audren, après sa crise d'affaissement, avait eu une réaction de colère. Pour se calmer, il s'était mis à marcher à travers la lande ; le mouvement, en activant la circulation sanguine, avait aussi activé l'exaltation cérébrale ; plus les heures de la nuit s'étaient écoulées, plus il s'était senti furieux. Il n'avait plus eu qu'une seule pensée, elle et lui dans le même lit ; cela lui avait paru si monstrueux, qu'il avait décidé de partir pour Brest à l'instant même. Il était revenu sur ses pas ; mais alors marchant moins vite, rafraîchi par la brise qui soufflait du large, un peu calmé par cette résolution de s'enfuir qui le rattachait à quelque chose, il s'était pris à songer à son départ, à son voyage, à son isolement dans la vie, à ce pays qu'il abandonnait, et, s'attendrissant un moment sur lui-même, oubliant sa colère, il avait vaguement pensé, — puisque tout était bien fini, — à voir Armande une dernière fois pendant qu'elle était encore la jeune fille qu'il avait si ardemment adorée. Tout d'abord il avait rejeté cette idée comme une faiblesse, puis il y était revenu, puis entraîné par ce fatal sentiment qui nous pousse à vouloir ne rien perdre de nos douleurs, au lieu d'entrer chez son frère, il avait passé tout droit et était descendu vers le château. Traverser le jardin et entrer par la maison dans la cour d'honneur où se trouvait la tente, était le chemin le plus court ; il l'avait pris. Arrivé devant la maison, il avait été surpris de voir de la lumière à travers les persiennes de la grande chambre et d'entendre un bruit de voix. A cette heure, quand tout le monde dansait au bal, qui donc pouvait être là ? Il s'était approché. Une porte-fenêtre ouvrait sur un perron ; il avait monté les marches. Juste à la hauteur de sa tête, mais plus haut que les yeux, les crémaillères avaient été tirées et les lames de bois étaient parfaitement horizontales ; il s'était haussé sur la pointe des pieds, et, au milieu de la chambre, il avait vu le docteur qui tenait dans ses bras Armande et Maurice : la mousseline des rideaux était fine, la lampe donnait une lumière éclatante.

Le vertige le prit, il retomba sur ses pieds ; mais presque aussitôt il se releva, se cramponna des mains à une planchette supérieure, et colla son visage contre la persienne.

Le docteur était sorti, Armande et Maurice se tenaient enlacés.

Ils restèrent quelques minutes ainsi, lui la serrant dans ses bras, elle inclinant la tête sur la poitrine de son époux.

— Chère Armande, murmura Maurice d'une voix pleine de prière.

Il l'attira et la fit asseoir sur ses genoux.

Elle se cachait toujours ; mais, se penchant vers elle, il lui posa les lèvres sur le front, lui redressa la tête en la poussant à petits coups, et quand il la sentit à la hauteur de son visage, il lui plongea les yeux dans ses yeux.

Longtemps ils se regardèrent.

Puis l'asseyant elle-même sur le canapé, il se laissa glisser à terre, se mit à genoux devant elle, lui prit les deux mains, et la regarda encore avec ravissement.

Audren aussi regardait : il était oppressé jusqu'à l'étouffement ; ses yeux étaient troubles, ses jambes vacillaient, son cœur battait si fort qu'il repoussait la fenêtre.

Maurice était toujours à genoux ; et, les mains autour du corsage d'Armande, il cherchait à détacher le bouquet.

Elle était rouge et tremblante : sa pudeur l'empêchait de s'abandonner, son amour l'empêchait de se défendre ; elle avait peur de n'être pas assez tendre, elle avait peur d'être trop passionnée.

Le bouquet détaché, Maurice se releva et voulut détacher aussi la couronne ; prise dans les torsades de la coiffure, elle était retenue par de nombreuses épingles bien cachées.

Épingle à épingle, il y parvint ; et, prenant délicatement la couronne, il alla la poser sur un meuble :

— Ce sera notre talisman de bonheur, dit-il ; nous le

garderons toujours; si nous sommes jamais tristes, il nous consolera.

Il revint vers elle, et il ouvrit les bras pour l'embrasser encore : ses yeux brillaient, ses mains tremblaient.

Elle eut peur, et voulut se reculer; mais, dans le brusque mouvement qu'elle fit, ses cheveux, qui n'étaient plus retenus, s'échappèrent du peigne, et, en une soyeuse cascade, ils tombèrent sur ses épaules. Par un geste de honte et de crainte tout à la fois, elle se jeta les mains sur le visage.

Il s'approcha, l'enlaça d'une main, et, de l'autre, il prit une épaisse torsade de cette chevelure qu'il voyait dans toute sa splendeur pour la première fois, la pressa contre ses lèvres, respirant son parfum tiède et pénétrant :

— Ne crains rien, dit-il, je ne suis aujourd'hui que ce que j'étais hier, rien de plus, cher mignonne, ton amant qui toujours sera ton amant : ce n'est pas de la loi, ce n'est pas de l'Eglise que je veux te tenir, c'est de toi, de toi seule.

Audren les voyait face à face, les yeux dans les yeux, les lèvres presque sur les lèvres. Comme la lame d'un couteau, la planchette de chêne à laquelle il était cramponné lui entrait dans les doigts; il ne sentait pas la douleur physique, il écoutait et regardait, et celle qu'il avait adorée avec la vénération la plus sainte, il la voyait aux bras d'un homme qu'elle aimait, sans défense et sans volonté de défense.

— Pourquoi trembler? disait Maurice.

— C'est plus fort que moi.

Elle était contre lui sans même oser respirer. Il glissa sa main derrière le corsage.

— Ne sommes-nous pas l'un à l'autre? dit-il.

Le corsage de soie s'entr'ouvrit.

— Maurice! dit-elle palpitante.

Sans répondre, mais en la maintenant du regard, il attira vers lui les deux manches, et la robe, qui n'était plus retenue, entraînée un peu par son propre poids, beaucoup par les mains de Maurice, glissa sur le tapis.

Elle croisa ses bras sur sa poitrine, et demeura confuse au milieu de sa robe qui, comme une cloche, s'évasait autour d'elle : elle resta ainsi debout, immobile, la tête baissée, le front pourpré, les cheveux épars.

Il l'enveloppa dans ses deux bras et la fit asseoir sur ses genoux.

Elle releva sur lui ses grands yeux allanguis où il y avait à la fois amour et crainte.

Il décrocha les bracelets et le collier.

Puis, la faisant asseoir sur le canapé, il alla prendre, près du lit, des petites mules bleues bordées d'un blanc duvet, revint vers elle, s'agenouilla, et défit ses bottines.

A travers les mailles de la soie, on sentait la chair ; prêt à reposer le pied qui se crispait dans sa main, il l'approcha de ses lèvres et le baisa.

Elle poussa un petit cri étouffé et se renversa en arrière, mais il la reçut dans ses bras et se mit, sans rien dire à détacher les pièces de sa toilette.

Sans rien dire aussi elle le laissa faire ; elle n'osait plus ni parler ni résister. Cela doit être ainsi, pensait-elle, et rouge comme une cerise, la respiration entrecoupée, les yeux troublés, elle s'abandonnait docilement. Quand la main de Maurice lui effleurait la peau, elle frissonnait.

Le corset avait été détaché, et Maurice allait soulever la guimpe, lorsque par un dernier effort elle se dégagea et se réfugia toute émue dans le coin du canapé.

Alors, Maurice la regardant de nouveau avec une expression plus passionnée et plus impatiente, glissa sa main sur la table, approcha la lampe, et, brusquement l'éteignit.

Audren desserra les doigts et se laissa couler à terre ;

sa tête éclatait, ses dents claquaient; par un miracle de volonté, il avait pu se contenir jusqu'alors, mais il sentait la fureur le pousser; pendant qu'il en était temps encore il voulut fuir, et sauta dans le jardin. Il se mit à courir sans savoir où il allait; quoique la lune brillât, il ne voyait rien; ses jambes se prenaient dans les fleurs des massifs, et son visage s'écorchait aux branches des taillis. Un tronc d'arbre couché sur le gazon le fit tomber; il se releva. On entendait les sons du fifre et du biniou. Il se remit à courir pour fuir plus loin; mais, dans son aveuglement, il revint sur ses pas et se trouva en face de la maison. Il s'arrêta et passa ses mains sur ses yeux pour essuyer le sang qui lui coulait du front. Durant quelques minutes, il demeura indécis, puis une curiosité plus forte que sa volonté le poussa vers la maison; il remonta les marches du perron à pas légers, et colla de nouveau son visage à la persienne.

La lampe n'avait pas été rallumée, il ne vit rien; il écouta, il n'entendit rien non plus.

Mais bientôt un bruit de pas lourds et lents retentit dans la chambre; puis il y eut un frou-frou d'étoffes, puis un cliquetis d'anneaux qui glissaient sur leurs tringles.

Les pas lourds étaient ceux de Maurice portant Armande, les anneaux étaient ceux du lit.

Il chancela, et, comme une masse, il roula par terre; mais il n'était pas évanoui; il se releva et chercha par où attaquer la persienne pour l'arracher; il voulait sauter dans la chambre, et étrangler Maurice; elle était solidement fermée et n'offrait pas la moindre prise. Quoique bien court, ce moment d'examen fut assez long, cependant, pour le rappeler à lui: ses bras, qu'il portait en avant, crispés et menaçants, tombèrent; sa tête s'inclina sur sa poitrine, et tout son corps s'affaissa. Il demeura quelques secondes anéanti, puis, redescendant les marches, se traînant plutôt que marchant, il reprit la grande allée, sortit du jardin, et lentement, il se dirigea du côté de la grève.

On dansait toujours, et le son du fifre passait avec la brise.

VI

Les joyeux rayons du soleil le lendemain, glissaient à travers les persiennes, les oiseaux chantaient dans les feuilles, il y avait dans l'air des musiques et des parfums. Armande, dans les bras de Maurice, dormait; et lui, tourné vers elle, il la regardait dormir. Un rayon de soleil, réflété par la glace, vint s'abattre sur ce visage souriant, et les cheveux étincelèrent comme des fils d'or. Sa paupière cligna sous la lumière trop vive, puis elle ouvrit les yeux, rencontra ceux de Maurice, et les refermant aussitôt, elle se blottit dans son cou. Les joyeuses paroles, les pénétrantes caresses, les tendres regards, les éloquents silences, les riants projets, les douces promesses !

Ce furent des journées radieuses. Ils étaient tout à eux-mêmes, et jouissaient délicieusement d'eux-mêmes.

Il y avait cinq jours qu'ils étaient mariés, et, tendrement enlacés l'un à l'autre, ils se promenaient sur la grève. Ils allaient, à pas cadencés, et ils parlaient de cette voix basse, mais vibrante, qui vient du cœur.

Ils arrivèrent ainsi devant l'île de Goë : la passe était à sec.

— Il n'est pas encore six heures et demie, dit Maurice, la mer ne remontera pas avant deux heures; nous avons le temps de faire le tour de l'île avant la marée et la nuit, le veux-tu ?

Ils traversèrent à pied sec le chenal, où, six semaines auparavant, Maurice avait échappé à la mort.

— Sans ces rochers, dit-il, qui sait où nous en serions encore de notre mariage?

— Ah! s'écria Armande, j'étais morte d'anxiété.

— Par bonheur, tu as été folle de joie.

— Pauvre Audren, c'est lui qui t'a sauvé! Où est-il, maintenant?

— A Brest, probablement, à moins qu'il ne soit en mer.

— Pourquoi est-il parti sans nous faire ses adieux? J'en ai presque un remords.

— Allons donc! il n'a pas voulu te voir ma femme; deux ou trois ans d'absence le rendront raisonnable; quand il reviendra, il sera guéri.

Ils s'avançaient sur la grève sourde et moelleuse : le soir commençait, et, par un effet de mirage, il y avait deux soleils, un qui se couchait dans la mer, l'autre qui miroitait sur le sable humide.

Ils avaient déjà doublé la pointe, et ils revenaient vers le chenal, lorsque sur la mer, qui réflétait une légère teinte orange restée au ciel, ils aperçurent un point noir.

— Une baleine! dit Maurice en riant.

— Ou un marsouin, répondit Armande.

— Non, ça ne nage pas, ça flotte, c'est une épave.

— Penchons-nous sur le sable, nous verrons mieux.

Ils se penchèrent; le point noir faisait une bosse sur la ligne jaunâtre de l'horizon, et s'avançait lentement, poussé par la marée montante.

— C'est un ballot, dit Maurice.

— Ou une barrique, continua Armande.

— Nous allons la sauveter.

— Si c'est une barrique, nous la ferons scier en deux, et nous la mettrons sur notre terrasse, pour en faire un bassin.

— Si elle est pleine, on ne boira le vin ou le rhum

qu'elle renferme qu'aux anniversaires de notre mariage ou au baptême de nos enfants.

— Si c'est un ballot ?

— Je ne sais pas ce que c'est ; à coup sûr, ce ne doit être ni une barrique, ni un ballot.

Le point noir s'avançait toujours en dérivant vers la passe, on le voyait un peu plus distinctement ; il paraissait partagé en trois, le point du milieu plus gros que ceux des extrémités.

Ils regardaient et ne parlaient plus ; ils avaient peur de se communiquer leurs suppositions.

— Allons-nous-en, dit Maurice.

Ils marchèrent vers le chenal ; mais comme si elle eût été animée, l'épave, ballot ou barrique, portée par le courant, les suivit en s'approchant du rivage.

Arrêtés par une barrière de rocs éboulés, ils durent remonter un peu vers la terre, et quand ils redescendirent sur le sable, — le seul chemin praticable au milieu de cet amas de pierre, — l'épave, qui toujours s'était avancée en ligne droite, se trouva devant eux.

— Ah ! mon Dieu ! s'écria Armande, c'est un homme.

— Allons-nous-en, dit Maurice, — et il voulut l'entraîner.

Elle résista ; elle regardait avec une poignante curiosité.

On distinguait des cheveux noirs, une poitrine, des pointes de pieds.

La lame poussa encore le cadavre ; mais, il touchait le sable, il s'arrêta. Alors la lame qui vint, rencontrant un obstacle, passa par-dessus et balaya les cheveux qui couvraient le visage ; quand elle se retira, aux dernières clartés du jour finissant, on aperçut ce visage.

— Ah ! s'écria Armande avec un horrible déchirement, Audren !

Et elle tomba sur le sable ; mais presque aussitôt elle

se releva, et malgré Maurice qui la retenait, elle courut jusqu'auprès du corps.

C'était Audren, les yeux ouverts, la face blanche, marquée de taches livides.

— Mort! — s'écria-t-elle, et elle se renversa dans les bras de Maurice.

Il voulut l'emmener : sans en avoir conscience, elle fit quelques pas, mais s'arrêtant :

— Ne l'abandonnons pas, dit-elle faiblement.

— Mais, mon enfant...

— La mer monte; elle va le battre sur les rochers.

— Nous enverrons du monde, viens.

— On ne peut pas le laisser comme ça. — Et les sanglots lui coupèrent la voix.

— Du courage, dit Maurice; partons.

— Non, non, s'écria-t-elle; puis avec force : — Il le faut, portons-le sur le galet.

Il hésita; mais elle le regardait à travers ses larmes d'une façon si résolue, qu'il n'osa pas reculer.

Ils se rapprochèrent du cadavre; il était presque entièrement hors de l'eau et de travers : la mer le poussait à chaque coup de lame.

Ils se penchèrent tous deux en même temps, mais tous deux aussi, en même temps, ils se redressèrent : prêts à toucher ce cadavre, ils avaient eu la même pensée; heureusement la nuit était venue, ils étaient séparés par trois pas de distance, leurs yeux ne purent pas se la communiquer.

— Attends, dit-il, je vais le traîner tout seul.

— Oh! non, pas le traîner, — murmura-t-elle.

Et, se penchant vivement, elle saisit les pieds.

Maurice prit les épaules.

Ils le soulevèrent tout d'une pièce : c'était bien lourd pour Armande; malgré son exaltation, elle tordait sous le poids; ses pieds aussi s'embarrassaient dans sa robe.

— Maurice, dit-elle sourdement, ses jambes sont attachées avec un mouchoir.

Arrivés au galet qui formait un talus, elle glissa et tomba sur les genoux; mais elle se releva.

— Encore! — dit-elle.

Ils montèrent encore; les cailloux ronds roulaient sous leurs pas.

— Je ne peux plus.

Elle laissa échapper les pieds d'Audren et s'affaissa sur elle-même.

Maurice, lâchant le cadavre, courut à elle.

Elle était évanouie. Il la serra contre lui, la secoua, lui frappa dans les mains; elle ne répondit pas. Il chercha sa bouche, et rencontra les dents froides.

Il la prit dans ses bras et redescendit le chemin qu'il venait de monter. Il entra dans la mer jusqu'à la cheville, et se courbant à moitié, appuyant Armande sur son genou plié, de sa main restée libre il lui jeta de l'eau sur la figure, l'appelant, l'embrassant toujours.

Enfin elle ouvrit les yeux; puis, éclatant en sanglots, elle se suspendit à son cou. Longtemps elle suffoqua en haletant péniblement, mais peu à peu elle recouvra la respiration et pleura sans étouffer.

Alors Maurice, qui la soutenait :

— Peux-tu marcher? dit-il, la mer monte, l'heure nous presse, le chenal va s'emplir.

— Le chenal... fit-elle; ah! oui, je veux bien.

— Appuie-toi sur mon bras.

Ils se mirent en marche. Elle ne voyait pas, ses yeux étaient pleins de larmes; souvent elle se cramponnait à Maurice, sentant l'étourdissement qui la reprenait.

Malgré leurs efforts, ils allaient lentement.

Ils arrivèrent; la mer, rapide et clapoteuse, courait dans le milieu du chenal, et blanchissait contre les blocs de granit, qui déjà disparaissaient à demi submergés.

— Ah ! s'écria Maurice, il est trop tard, le flot nous a devancé, je vais appeler, on nous entendra; on viendra nous chercher.

Il appela, cria de toutes ses forces; mais les premières maisons du village étaient à plus d'un kilomètre, et la mer, qui était calme au large, faisait en s'engouffrant dans la passe un bruit sourd et continu : la voix de Maurice se perdit dans ce bruit.

— Si nous voyons un douanier passer sur la falaise, dit Maurice découragé, mais ne voulant pas le laisser paraître, nous l'appellerons, en attendant, allons nous mettre à l'abri de la dune.

Ils y allèrent, et s'assirent sur le sable.

— Comme tu trembles! dit Maurice.

— J'ai bien froid. — Elle avait les jambes mouillées, et l'eau qu'il lui avait jetée au visage pour la ranimer avait coulé dans la robe.

Il la prit dans ses bras, l'enveloppa dans un châle de laine qu'il portait pour les promenades de nuit, lui sécha les cheveux avec un mouchoir, et la déchaussa : les pieds étaient glacés, il les prit entre ses mains pour les réchauffer.

Ils restèrent longtemps sans voir le moindre douanier; loin de faiblir, le clapotement des flots devenait plus fort à mesure que la mer montait; la brise soufflait de la terre, et la pâle lueur qui tombait du ciel étoilé laissait à peine apercevoir la côte.

— Il ne viendra personne, dit Armande un peu plus calme, grand-père se sera couché pensant que nous rentrerions par la porte du jardin; les douaniers ne passeront pas sur la falaise, on ne peut pas aborder de mer haute.

— Eh bien! il faut nous résigner; attendons que la mer baisse. As-tu encore froid?

— Presque plus.

Il se fit un silence; puis bientôt elle reprit doucement :

— Si tu voulais ? Puisque personne ne viendra et que nous devons rester ici encore quatre ou cinq heures, nous irions là-bas.

— Où, là-bas ?

— C'est mal de le laisser tout seul...

— Dans l'état nerveux où tu es, ce serait folie; d'ailleurs nous ne serions plus à l'abri du vent.

— Ne me refuse pas. C'est un devoir : il t'a sauvé, il a été mon frère.

— Mais...

— C'est nous qui l'avons tué. Je t'en supplie. J'aurai du courage.

Il eut peur de paraître avoir peur. La pensée que plus tard elle pourrait lui faire un reproche de son refus le décida tout à fait.

Sur le galet mouvant ils se mirent en route; elle marchait sans avoir besoin de s'appuyer sur lui.

Le cadavre était toujours tel qu'ils l'avaient abandonné; seulement, sous la clarté bleue des étoiles, les mains et la figure paraissaient phosphorescentes : on eût dit qu'elles étaient recouvertes d'écailles lumineuses.

La nuit était tranquille, le ciel était sans nuage; sur la grève la mer brisait avec un bruit monotone qui retentissait dans l'âme.

Ils ne parlaient pas. De temps en temps Armande tressaillait et serrait Maurice comme si elle eût eu peur; de temps en temps aussi elle pleurait, et lui, sans oser rien dire pour la consoler, il s'attendrissait à cette douleur.

Une clarté blanche parut derrière les falaises, et dans le ciel pâle la lune monta lentement : la marée commençait à redescendre.

Armande, accablée par la fatigue et l'émotion, s'était à la fin endormie, mais son sommeil était fiévreux ; souvent, elle tressautait brusquement, souvent aussi elle soupirait.

Maurice était donc seul, et à vingt-cinq ou trente pas le corps d'Audren se profilait en une silhouette dure sur le flot argenté; tout à l'entour et jusqu'à perte de vue, les rochers, qui se dressaient sur la plage, faisaient de grandes ombres noires et douteuses.

Ce cadavre le gênait horriblement et finissait par l'exaspérer; il voulait n'y point penser, il voulait en détourner les yeux; malgré lui il y revenait toujours de l'esprit et du regard. Le souvenir de leurs luttes et de leur rivalité l'étreignait; il le revoyait vivant, et cette idée le remuait si profondément que son esprit se perdait en d'étranges hallucinations. Devant lui tout prenait des formes bizarres, et une sauterelle de mer, qui remua dans le sable, le fit tressaillir; il avait peur. Par un mouvement instinctif, il serra Armande dans ses bras.

Elle se réveilla et se pressa contre lui.

— Ne crains rien, dit-il; voici l'heure, la mer baisse.

Il la fit lever, et l'entraîna; il avait hâte de s'enfuir.

La mer se retirait de dedans le chenal; ils purent le traverser presque à pied sec.

Ils rentrèrent par le perron du jardin, celui où Audren avait roulé.

— Couche-toi vite, dit Maurice, après j'irai éveiller M. Michon.

Il la déshabilla et la mit dans le lit, puis il monta chez le docteur.

Il lui conta tout en peu de mots.

— Le malheureux enfant, s'écria M. Michon, il s'est tué! Mais Armande?

— Elle est couchée.

— C'est bien, je vais la voir.

Il s'habilla: tout en endossant ses habits, il faisait

questions sur questions, et il répétait à chaque instant :
« Le pauvre enfant, il faut cacher le suicide. »

Ils descendirent. Armande, ramassée sur elle-même, grelottait et pleurait : en voyant son grand-père, elle fondit en larmes.

— Tâche de la réchauffer, dit M. Michon à Maurice, j'irai prévenir M. de Trefléan. Surtout, qu'elle dorme ; j'ajouterai quelques gouttes de laudanum à sa potion.

Quand il revint, quatre heures après, le soleil était levé, et Armande dormait toujours, mais d'un sommeil brûlant et spasmodique.

— Eh bien ? dit Maurice, à voix basse.

— Nous l'avons porté chez son frère, pauvre M. de Trefléan ! J'ai fait la visite du cadavre : comme il avait une cicatrice au front, ça m'a servi à prétendre que la mort était le résultat d'un accident; ça n'est pas fort, mais ça sauve les apparences. J'ai obtenu du maire que vous ne feriez votre déposition que demain. Le suicide n'est pas prouvé : l'abbé ne refuse pas ses cérémonies.

— A quelle heure l'enterrement ?

— A dix heures. Si Armande s'éveille, tu tâcheras de l'étourdir ; surtout tu la garderas ici : tu diras que je le veux.

Ce fut le glas funèbre des cloches qui réveilla Armande : elle écouta quelques instants, puis elle eut un brusque frisson ; et elle enfonça sa tête dans l'oreiller. Mais presque aussitôt, se redressant, elle voulut se lever.

— C'est pour ce matin ? dit-elle.

— Non, répondit Maurice ; et il la força à se recoucher.

Cependant les cloches reprirent : elle comprit qu'on l'avait trompée, elle voulut encore se lever ; Maurice intervint de nouveau :

— Reste, dit-il, il le faut.

— Non, s'écria-t-elle, notre devoir est d'être là-bas.

— Votre devoir, Armande, est de m'écouter : d'ailleurs

votre grand-père veut que nous restions ici ; ce serait folie d'aller à l'enterrement, dans l'état de fièvre où vous êtes.

En entendant cette voix brève, qui, pour la première fois, parlait impérieusement, Armande leva les yeux sur Maurice ; elle les rebaissa bien vite, et éclata en sanglots.

Quand Maurice avait reconnu le cadavre, il avait été ému et attendri ; mais cette pitié, toute de premier mouvement, n'avait pas duré longtemps, l'horrible veillée sur la grève l'avait irrité ; maintenant, les plaintes d'Armande l'irritaient plus fortement encore : il était jaloux de la douleur qu'inspirait Audren mort, comme il avait été jaloux de la tendresse qu'avait inspirée Audren vivant. Ce suicide ne lui paraissait qu'une lâche vengeance, tentée pour détruire son bonheur, ou tout au moins pour en flétrir les premières et plus belles journées.

Aussi par la chambre marchait-il à grands pas, regardant sa femme qui suffoquait ; et, plus elle gémissait, plus il sentait sa colère s'accroître.

Enfin, s'approchant d'elle :

— Que diriez-vous donc, demanda-t-il, si c'était moi qu'on enterrât ?

Elle se retourna vers lui, le regarda avec une indéfinissable expression d'amour et de reproche, remua les lèvres comme pour parler ; mais les larmes et les sanglots l'étouffèrent.

Maurice recommença sa marche impatiente. Cependant ce regard l'avait touché. Bientôt, il vint s'asseoir sur le lit :

— Pardonne-moi, murmura-t-il, et il se mit à lui dire de tendres paroles d'excuse.

Longtemps elle pleura sans répondre, mais enfin elle écouta un peu plus calme, et ses yeux restèrent attachés sur les yeux de Maurice. La consolation écartait maintonant la pensée d'Audren, comme tout à l'heure la peine personnelle l'avait déjà écartée.

Cependant les cloches sonnaient toujours. A chaque reprise, Armande frémissait; mais Maurice continuait de parler, et bientôt elle se remettait à écouter.

Tout à coup, on entendit un vague murmure dans la rue, puis le bruit devint plus fort; puis on reconnut la marche d'une foule, les sons de l'ophicléide et le chant de plusieurs voix qui psalmodiaient : « *In paradisum deducant te angeli…*

— Ah! s'écria Armande, en s'abattant contre la poitrine de Maurice, l'enterrement!

C'était le cortège qui longeait les murailles du jardin, pour se rendre au cimetière.

Maurice tint Armande serrée contre lui, jusqu'à ce qu'on n'entendît plus les chants funèbres; puis, se penchant vers elle et la forçant à le regarder :

— Calme-toi, chère enfant, dit-il, si l'amour fait mourir, il fait vivre aussi; ne crains rien, nous serons heureux! l'avenir est à nous.

VII

Au bout d'une heure, M. Michon et Martel rentrèrent de l'enterrement.

Armande fut reprise d'un accès de désespoir; elle se jeta dans les bras de son grand-père sans pouvoir articuler une seule parole.

Alors, Martel s'approchant de Maurice, et l'attirant dans un coin :

— Comment est-elle? demanda-t-il à voix basse.

— Fiévreuse et brisée. Si le docteur y consent, j'ai le désir de partir tout de suite pour Paris : le voyage et le changement l'étourdiront ; il ne faut pas qu'elle revoie la plage.

— Tu as raison, répliqua Martel, la distraire, c'est ce qu'il faut, et surtout la rendre heureuse.

— Que veux-tu dire ?

— Je veux dire que, jusqu'à présent, ton bonheur a coûté cher aux autres : ta mère et Audren, c'est assez comme ça : Armande ce serait trop.

FIN DES AMANTS (1)

---

(1) L'Épisode qui suit a pour titre : *Les Époux*.

NOTICE SUR « LES AMANTS »

MON PREMIER ROMAN

Lorsque je quittai Rouen pour venir à Paris, ce n'était point sur un roman que je comptais pour faire ma trouée, mais sur un drame en cinq actes que j'apportais dans ma malle.

Pourquoi un manuscrit de pièce et non de roman, quand c'était au roman qu'allaient mes préférences? Simplement parce que j'imaginais qu'une pièce se faisait plus vite et produisait des effets plus prompts : à vingt-trois ans on est pressé.

Écrit dans l'isolement et la liberté de la campagne, sans autre souci que de me satisfaire moi-même, mon drame n'avait en vue aucun théâtre déterminé, — je choisirais.

Arrivé à Paris, je me trouvai embarrassé, car mon choix, au moment de le faire, se présentait avec des difficultés, que de loin je n'avais pas prévues. Je verrais bien. Maintenant je voyais. Et pour me guider, pas de conseils à demander, puisque je n'avais de relations littéraires qu'avec Louis Bouilhet, l'ami de Flaubert, qui, en même temps que moi, quittait Rouen pour Paris, où nous nous étions promis de nous retrouver et de nous lire nos pièces : Bouilhet ce qu'il avait écrit de *Madame de Montarcy* à laquelle il travaillait pour le Théâtre-Français où elle ne fut pas jouée d'ailleurs ; moi mon drame.

Tandis que je m'étais logé en plein Paris, rue Neuve-des-Bons-Enfants, en face du jardin qui occupait alors les derrières de la Banque de France, avec des arbres, des gazons et un gros jet d'eau dont le clapotement égayait ma solitude parisienne, Bouilhet, plus ami du calme, avait pris un appartement rue de Grenelle-Saint-Germain. Ce fut là, dans un cabinet sommairement meublé, auquel on arrivait en traversant une salle à manger pas meublée du tout, que se firent nos lectures.

Non seulement, Bouilhet ne me tira pas d'embarras en m'indiquant le théâtre qui pouvait jouer mon drame, mais encore il l'aggrava en ne me cachant pas qu'il n'y en aurait vraisemblablement aucun qui l'accepterait.

— Trop comme dans la vie.

— C'est précisément ce que j'ai cherché.

— Croyez-vous que le théâtre soit à point pour la représentation de la vie réelle? Le roman peut-être, et encore. Vous auriez des succès derrière vous, un nom, qu'on pourrait faire attention à votre tentative; vous êtes un débutant; serez-vous de force à triompher des résistances ou de l'inertie que vous rencontrerez?

Bouilhet avait une dizaine d'années de plus que moi; il venait de faire avec *Melænis* un début retentissant qui lui donnait de l'autorité; et si je me disais bien que *Madame de Montarcy* était trop romantique et ronflante, cela ne m'empêchait point de sentir la justesse de ses observations : il était dans la bonne voie pour arriver et réussir au théâtre; j'étais dans la mauvaise, au moins la dangereuse.

Devais-je renforcer mon action, accentuer les caractères de mes personnages, empanacher mon dialogue? Je l'essayai. Et je donnai beaucoup plus de travail à ces remaniements que ne m'en avait demandé ma première pièce. Décidément le théâtre ne se faisait pas aussi vite que j'avais imaginé.

De temps en temps je m'en retournais rue de Grenelle, où je rencontrais tantôt Leconte de Lisle, « semblable à un jeune Dieu » tant il était Olympien; tantôt Maxime Du Camp, qu'on blaguait parce qu'il venait d'être fait officier de la Légion d'honneur pour services exceptionnels rendus à une princesse; le savant Babinet, vieux singe; mais on ne voyait jamais Flaubert, occupé à ce moment à écrire un roman, qui, me disait Bouilhet, « allait fiche Balzac à bas »; ce qui me faisait rire un peu, car je ne savais pas que ce roman serait *Madame Bovary*. Nous discutions. Et après beaucoup de paroles je m'en revenais chez moi en rapportant de temps en temps un morceau de savon qui était le bénéfice le plus pratique de ces longs entretiens : par Flaubert, Bouilhet se trouvait en relations avec madame Louise Colet, et comme celle-ci écrivait dans un journal de mode, qui payait sa collaboration en partie avec des produits de parfumerie, elle chargeait ses amis de les écouler à moitié prix; j'en profitais.

J'avais remanié ma pièce scène par scène, et l'avais récrite en entier ; mais plus je la corrigeais moins elle me plaisait, et il arriva un moment où je la mis dans un tiroir d'où elle n'est sortie que vingt-cinq ans plus tard pour me fournir la principale situation de mon roman *Pompon*, celle d'un mari qui, rentrant au milieu de la nuit à l'improviste, trouve un homme dans son vestibule, sans savoir pour qui il est venu, — sa femme ou une autre.

Dégoûté de mon drame, je ne l'étais pas du théâtre ; je me mis à une comédie pour laquelle le panache romantique n'était pas de mise. Quand elle fut achevée, je la portai à Théodore Barrière qui m'avait promis de la lire, la lut en effet, et la trouva injouable dans l'état où elle était.

— Mais vos personnages sont vivants, me dit-il, et de plus, ce qui est rare chez un débutant, vous avez trouvé un vrai rôle de femme. Présentez-la au Gymnase, où je la porterais moi-même, si je n'étais pour le moment en délicatesse avec Montigny. Il est possible qu'on la reçoive à correction. Alors nous la ferons ensemble.

Mais on ne la reçut pas du tout, et E. Lemoine, frère de Montigny, beaucoup plus solennel que celui-ci ne l'a jamais été, ne me cacha pas que c'était vraiment bien de l'audace à moi d'avoir eu la prétention d'écrire un rôle pour *madame* Rose Chéri... à laquelle je n'avais pas pensé d'ailleurs.

Quand je transmis cette réponse à Barrière, il commençait à s'occuper d'une grande machine à spectacle qui mettrait en scène toute l'histoire de Paris.

— Et ce qu'il y a d'admirable, me dit-il, en me parlant de cette pièce, c'est que nous ne savons pas d'autre histoire que celle qu'a racontée Dumas, et encore ! Savez-vous la vraie, vous ?

— À peu près.

— Cela peut nous suffire, je pense, car ce qu'il nous faut, c'est que nous ne soyons pas exposés à placer le tableau du départ de la première croisade dans Notre-Dame de Paris, comme nous en avions eu l'idée, — ce qui est cocasse, paraît-il. Pour cela, voulez-vous chercher dans l'histoire de Paris, du commencement à nos jours, les faits intéressants, pas trop connus, qui peuvent nous fournir des tableaux. Plus vous en trouverez, mieux cela vaudra ; nous choisirons. Nous vous donnerons deux louis par représentation. Si nous en avons une centaine, cela vous fera 4,000 francs. Qu'en dites-vous ?

Décidément le théâtre avait du bon ; avec ces 4,000 francs, j'aurais tout le temps d'écrire à mon aise mon premier roman. Mais le malheur voulut que cette pièce n'eût aucun succès, et les droits d'auteur se trouvant misérables, mes 4,000 francs se réduisirent à rien.

En même temps que la trouée ne se faisait pas par le théâtre, la question d'argent devenait d'autant plus pressante pour moi, que mon père, qui, en sa qualité d'ancien notaire, ne savait rien des difficultés de début dans la vie littéraire, m'avait très justement signifié que puisque je ne voulais pas suivre la carrière — la sienne — pour laquelle j'avais été préparé, je devais lui prouver que celle qu'il me plaisait de prendre pouvait me faire vivre.

— Si je ne m'oppose pas à ta volonté, me dit-il tristement, par contre donne-moi cette consolation.

Vivre ! Évidemment il le fallait ; je le devais. Mais comment ? De quoi, avec quoi ?

Ceux qui sont entrés dans le monde intellectuel sous l'Empire savent seuls, pour en avoir souffert, quelle a été la dureté de cette époque noire. Sans doute les portes sont toujours difficiles à forcer pour les débutants ; mais alors il n'y avait pas de portes où frapper pour qui voulait garder son indépendance, ses opinions, ou simplement sa dignité : pas de journaux ; des procès aux livres ; les éditeurs, les imprimeurs paralysés par la crainte de la prison et de la ruine. Ce qui mieux que des phrases prouve l'état misérable auquel étaient réduits les écrivains, c'est que ceux dont les noms et la situation littéraire étaient considérables, en arrivaient à accepter les plus infimes besognes. Ainsi la librairie Hachette fondant un petit journal de romans, « le Journal pour tous », analogue à peu près à ce que sont aujourd'hui la *Vie populaire* et le *Bon Journal*, mais avec une partie de variétés inédites, lui avait donné pour directeur M. Jules Simon. Le hasard voulut que mon ancien professeur de philosophie, qui voyait mon désarroi, me proposât une lettre de recommandation pour lui, et je pus ainsi me présenter avec quelques chances d'être accueilli ou tout au moins écouté.

On sait quel homme aimable, affable est M. Jules Simon.

— Vous avez un roman à me proposer ? me dit-il.

— Non. Ce que je viens vous demander, c'est de me faire

gagner, par des petits travaux, ce qu'il me faut pour vivre pendant le temps que je mettrai à en écrire un.

— Qu'est-ce que vous savez ?

Malgré le ton encourageant de la question, je fus interloqué.

— Vous êtes bachelier ; vous avez fait votre droit. Tout le monde est bachelier. Tout le monde a fait son droit. Je vous demande ce que vous savez de spécial, quelque chose que tout le monde ne sache pas et me permette de vous trouver ici une place qui ne soit pas déjà prise.

— Rien.

— Alors, que voulez-vous que je fasse pour vous ?

— Vous avez raison. Pardonnez-moi.

Je me dirigeais vers la porte, quand je m'arrêtai et revins :

— Je sais la botanique.

— Vous savez la botanique et vous ne vous en vantez pas.

— C'est-à-dire que je la sais un peu.

— C'est assez certainement pour ce que je vais vous proposer. Avez-vous un franc ?

— Oui.

— Eh bien, avec ce franc, vous entrerez à l'exposition des fleurs qui ouvre demain aux Champs-Élysées, et vous écrirez un article dans lequel vous direz ce que vous aurez vu d'intéressant ; puisque vous connaissez les plantes, vous ne prendrez pas les roses pour des œillets. Votre article pourra vous rapporter quarante ou cinquante francs.

Ce n'étaient pas les quatre mille francs du théâtre, mais ils furent payés. D'autres petits travaux, attrapés de ci de là suivirent, les uns sérieux, les autres insignifiants, et me firent gagner l'indispensable de la vie matérielle, — ma mère complétant ce qui manquait, quand sa tendresse inquiète, toujours en éveil, jugeait qu'il était temps d'intervenir.

L'expérience du théâtre m'ayant démontré que les chemins qui paraissent directs ne sont pas toujours les plus courts, je m'étais mis à un roman ; mais je ne tardai pas à faire cette autre découverte que les personnages de roman sont des êtres si fugitifs que, pour les bien voir et en être maître, il faut vivre avec eux dans une union étroite, les étreindre dans une possession jalouse, de telle sorte que si on leur fait une infidélité pour le monde réel, on ne les retrouve plus le lendemain ce qu'ils étaient la veille, mais amoindris, faussés, insaisissables, fantoches ou fantômes qui prennent les traits ou parlent la langue de l'à peu près. Coupé par le travail du pain quotidien, interrompu chaque jour, mon roman n'avançait pas, et, ce qui était plus grave, les petits morceaux pris, quittés, repris qui s'ajoutaient les uns aux autres, ne me contentaient point.

Combien de temps cela irait-il ainsi ?

A la fin je m'arrêtai à un parti décisif : mes parents, qui avaient quitté la Normandie pour se rapprocher de moi, étaient venus habiter un village aux environs d'Écouen, Moisselles ; j'irais vivre avec eux ; sans hâte je pourrais recommencer mon roman et sans distractions l'achever.

Ce travail me prit deux ans, de journées pleines, sans autres lectures le soir que quelques pages de Saint-Simon avec lesquelles je m'endormais. Ce qui s'est passé pendant ces années 1857 et 1858, où je restais des mois entiers sans ouvrir un journal, je ne l'ai connu que par nos conversations avec mon père, aux heures des repas.

Avec l'assurance de la jeunesse et l'entrain d'un Normand, ce n'était point un petit roman que j'entreprenais, mais une trilogie qui formerait trois gros volumes. Si je le commençais bravement, je n'étais cependant pas sans souci sur son exécution. Que valait-elle ?

A la vérité, j'aurais pu me rendre compte de l'effet de mes premiers chapitres, en les lisant à ma mère qui avait été grande conteuse d'histoires pour amuser mon enfance ; mais risquer cette consultation, c'était laisser paraître mes doutes, et je ne le voulais pas pour sa tranquillité qui avait besoin d'une foi entière.

Pendant que je faisais des recherches à la Bibliothèque pour mes travaux de librairie, j'avais un jour, devant le bureau des conservateurs, retrouvé un de mes anciens camarades de Rouen, Jules Levallois, que Sainte-Beuve venait de prendre pour secrétaire, et notre camaraderie d'autrefois était devenue une amitié assez confiante chez moi pour lui demander d'être mon conseiller et mon juge, assez solide chez lui pour qu'il acceptât ce rôle ingrat. Pendant l'hiver, mes lectures se firent à Paris où j'allais quand j'avais achevé un chapitre ; pendant l'été, à Moisselles où il venait me rejoindre. Je l'attendais soit à Montmorency, soit à Ermont, ayant emporté notre déjeuner dans un sac ; et en revenant à travers la forêt ou la plaine, assis au pied d'une meule ou à l'orée d'un bois, je lui lisais mon chapitre. Puis c'étaient des discussions qui, nées d'idées opposées, de sentiments différents, donnaient la vie à ma fiction qui prenait ainsi à mes yeux la solidité du réel.

Au mois de décembre 1858, la première partie de ma trilogie, les Amants, était achevée et il ne restait plus qu'à trouver un éditeur qui voulût bien la publier. Pour être agréable à Levallois, Sainte-Beuve en avait parlé à Michel Lévy qui, lorsque je lui portai le manuscrit, me promit une prompte réponse.

Prompte, elle le fut en effet, mais fâcheuse aussi, car Lévy ne consentait à éditer qu'à condition que je corrigerais certains passages trop vifs et qu'il en supprimerait d'autres entièrement :

— Le procès de *Madame Bovary* est là pour me servir d'avertissement, me dit-il ; je ne veux pas qu'on m'en fasse un de ce genre, qu'on serait heureux de m'intenter, pour me punir, d'une façon indirecte, d'être l'éditeur du monde orléaniste.

Je plaidai l'innocence des passages suspects, il ne se laissa pas ébranler :

— Supprimez, vous paraissez dans six semaines. Je comprends que vous vous révoltiez contre ces suppressions qui nuiront à votre roman ; mais que voulez-vous que j'y fasse ? je n'ai pas envie d'aller en prison. Si vous ne vous résignez pas, reprenez votre manuscrit.

J'étais à un âge où le martyre n'effraie pas ; au contraire. Je repris donc mon manuscrit, et alors commencèrent, dans Paris, des courses après l'éditeur, mon manuscrit sous le bras qui me paraissait terriblement encombrant, quand les commis auxquels je m'adressais le regardaient avec le sourire moqueur qu'on a pour un ours trimballé ; et cependant j'étais vêtu d'un bon pardessus, que plus tard Jules Vallès m'a reproché comme celui d'un aristocrate. Pouvais-je leur dire que cet ours et moi nous faisions notre chemin de croix, et volontairement encore ?

Elles durèrent trois mois, ces courses : Amyot, Dentu, Bourdillat, Poulet-Malassis, tous les éditeurs du temps y passèrent et même d'autres encore qui n'éditaient guère. Je ne rapporterai que la réponse de Dentu, parce qu'elle est la plus drôle : « Ce n'est pas un passage spécial qui m'inquiète ; c'est l'esprit général du livre que je trouve trop passionné, tout à fait incompatible avec mes opinions personnelles et traditionnelles. » Nous en avons ri de ces opinions, moi au moins plus franchement que lui, lorsque, quinze ans plus tard, voulant être mon éditeur exclusif, il a dû payer à Lévy la forte somme pour lui racheter, avec quelques autres, ce même roman qu'il avait refusé.

Un matin, au moment où je ne voyais plus à quelle porte frapper, je me trouvai nez à nez, rue Vivienne, avec Michel Lévy qui sortait de chez lui.

— Hé bien ! où en êtes-vous ? me demanda-t-il.

Je lui racontai mes démarches.

— Vous voyez que j'avais raison d'exiger des suppressions. Faites-les, vous paraissez dans un mois. Je vous donne quatre cents francs pour le droit de propriété pendant cinq ans, et vous me cédez les deux volumes qui suivront aux mêmes conditions.

Quatre cents francs pour plus de deux années de travail ! Certainement mon père trouverait que la profession de notaire vaut mieux que celle de romancier.

Le livre, rapidement imprimé, parut le 20 mai 1859, en pleine guerre d'Italie, quinze jours avant Magenta. Quel effet allait-il produire ? Serait-il lu seulement ?

Je n'eus pas longtemps à attendre : le 7 juin, un feuilleton d'Edouard Thierry, dans le *Moniteur*, se terminait par ces quelques lignes : « Je voudrais que tout le monde lût ce livre pour faire fête à ce jeune romancier qui a déjà tant de parties de maîtres ».

Du coup je pouvais, semblait-il, me faire une opinion sur la vie littéraire.

Si elle ne rapportait pas d'argent, au moins attirait-elle la bienveillance.

Depuis, cette opinion a changé heureusement, et aussi malheureusement.

H. M.

TABLE DES MATIÈRES

	Pages.
Dédicace.	V
I. — Les amis d'un enfant	1
II. — Marguerite	16
III. — Au fond des bois	41
IV. — Initiation	59
V. — Où conduit l'idéal	79
VI. — Gratitude filiale	106
VII. — Désespoir d'un artiste	129
VIII. — L'ami d'un amant	162
IX. — Armande	195
X. — Au bord de la mer	238
XI. — Armande ? Marguerite ?	264
XII. — Désespoir d'un homme de cœur	297

ÉMILE COLIN — IMPRIMERIE DE LAGNY